政治學家寫給所有人的中國史

從朝代更迭、塑造政體、身分認同談中國政治思想

A HISTORY OF
CHINESE POLITICAL THOUGHT

YOUNGMIN KIM

金英敏（김영민）——著　陳牧謙——譯

獻給寶琳娜（Paulina）

目次

譯文體例

① 原書註釋與譯者註釋同以隨頁註表示，譯者註釋標以「譯者註」區別。

② 本書引用了大量古典的文言段落，雖然不少選段可見於國高中國文教材，但細節和脈絡與常見的解讀未必相同。舉例來說，漢語在翻譯文言段落時，通常將文言的「天下」（All Under Heaven）一詞直接保留在白話譯文中，但在西方語文著作中，有的譯者選用的對應詞彙是「帝國」（empire），語感並不相同。為了反映作者的詮釋，文言段落皆參考作者選用的英譯本譯成白話，原文則以括號仿宋體置於引文後。

各界推薦

「對從最早的時代到當今的中國政治思想進行了權威、深入、全面的概述。這本書對於幫助確定中國思想的複雜性及其發展的混合根源具有無價的價值。其中的核心是作者強有力的論據，即歷史上從來沒有一個中國，而是多個中國——以及由此產生的一個思想世界。完全不可或缺。」——凱瑞．布朗（Kerry Brown）／倫敦國王學院（King's College London）中國研究所主任

「我很高興現在有這樣一本書。長期以來，英語出版界對中國政治哲學的表述一直以對具體化、本質化的『儒家思想』的討論為主，與歷史現實無關。在本書中，金英敏在歷史脈絡和哲學敏銳性之間取得了恰到好處的平衡，超越了經典文本的研究，涵蓋了整個中國政治思想史。它將成為對學術文獻做出重大干預的稀有書籍之一，同時也可供對中國政治思想如何發展，及其對今天的持續相關話題感興趣的讀者參考。」——李蕾（Leigh Jenco）／倫敦政經學院（The London School of Economics and Political Science）教授

「這是一本非凡的書，毫不費力地融合了深刻的理論創新和歷史敘述。它挑戰了許多傳統智慧，對中國政治思想進行了新穎、平衡的概述，這應該成為所有該學科學生的新起點。」——安格（Stephen C. Angle）／衛斯理大學（Wesleyan University）哲學與東亞研究教授

「本書學識淵博，論證有力，組織優雅，文筆優美；它無疑是同類著作中最好的。我強烈推薦這本書給所有對中國政治思想或一般政治思想特別是歷史感興趣的讀者。」——《中國研究書評》（*China Review International*）

導讀

從政治思想重訪「中國」的多元面貌

孔令偉（中央研究院歷史語言研究所助研究員）

隨著中華人民共和國在二十一世紀全球的地緣政治以及國際經濟等層面所造成的影響以及爭議，中國的概念定義與實質內涵成為人文社會科學學界、乃至當代思想界關鍵的探討課題。究竟「中國」在概念意義上的範圍為何？其在不同的時空背景與文化脈絡是否有所延續？抑或是有何發展及差異？對於以上問題，近年來歷史學、人類學、社會學乃至經濟學等不同領域的學者，紛紛就自身學科的專業背景提出各自見解進行討論。至於呈現在讀者眼前的這本《政治學家寫給所有人的中國史》，則是從政治思想史的視野切入，以中國歷史上的朝代更迭為經，政治體制、秩序建構以及身分認同等議題作緯，藉此探討「中國」在思想意義上的複雜性與多元性。

本書英文原版由英國的政體出版社（Polity Press）於二〇一七年底發行，原題為《中國政治思想史》（*A History of Chinese Political Thought*），作者金英敏（Kim, Youngmin）現任韓國首爾大學政治科學與國際關係系教授，主要研究領域為政治思想史、政治史與政治學，尤其在儒學與中韓政治思想史相關議題上用力尤多。作者二〇〇二年自哈佛大學取得博士學位，期間師從新儒家代表學者杜維明，學位論文題目為「重新定義自我與世界之關係：明中葉新儒學論述研究」（Redefining the self's relation to the world: A study of mid-Ming neo-Confucian discourse），此外作者亦曾在歷史學、政治學以及哲學領域之學術期刊上發表中韓思想史相關議題之論文多篇，如其對明代理學家湛若水（一四六六—一五六〇）的思想曾進行具有開創意義的研究。

根據本書〈導論〉及其英文原名，可以得知作者的寫作動機，曾在相當程度上受到蕭公權的經典著作《中國政治思想史》之啟發。在前人對中國思想史的研究基礎上，作者試圖在歷史書寫乃至史觀詮釋上，有所發覆。本書以長時段通史維度書寫中國政治思想的同時，亦強調超越國族主義史觀的一元論述。受到十九世紀歐洲國族主義以及實證史學思想的影響，二十世紀前期中國學界出現了一批中國通史類著作，其中膾炙人口者，諸如錢穆《國史大綱》、張蔭麟《中國史綱》、呂思勉《中國通史》等。這類通史著作，當中傑出者富有宏觀史識，尤貴考察歷史之延續與嬗遞，然而其中一元論的正統敘事，卻也往往容易造成讀者將所謂中國視為單一均質的整體，尤其是將漢文化以及儒家思想視為中國的主要範疇。

然而近年來隨著國際學界對中國研究的推進，尤其是對中國性（Chineseness）多元複雜內涵的揭示，學者們越來越傾向將中國視為一組在地理疆域、乃至文化範疇上持續變化而浮動的概念。更具體地來說，所謂中國的構成，並不只有漢文化，亦包含經由內陸亞洲（Inner Asia）與海洋世界傳入的非漢文明；另一方面，即便就漢文化抑或是儒家思想本身而言，其內部亦具有高度異質性而不可一概而論。是以本書雖以書寫中國政治思想為綱，卻不以目的論式的敘事強調政治思想對於中國大一統局面的延續性影響，而更加側重中國政治思想的內在多元性。

本書作者雖強調思想的內在多元，卻並非消極的解構論者。通過歸結中國歷代思想家對政治秩序的理念與論述，本書在〈導論〉及〈結語〉之外，依時序從先秦至晚清分別以八章的篇幅討論：文明禮俗社會（enlightened customary community）、政治社會（political society）、國家／政府（state）、貴族社會（aristocratic society）、形上共和國（metaphysical republic）、獨裁體制（autocracy）、公民社會（civil society）、政治有機體（body politic）以及帝國（empire）等政治概念。綜觀各章篇幅、內容深淺不一，大體而言深入淺出，其主要特長在於綜合以歐美為主的海外中國學研究成果以及問題意識，分析中國歷代政治思想特色及其變遷。作者係研究明代新儒學出身，故本書探討宋明理學與中國政治思想之相關章節較為出色，而其篇幅與論述相對精煉，可資中國思想史的入門者作為參考。作者在關注儒家思想內在理路的同時，亦能留意對外關係對於中國政治思想之深遠影響，尤其是契丹、女真以及蒙古等非漢文化傳統，對宋代以降中國的華夷觀乃至大一統思想的互動。

通過探討中國歷代政治思想之發展與差異，本書批判性地檢視傳統中國的政治話語。不因循前人之說，作者主張所謂大一統的論述，實際上是建構在高度異質的多元因素之上，至於中國專制政體的形塑過程，亦不乏歷史的偶然性，並非是大一統思想必然導致的結果。在這個脈絡之下，就史學的討論概念而言，作為政治實體的中國與作為身分認同的中華，實際上並不完全重合，甚至有所矛盾，如作者在〈結語〉中列舉朝鮮在面對清朝的外部壓力時，內部以「小中華」自居的特殊認同，便是典型的例子。關於中華認同或者文化中國的多元性，正體現當代中共政權實際上並不等同甚至無法代表文化意義上的中華。當代史學大師余英時

（一九三〇—二〇二二）曾化用德國文學家保羅．托馬斯．曼（Paul Thomas Mann, 1875-1955）之語稱「我到哪裡，哪裡就是中國」，誠哉斯言。

本書提及的朝代

- 西周（約前十一世紀至前七七一年）
- 東周（約前七七〇年至前二二一年）
  春秋（約前七七〇年至前四七六年）
  戰國（約前四五三年至前二二一年）
- 秦（前二二一年至前二〇六年）
- 漢（前二〇六年至二二〇年）
- 六朝（二二〇年至五八九年）
- 隋（五八一年至六一八年）
- 唐（六一八年至九〇七年）
- 五代十國（九〇七年至九六〇年）
- 北宋（九六〇年至一一二七年）

• 南宋（一一二七年至一二七九年）

• 遼（九〇七年至一一二五年）

• 金（一一一三年至一二三四年）

• 元（一二七一年至一三六八年）

• 明（一三六八年至一六四四年）

• 清（一六三六年至一九一二年）

• 中華人民共和國（一九四九年至今）[1]

1 譯者註：原書未論及一九一二年至一九四九年間。

前言

在今日，許多的社會學者和理論家都試著重新審視中國——質疑歐洲模式為何占有支配地位的學者尤其如此。試著看中國在政治形態和政治思想的世界史中站在哪個位置，希望在我們的時代中，能更妥善地處理政治上益發全球化的挑戰；比較政治理論或全球政治理論領域的新生和快速成長，便是相關的努力之一。這個領域的學者之所以探討中國政治思想的模式，最主要的研究旨趣，有的是為了進行比較，有的則是把中國政治思想當作素材，為自己的政治目的啟發靈感。然而，時空錯置和國族主義觀點仍把持著絕大多數的研究。我想，是時候該改弦易轍了，應該要重新思考中國政治思想，探索它在歷史中完整的、複雜的面向；為了往這個目標前進，本書便是初步的努力。

這本書以過去我發表過的文章為基礎，加上對英文、中文、日文和韓文材料進行的學術研究，目的是探討從古至今的中國政治思想家，看他們如何與自己的歷史時空和智識傳統互動，對此提出詮釋，同時也思考這些議題在廣義的政治理論中有什麼重要性。換句話說，我想呈現的並不是像社會科學那種對中國政治思想高度簡化的描述，也不是要依照某個具有代表性的體系仔細解釋中國政治思想，而是參考各種理論，提供長時段的歷史敘事。為什麼我們需要這樣的歷史敘事？因為要了解某些事情最好的方式便是追溯歷史，同時不忘關照重要的理論議題。

在我們所處的全球化世界中，考量到中國的角色益發吃重，有的人可能不禁會想尋找中國政治文化的本質，認為這是中國政治的根基。不過，把中國政治思想以高度程式化（stylized）的、成套的方式來解釋，或許在社會科學中可以方便運用，但這樣的描述也可能會造成誤解。世界上並不存在什麼「中國政治思想的本質」，就算有些看似共同的特徵在中國歷史中反覆出現，重要的並不是建立方程式般的解釋，而是這些共同特徵的來源；畢竟，根本沒有什麼必然特徵能完美運用到中國政治思想歷史發展的所有階段。有時候需要在漫長的時間過後，歷史中各種元素的重要性才能完全清楚浮現——整體並不只是各個分部的組合，而是有所超越。因此，以下的章節目標在於呈現中國政治思想的多元多變，而這樣的多樣性應當能提醒我們，不要將今日的政治理解視為理所當然，也不要對其餘的多重選擇視而不見。同樣，我認為空談抽象概念並不能促進理解、對此有所質疑，因此以下的章節希望引導讀者進行考察，檢視中國政治思想如何受各種歷史脈絡啟發。如果我們能辨認出，在變動的歷史情境中，乍看相似的觀念其實各自的構成有哪些不同，這樣的做法或許可以幫助我們藉此看見中國政治思想更為深刻複雜的內涵，而這種複雜內涵可以促成更開闊的視野，讓我們能看得更遠，超脫自己政治想像的束縛。

學習中國政治思想除了能讓視野更為開闊之外，究竟還能從中學到什麼？有的人可能免不了想問：我們到底能學到哪些教訓？是能理解善治（good governance）的本質，還是能了解當今的問題？有的人甚至會說，只要我們將中國政治思想加以更新、以適當的方法重新構想，便有望能為今日的世界找到政治秩序的理想。我的心願相較之下簡單許多：中國政治思想本身就富饒興味。這並不是說中國政治思想能夠為善治的本質給出絕對的答案，而是我們能從中找到豐富的資源，以此反思自己關心的政治議題。這也是為什麼我們不該忽視觀念跟歷史現實之間的聯繫，以此照見當時時空中的政治經驗。在各種議題中，我們尤其想要了解中國人如何打造理想中規範性的政治秩序，這個理想圖像和政治秩序為什麼最終以那種形式出現，而理想與所謂「中國」現實的行徑又是否一致。只有回答了這些問題，這些政治思想的新資源才能提供我們更豐富的表達方式，以此試著形成自己的見解；幸運的話，有些讀者說不定能從本書中獲得些許幫助，往這個目標前進。如果想進行更具歷史性的、更細緻的分析，書中匆匆帶過的幾個問題還需要更多系統性的深入考察。儘管這條非西方政治思想的研究路仍然少有人煙，但我希望能幫助研究者反思當前的政治——這個星球已經日益擁擠、緊密相連。

在本書的寫作過程中，我不斷提醒自己，有的讀者並不像資深學者所預設的、對中國歷史了解甚深，我們仍然需要非專業讀者能閱讀的歷史著作。因此，我除了將敘事的軸線建立起來之外，也試著在必要的時候為一般讀者和學生提供解釋，即便有時候也會因此偏題。此外，很多時候這些理論的政治意義並不那麼直截了當，許多事物對當時的受眾來說理所當然，對我們來說卻並非如此，因此我在討論時常常會特別跳出來、用比較長的篇幅解釋形上學、認識論（epistemology）以及各種默認的假設等等，試圖闡明這些政治思想。我希望對非中國專業的政治理論學者來說，也會發現原來歷史脈絡值得考察，而對思想史有興趣的漢學家，則會覺得原來理論問題值得思考。

感謝下列同事、師長和親友，在不同的寫作階段中閱讀書稿並提供建議：萊恩・巴洛特（Ryan Balot）、包弼德（Peter Bol）、丘凡眞（구범진）、程艾蘭（Anne Cheng）、渡辺浩、艾文賀（P. J. Ivanhoe）、金永植、單國鉞（Leo Shin）、鄭貴利（Curie Virág）、梅麗莎・威廉斯（Melissa Williams），以及 Polity 出版社的審查人。本書有數個章節曾在研討會和演講中發表過，感謝韓國思想史研究會（Korean Intellectual History Group）以及首爾大學政治思想研討會（서울대학교 정치사상워크숍）的聽眾；此外，首爾大學研究政治思想的同仁也惠我良多，提供刺激思考的環境，對書稿撰寫大有裨益。出版社的編輯露易絲・奈特（Louise Knight）、內坎・塔納卡・加爾多斯（Nekane Tanaka Galdos）、瑞秋・摩爾（Rachel Moore）以及賈斯汀・戴爾（Justin Dyer）總是樂於幫忙，富有耐心。我想特別感謝奈特給我機會考慮接下這項寫作任務，也感謝艾文賀帶領了東亞思想的多年期計畫。謝謝송지혜（Jihye Song）與이하경（Hakyoung Lee）在書稿寫作的過程中多方協助研究。當然，如果有任何疏漏錯誤都是我個人的責任。本書獲得韓國教育、科學與科技部（MEST）韓國學中央研究院獎助（AKS-2011-AAA-2102）。

導論

如何理解中國政治思想史？

相較於過去已經有人寫過的中國政治思想歷史綜述，我的目的是提供更加完整的歷史敘事；回顧現有研究可以有效說明差異之處在什麼地方。雖然探討中國政治思想的書籍、文章已經汗牛充棟，不過以下的回顧只聚焦在以「中國政治思想史」或類似標題為名的書籍專著。[1]

蕭公權（一八九七—一九八一）的《中國政治思想史》（*A History of Chinese Political Thought*, 1979）向學生介紹了中國由古至今的政治思想，而這本書在西方語言中幾乎是唯一一本。[2]事實上，他的著作屬於一九三〇和四〇年代的學術潮流，當時如呂思勉（一八八四—一九五七）、呂振羽（一九〇〇—一九八〇）、陶希聖（一八九九—一九八八）和梁啟超（一八七三—一九二九）等人便寫就了好幾本中國政治思想史；[3]不過，直到一九八〇年代以前，中國大陸[4]因為政治動亂造成學術研究的空白，鮮有學者投注心力書寫中國政治思想的通史。[5]同時期的臺灣學者則相對不受政治因素干涉，[6]先後推出數本中國政治思想史，包括了謝扶雅（一八九二—一九九一）、薩孟武（一八九七—一九八四）、楊幼炯（一九〇一—一九七三）、葉祖灝以及張金鑑（一九〇三—一九八九）等。[7]但是，隨著政治地景變換，過去數十年來，中國大陸越來越多學者投身這項寫作，[8]名為「中國政治思想史」的書籍與日俱增，可見中國大陸的學者時常寫作通史、綜論類的書籍。在中國以外則沒有類似趨勢，例如日本學界近半世紀以來，幾乎無人嘗試為中國政治思想書寫綜合性的通史；即便有幾本書的標題狀似通史，實際內容卻並非歷史綜述（例如守本順一郎《東洋政治思想史研究》；岩間一雄《中国政治思想史研究》）。

既然本書以英文寫作，我希望至少能填補蕭公權《中國政治思想史》一書以來的巨大空白。他的著作非常經典，我不可能與之比肩、模仿那種驚人的跨度；我不會假裝這本書能涵蓋歷史上大部分重要的政治思想家，更不敢像蕭公權一樣號稱能囊括所有人——這本書沒有那麼大的企圖。但蕭公權著作的英譯本自發行以來已經近四十年了，相關主題至今早有諸多重大進展，單憑這個原因，我便認為值得一試、為中國政治思想

1 我在"Toward a theoretical foundation for the history of Chinese political philosophy."一文中對學術研究現況有更詳盡的回顧。*Philosophy Today*, 57, no.2 (2013), 204–212.

2 蕭公權《中國政治思想史》一書由中文英譯，原書在一九四五年出版，英譯本於一九七九年在普林斯頓大學出版社（Princeton University Press）出版。

3 最近十年這些學者的著作在中國都有新版重印發行，如呂思勉《中國文化史、中國政治思想史講義》（二〇〇七）、呂振羽《中國政治思想史》（二〇〇八）、陶希聖《中國政治思想史》（二〇〇九）、梁啟超《先秦政治思想史》（二〇一〇）。其他同類著作見陳安仁《中國政治思想史大綱》（一九四二）、韓梅岑《中國政治哲學思想之主潮與流變》（一九四三）、秦尚志《中國政治思想史講話》（一九四六）。

4 譯者註：作者在導論中交叉使用了中國、中國大陸和中華人民共和國等不同詞語，譯文未有更動。

5 相關著作有以下兩本：朱日曜主編《中國古代政治思想史》；劉澤華、葛荃主編《中國古代政治思想史（修訂本）》。

6 葛荃〈近百年來中國政治思想史研究綜論〉，《文史哲》第五期（二〇〇六，臺北），頁一四三～一五二。

7 謝扶雅《中國政治思想史綱》、薩孟武《中國政治思想史》、楊幼炯《中國政治思想史》、葉祖灝《中國政治思想精義》、張金鑑《中國政治思想史》；薩孟武的著作近年來在中國也有新版發行（譬如二〇〇八版的《中國政治思想史》）。譯者註：謝扶雅寫作時不在臺灣，僅書籍在臺出版；「臺灣學者」（Taiwanese scholars，而非「在臺學者」）為作者用法，譯文未有更動。

8 除了重印早期的中國政治思想史論著之外，相關主題也新出了好幾部作品，譬如朱日曜《中國政治思想史》；劉惠恕《中國政治哲學發展史：從儒學到馬克思主義》；劉澤華《中國政治思想史集：先秦政治思想史》第一卷；劉澤華、葛荃《中國古代政治思想史（修訂本）》；曹德本《中國政治思想史》。

綜述新添一筆，也盡可能將我認為重要的新觀點和新發現列入考量。

我之所以決定重探中國政治思想史，也並不只是為了想要納入新的學術成果而已——確實，有了這些研究，我們對中國思想傳統的認識早已大有拓展；如果說本書懷有任何企圖心，便是想重新探討過去的綜述中（包含蕭公權的著作）作為基礎的幾項假設。因此，要有效說明這本書的導向，一種做法便是指出本書與蕭公權的書有什麼不同，而下引段落便呈現了蕭書裡的典型特徵。

> 吾國歷史，世推悠久……政治思想亦於此時突然發展，蓋自孔子以師儒立教，諸子之學繼之以起……中國君主專制之政體，自秦漢開端，以後殊少改變……苟非明清時代西洋之武力與文化藉海通而相繼不斷侵入中土，恐政治思想之因襲時期或不能至宋元而終止，其轉變時期亦未必至明清而到來也。吾國政治思想轉變之直接原因為外力之激刺……專制天下之政治思想以秦漢至明清之制度為背景。先秦諸家各視其本身能否適應此歷史之新環境而決其宗派之盛衰，儒家適應之力最強，故其道統最長遠，實力最雄厚。[9]

首先，如「吾國歷史，世推悠久」所言，以及全書其他類似說法所示，中國國族主義驅動著蕭公權的著作，他無疑將現代中國視為過去歷史的總合、無可改變。其次，對他而言，中華帝國的歷史特徵就是專制政府。第三，他視儒家為中國政治思想中某種綱領明確的概念，孔子則是「突然」出現、成為儒家的創立者。第四，中國政治思想作為意識形態，意在證成專制政府的合法性，因此他以「可以適應中國的專制獨裁統治」來說明儒家的成功。第五，他認為在西學衝擊中國之前，帝國的政治思想和運作不曾有深刻地轉變。

最後、但同樣重要的是，蕭公權使用世界歷史發展階段論推想的預設，將中國思想通史按照封建天下、專制帝國和現代國家依序排列，約略比照歐洲的歷史階段，所謂從封建到專制王權，進而成為現代民族國家的發展路徑。這種目的導向（teleology）的主要問題在於，它將現在的世界視為既定之路，進而回溯過去的歷程如何導致現在的結果。由於他相信西方與中國之間有變動與停滯的二元對立，因此將中國的政治思想史分作三個階段，即封建天下（春秋戰國）、專制帝國（從秦漢到明清的二千年）以及現代民族國家（從十九世紀末到今日），[10]以此將當時所知的大部分、甚至所有中國政治思想家放進這個歷史框架中，成就一部鉅著，規模大到英語版本迄今只譯了一半。

即便我不同意上述摘錄的各項要點，但是許多人恐怕仍舊以這種方式為中國政治思想史作結；我們不妨逐條拆解、一一剖析。

中國是什麼？

首先需要分析的對象便是「中國」一詞本身，畢竟蕭公權或是其他學者的著作都圍繞著這個核心概念開

9 蕭公權，《中國政治思想史》（上海：商務印書館，一九四七），頁一～七。
10 同上註，頁七。

展。大多數中國政治思想的綜述似乎都把「中國」視為統一的整體，不論內部的多元歧異。這樣的提法並非一無是處，至少敘事可以沿著「中國」這個穩定的指標開展；然而，也正因如此，這種提法並未回頭檢討這項預設。

國族主義史學在當前中國大陸學界占主流，便是很好的例子：這種方式寫就的通史與作為主題的國族兩者密不可分，把中國這個民族國家現有的領土和文化疆界視為理所當然。例如，在費孝通（一九一〇—二〇〇五）《中華民族多元一體格局》一書當中，便可以見到中國國族主義的理論藍圖，這種典範的結論大致是說，當代中國是過去所有歷史的總合、是無可改變的結果。我們日常的用語和概念都深受國族主義史學影響，畢竟我們大多數人都還是活在某個特定的民族國家當中，這些用語讓我們以為自己一直活在歷史悠久的政治體裡，號稱自古以來都存在著、從未受到汙染。

然而，批評者早提出有力說明，指出「歷史上有中國這麼一個大一統民族國家」的說法是種迷思，認為中國作為一種國族的想像是晚近才創造出來，並非歷史現實。鑑於這個高度政治化的議題會引發爭辯，這本書的主要關懷並非為了這項議題的方方面面下結論；但無論如何，中國國族主義都明顯是一種事後建構（retrospective）、目的導向（teleological）的史學典範，因為它把「中國」當作民族的概念投射到前現代的世界，賦予過去某種重要性——即便原本並非如此——所以是事後建構的觀點，而因為它將現在的中國國族視為兩千年帝國歷史無可避免的結果，所以是目的導向的論證。

與其說中國創造了歷史，不如說歷史創造了中國。本書並不將中國視為鐵板一塊，而是將中國當作一種建構（construction），這個概念並沒有什麼絕對、永恆的基礎托靠，而僅僅是透過官方論述、歷史書寫和其他意識形態建構的過程，透過人們不斷努力創造、重塑和強化中國身分認同，進而形成的結果。某種程度上，真實存在的並不是中國本身，而是以中國為名所追求的政治認同，朝朝代代以此整合為一體；到了下次重塑中國身分認同的時候，便對前一代的追求重新詮釋、審酌和調整，定義僵化的中國認同則會因為無法面對變局，鮮能長時間延續下去。因此，為了能回到原本的歷史脈絡中評價中國政治思想，本書試圖將中國從目的導向的史學書寫解放出來，考察「中國」這個概念如何變遷，以及考察哪些歷史現實促成這些觀念，本身就是值得探究的題目，能替中國政治思想提供新視角。在諸多議題中，我們尤其想知道，中國人如何塑造自己中國人的形象，為什麼他們的自我認同如此成形，而政治思想又如何取決於這樣的自我認知。簡單來說，在敘述中國政治思想的漫長歷史時，我會將「中國」一詞當作關鍵的變數，會依照脈絡而變化。

有了前述說明，現在似乎是討論何謂「中國性」（Chineseness）的好機會。[11]中國性在此指涉對「中國是什麼？」一問的各種回答；不管答案為何，回答這個問題便代表著各種嘗試，人們試圖建立框架來想像一個跨朝代的實體，加以運用在所謂「中國歷史」的所有時期。不論我們怎麼定義這個跨朝代的歷史實體，它都不會等同於任何特定地點、文化界限明確的政治體；它指涉一個更大的實體，當中的每個朝代或政權都形成自己的身分認同。通常沒有人會問這類根本問題，要直到有某個新的政治體出現，才會試著把自己和歷史

11 對於「中國性」這個概念，我在"Centrality contested: an interpretive approach to 'Chinese' identity,"中有更詳盡的討論。In: Leigh Jenco, Murad Idris, and Megan Thomas, eds., *The Oxford Handbook of Comparative Political Theory*. Oxford: Oxford University Press, 2019.

上更迭的朝代關聯起來，以此建立時空延續性、尋求更高層次的意義；在一般情況下，人們更常關心中國「做什麼」、而非中國「是什麼」。但是，近數十年來，學者日益關切中國的自我認知，從國家、民族、族群或文化等認同不一而足；要想說出中國性是什麼的任務特別艱鉅，因為中國看似是個長久延續的實體，實際上卻遠非靜止不變。也確實，不同的政治行動者不斷地發明和重塑「中國」，因此中國的定義也不斷轉變，反映了變動的歷史情境，而這些轉變的過程上下延伸超過二千年。因此，「中國」並非固定、單一的認同，而是不停變動的事物。[12]既然如此，面對橫跨漫長時光、糾纏不清的歷史素材，我們究竟如何能捕捉這個變動不斷的標的，替歷史找到有秩序的延續性呢？

研究中國性的各種取徑

在英文中，我們使用「China」一詞指稱現代華語中名為「中（央之）國」或「中（央之風）華」的這個政治體。「China」一詞事實上源自秦朝之名，這個中國第一個大一統帝國，以獨裁聞名於世；相比之下，「中華」一詞則明顯充滿了規訓意味：在中國史中，這個詞並不指涉某種形態的民族國家，而是統治者和知識分子用來召喚永恆天命、自視為「文明的中心」的用語。若是將當代的民族意識或國家形態套用到整個中國歷史上，是時空錯置（anachronism）的做法；歷史上的諸多中國（Chinas）大多不是今日我們所知的這個中國。

為了理解這點，我們應該仔細思考「中華」這個概念。早在漢代或甚至更早之時，政治菁英便運用這個詞來塑造中國身分認同。在這種以中國為中心的世界觀中，「中華」相對的是外部廣大的世界，將「中國」置於中心、視為地理和文化方面都更為優越的實體，與之相反的則是周圍的族群和政權，被冠以夷狄等「野蠻人」的稱呼。「華」對「夷」這種標準的二元對立（簡稱「華夷之辨」）——時常分別譯為「中華文明」與「野蠻文化」——並不僅僅是名詞區別而已，如索緒爾（Ferdinand de Saussure, 1857-1913）一派的結構語言學者早已闡明，意義的產生有賴相互依存的區辨，事物的含義是由自己與其他事物的關係決定的。從這個角度來看，中國中心觀設想的「中華」在概念上就必然與野蠻相關聯，也就是說，中國各朝占有「中華」的地位並不只是憑著內部本有的特徵而來，而是必須與野蠻相對應。

即便已知「中華」這個概念充斥著等級階序的含義，我們仍然沒有回答「中華」是由什麼構成的。從古至今的各種答案錯綜複雜，不可能在此完整梳理一遍；然而，不論政治行動者答案為何，我將他們所訴諸的理由分成地域、族裔和文化三類。採「地域論」者主張中國由特定的地點所定義，傳統上所謂的「中國」既指涉中國性本身，也指涉中國這個政治體，特別是與「外國」一詞相對時，便隱含了地域的概念。持此論者會說，要想成為中國便必須占有特定的地理空間，或至少與該地點相關聯——這通常指的是東周時的「中原

12 考量到本書所選用的理論、採取的立場，我應該刻意使用複數形的「諸中國」（Chinas）一詞，以免被批評為我們假設在時代流變中有什麼本質的、不變的「中國」存在。不過，因為這樣的做法容易流於繁冗，因此我仍使用現在「中國」這個政治體的名稱當作簡稱，要特別提醒這個簡稱就像打上了引號一樣，並不必然指涉有某種領土、政治或文化上的延續性。

地區」（即黃河流域），不過所謂中原，確切的位置本身便有些模糊不清。採「族裔論」者將中國性等同於共同的血緣和族裔，他們通常主張漢族的身分認同便等同於中國。但是，新興領域的批判性漢族研究（critical Han studies）提醒我們，不能將漢族與中國性輕易相等同，畢竟「漢族」雖然是中國的主體民族，可能也是世界上最大型的集體認同單位，但什麼叫作漢族，仍然有定義不明確、不一致的地方。最後，持「文化論」者主張從族裔以外的元素定義身分認同，反對將中國性視為種族，拒絕將漢族置於他人之上，而是聚焦在某些他們認為中國獨有的文化特徵。但即便如此，文化論主張的中國文化統一性依然疑點重重，譬如中國各種方言的差異巨大無比，如果是在歐洲，其實會被視為不同的外國語言；此外，世人也逐漸認知到，非漢族群的文化對晚近的中國史有重要影響。

透過分析可見，以上三種論點的取徑各不相同，反映不同政治勢力特定的政治主張及語彙；對他們來說，地域、族裔和文化分別將人連結至特定的系譜，也將自我與他人區隔開來。以此，政治行動者為了要說服受眾，會巧妙挪用這些理論，替自己的統治事實或各種目的提供合理解釋。有時，這三種理論取徑也可能糾纏不清，有的人會依照需求就把不同理論結合運用。無論如何，在政治上為了創造延續性而挪用這些理論，並非只有益處，同時也有所失。

要組合上述三種理論，最簡單的方式通常是使用本質化（essentialist）的語彙將其相連結，譬如把中國人的同一性連結到同為傳說中黃帝的後裔，或是提出其他類似的說法來指稱共同祖先。[13]這種對中國性的本質化定義歷久不衰，但中國文學、文化、離散研究等各領域的學者早有提出挑戰：問題在於，不管哪種形式定義的中國性中，主要的構成成分都還是模糊不清。因此，洪美恩（Ien Ang）甚至主張要挑戰「中國性」本身的合理性，深究這個詞可否作為身分認同的類別，對這個身分認同標記提出強烈質疑。[14]對於像洪美恩這些激烈的批評者來說，應該要用某種寬闊包容（cosmopolitan）的想像取代中國性，以納入異質性（heterogeneity）、對立（contestation）和混雜（hybridity）等元素，一如批判文化本質論的學者所強調，這些都是理論上必須考量的要點。鑑於以本質化方式所定義的中國性（尤其是最近這些極端國族主義的說法），帶來了令人窒息的壓迫和歧視，有感於此的人或許會高舉洪美恩具解放性的理念。既然對於本質論的批評勢不可擋，我們又該何去何從呢？最終，我們是否只能承認，回應這種批判唯一可行的方式，便是完全摒棄中國性一詞？

我同意這些對本質論的諸多批判都很有道理，但我認為還有其他成效更好的取徑，其中部分靈感來自艾倫・帕頓（Alan Patten）的「社群解釋」（social lineage account），所謂「文化是一群人共同經歷某個發展脈絡後所分享的東西」，[15]也就是說，社群解釋聚焦在某些世代，他們特定認同標記為名，經歷了特定的社會化過程，一代一代對其重新詮釋。從這個角度來看，要指稱中國性是什麼、不是什麼，並不需要對中國性的內涵特別下定義；將中國歷史上的眾人統合起來的，並不是他們觀點本身的內容，而是他們一起構建的身分認

13 James Leibold, "Competing narratives of racial unity in republican China: from the Yellow Emperor to Peking Man.", *Modern China*, 32, no.2 (2006), 181–220.
14 Ien Ang, "Can one say no to Chineseness? Pushing the limits of the diasporic paradigm.", In: Shu-mei Shih, Chien Tsai, and Brian Bernards, eds., *Sinophone studies: a critical reader*. New York: Columbia University Press, 2013.
15 Alan Patten, "Rethinking culture: the social lineage account.", *American Political Science Review*, 105, no.4 (2011), 735.

同。許多特徵原本只是隨機的變異，但是個別人物的諸多行為為其增添了可供理解的身分認同。而當一個群體中的成員以中國為名、宣揚自己的身分認同時，他們並不單單對「中國是什麼？」提出自己的解答，同時也在行動當中不斷創造條件，讓社群解釋得以形成。對本質論者而言，衡量其對中國的主張究竟有多麼「中國」，可能是很有意義的行為；然而，就社群解釋來看，像「中國」這類語彙就算有助於集體身分認同的形成，指涉的內容卻幾乎沒有準確對象可言。

隨著時代變遷，面對環境鉅變時，既有的中國性除非能配合各種利益所需，否則它的內涵會時常遭受質疑。政治身分雖然不是一成不變的本質反映，卻也不是憑空杜撰的事物；相反地，政治身分認同必須滿足文化規範和期望，也必須回應個人利益的要求。因此，要去問「中國文化的哪些特徵貫串了整個中國歷史」很可能是問錯問題；社群解釋會問的是，哪些歷史條件會讓一群人相信自己有萬全理由來設想自己是單一族群。雖然一方面以中國性為名的諸多認同標記歷久不衰、韌性良好，但是另一方面不同的中國觀之間差異越來越大，而正是在這個脈絡中，社群解釋可以處理這兩個並存的面向。只要中國性依舊是為了回應環境變動而出現的歷史配置，我們就不可能解決「中國的本質是什麼」這類問題。但是，有歷史視野的取徑卻讓我們能解釋在現實中、或假想的現實中，為什麼中國性是個強大的符號，在社會上影響深遠。

威權政府的詮釋

除了蕭公權外，許多人也認為中國一直都是專制國家、強而有力的獨裁政府，不論是用東亞語言書寫的歷史學者或是西方的社會科學家，人們常將中國與世界上其他政治體相對比，視專制為中國歷久不衰的特徵。這個看法可以追溯到孟德斯鳩（Montesquieu, 1689-1755），他（或者更早就有人）把中國皇帝當成東方專制君主的典型。到了二十世紀時，大多時候這個觀點都位列主流敘事（master narrative），主導了人們對中國政治的理解。[16]「一部中國封建歷史，從頭到尾，貫穿著專制主義中央集權和君主專制不斷強化的進程，這是歷史基本事實」。[17]呼應這個說法的學者通常也會強調，中國政治文化的一大基本特徵便是統治者無所不能。例如，劉澤華便認為「王權主義」（monarchism）——「天下應該由單一君主統治」[18]——就是中國政治文化的本質。

二十一世紀的思想史學者則用更複雜細緻的手法來分析中華帝國的政治權力，只是過去的學術傳統仍留

16 在中國的學術圈中，所謂「帝制中國的專制一直不斷惡化」的說法仍層出不窮。有關中國大陸的學術研究，見 Yuri Pines, *The everlasting empire: the political culture of ancient China and its imperial legacy*. (Princeton: Princeton University Press, 2012), 63-66. 亦見劉澤華，《中國的王權主義》，上海：人民出版社，二〇〇〇。西方社會科學研究對這點的討論見：Richard von Glahn, *The economic history of China: from antiquity to the nineteenth century*. Cambridge: Cambridge University Press, 2016.

17 程民生，〈論宋代士大夫政治對皇權的限制〉，《河南大學學報（社會科學版）》第三期（一九九九，開封），頁五六。這句話作者引自 Peter Bol, "Whither the emperor? Emperor Huizong, the New Policies, and the Tang–Song transition.", *Journal of Sung–Yuan Studies*, 31 (2001), 103.

18 譯者註：此句引文實際上源自 Yuri Pines, *The everlasting empire: the political culture of ancient China and its imperial legacy*. (Princeton: Princeton University Press, 2012), 3.

下了些許印痕。譬如，尤銳（Yuri Pines）便很清楚，如果用過分簡化的語彙來理解中國政治文化和思想，這種粗糙的敘事會有所危害；他認為將中華帝國簡化地說成是長久的暴政並不合理，觀察到「中國的君權本質上有根本的矛盾，一方面強調君主的全能，同時卻希望減少君主個人在政治事務的影響力」，[19]也就是說，尤銳攻擊「中國專制論」或是「專制國家說」的方法，是去否定這種想像，指出中國的君主統治並非無拘無束；此外，尤銳也很明白中國一直在經歷各種變化，因此反對類似「中國長久一來的國民性」的相關說法。但即便如此，他仍相信在各種時空的變化中，我們可以發掘共同、根本的原則，找到中國帝國模式的構成基礎，認為在戰國時代人們的意識形態就有了共識，簡短扼要地說就是「政治體以統治者為核心」這個典範，從當時一直到帝國的終結為止，這個想法都屹立不搖。同樣地，他也觀察到，因為薪水和名望的緣故，主流的思想家將做官視為自我實現的最上等途徑。[20]簡而言之，中國政治文化和思想雖然並非僵固不變，但理念上把政府、君主視為核心，這樣的根本特徵卻是不變的。[21]

在本書中介紹中國政治思想史時，我希望更進一步避免「專制國家」這個講法。一如之後各章所見，雖然在整個帝制時代中，確實鮮有人質問「以單一皇帝為核心」的想法，但是所謂的「王權主義」並不足以涵蓋中國政治歷史和思想複雜的方方面面；同理，雖然帝制晚期大部分的菁英都花費精力投身在準備科舉，但是對政府／國家（state）的依附，卻不足以解釋受教育菁英在思想行動背後的深層因素。同時，單就尤銳認為「外來征服者也採用了中國的王權主義」這點而論，他似乎同意所謂「漢化／華化」（sinicization）的說法，即外來統治者接受了中國文化影響，進而成為中國人。[22]

因為本書正文會再度論及這個主題，這裡便不詳述；我只想先指出「專制國家」的說法有概念上的缺陷：這個說法將君主的權力描繪成至高無上、不受拘束，結構上毫無受廢黜的可能。在這種想像中，君主和國家二合為一，君主個人的偉大存在便彰顯了國家無所不在的權力。「專制國家」一詞在英文中可以譯為「despotic state」、「authoritarian form of government」或「autocratic state」（autocracy），之所以會有這麼多譯名可選，是因為這個講法並沒有把「國家的制度（infrastructural）面向」（即國家滲透社會的能力）與「皇帝對大臣的統御手法」區隔開來。像「專制國家」這樣鬆散的講法，並不能準確對應中國政治歷史和思想的複雜現實；事實上，之所以對於帝制中國的國家性質會有諸多爭論，很大部分來自這種概念分辨的缺乏，一如王國斌所說，對中國國家的描繪有兩種矛盾形象共存：既有強而有力的國家體制，卻也有各種消極不治理。[23]不過，這些看似對立的評價是可以彌合的，只要將概念做些細緻修正，便能找到共識來說明帝制中國裡國家與社會的關鍵特徵：我們應該認真考量邁克爾・曼（Michael Mann）的說法，[24]將國家權力分為專制（despotic）和制度（infrastructural）兩個面向，才能避免將這兩種形式的政治權力無端混淆。此外，「國家效

---

19 Yuri Pines, *The everlasting empire: the political culture of ancient China and its imperial legacy*. (Princeton: Princeton University Press, 2012), 54.

20 Yuri Pines Pines, *Envisioning eternal empire: Chinese political thought of the Warring States era*. (Honolulu: University of Hawai'i Press, 2009), 220-222. 此外也該留意：「中華帝國形成前後，知識分子最顯著的延續性之一，在於對國家的持續依附……除了帝國已將通向名聲和權力的道路牢牢壟斷之外（只有少數政治動盪的時期並不如此），這種依附嚴重限縮了士人的選擇，進而削弱了他們的自主性。」Ibid., 183-184.

21 Yuri Pines, *The everlasting empire: the political culture of ancient China and its imperial legacy*. (Princeton: Princeton University Press, 2012), 1-14,44.

22 Ibid., 70.

23 R. Bin Wong（王國斌）, *China transformed: historical change and the limits of European experience*. (Ithaca, NY: Cornell University Press, 1997), 81.

24 Michael Mann, "The autonomous power of the state: its origins, mechanisms, and results.", *European Sociology Archives*, 25, no.2 (1984), 185-213.

應」（state effect）的概念[25]也深具洞見，能解釋中央政府如何在行政組織不足時，還能將制度推展出去：當中央政府把許多工作外包給半獨立的社會行動者時，國家與社會的分界便開始模糊，在這樣的情況下，「國家（引起的）效應」比起「國家（自身的）行為」而言，更能清楚描述這些行動者為中央政府所執行的任務。

儒家的概念

上個世代的思想史學者常常試著想挑出一些模式特徵，說明中國的思想家共享哪些想法；此外，社會科學研究者為了應用方便，也慣常使用高度程式化的定義來討論中國政治思想。在中國政治思想這個領域中，「儒家」便是一個鮮明的例子：中國文化的相關論述幾乎都使用這個詞作為主要的概念範疇和分析術語；但是，當我們以非常簡化的方式定義儒家時，結果就是這個概念無法幫助我們理解長時段的歷史變化，畢竟千年來它的意義歷經大幅改變。儘管如此，許多學者和論辯之士仍浮濫使用「儒家」一詞，似乎可說這個詞的意義因此變得含混不清，一如席文（Nathan Sivin, 1931-2022）曾說：「在中國史的相關書寫中，再也沒有詞語像『儒家』這樣造成那麼多混淆了。」[26]

不過，直到最近為止，大多數中國政治思想的論述仍持續預設或試著證明，儒家是中國史中最具影響力的政治意識形態。以中國政治思想領域而言，近期的例子譬如劉惠恕《中國政治哲學發展史：從儒學到馬克思主義》，如同書名所示，在他的敘事中，主旨便是從「儒學」（上溯遠古、下達二十世紀早期）到馬克思主義（在二十世紀中葉後位居核心）的轉變。在劉澤華和劉惠恕的例子中，「儒家」以及（或）「獨裁國家」常常是中國政治思想傳統的代表，許多人——尤其是中國大陸的學者——普遍認為，儒家在中國思想傳統中有尊貴的地位，是以儒家在中國文化中扮演指導的角色。許多學者確信不疑，即便「儒家」恰恰是後來才發明的概念，他們還是談論著「中國」超過兩千年來如何發展儒家、如何發展中國政治思想；就連英語世界中的著作也不例外，相信儒家和中華帝國在兩千年來早已結為連理。例如，傅正元便說，長久維繫的獨裁統治便是中國政治和中國歷史的特色，甚至說是中國政治思想的傳統替獨裁體制的成長茁壯打下了意識形態的根基。[27]蕭公權則反過來看，試圖回頭尋找獨裁思想的根源：「孔子之政治態度為周之順民，而其政制之主張為守舊。後來儒術之見重於專制帝王，此殆為一重要之原因。」[28]

確實，「儒家」可以指涉許多不同的事物。從最狹義開始，可以指文化菁英保存的道統，可以指獨裁君主利用科舉所維持的一套意識形態，可以指基於詮釋典籍形成的一套哲學論述，也可以指支撐父權社會的一套價值體系。在儒家一詞的各種不同用法中，唯一的共同點大概就是與所謂「儒家經典」的重要文本有所連結，然而這點對我們來說也幫不上忙，因為從歷史變遷的角度來看，儒家早有大幅轉變，何謂儒家經典早有

---

25 Timothy Mitchell, "Society, economy, and the state effect.", In: Ggorge Steinmetz, ed., *State/culture: state-formation after the cultural turn*. Ithaca, NY: Cornell University Press, 1999.

26 Nathan Sivinvin, "Introduction.", In: Benjamin Elman, *From philosophy to philology: intellectual and social aspects of change in late imperial China*. (Cambridge, MA: Harvard East Asia Monograph Series, 1984), xiii.

27 Fu Zheng Yuan（傅正元）, *Autocratic tradition and Chinese politics*. Cambridge: Cambridge University Press, 1993.

28 蕭公權，《中國政治思想史》（上海：商務印書館，一九四七），頁四三。

重新定義，而經典也發展出深厚的注疏傳統。更進一步說，就算某個概念與重要文本有關，可以長時間維持不變，這也不保證在社會中概念對人的重要性也維持靜止不動，因為儒家實踐者雖然可以抛出某個概念，但是概念一旦進入世界中，這些人並無法決定最終的命運會如何發展。因此，除非我們釐清某個概念的歷史脈絡，要不然無法掌握這些概念在某個特定的歷史環節中的意義。

因為上述原因，要說儒家是鐵板一塊、不受歷史變遷影響的話，這樣的講法會讓人無法以學術眼光體察歷史上中國政治思想的複雜性，而這種不察會帶來諸多問題，會不斷再製對儒家極度的苛刻評價，而這種價值判斷究竟有沒有審慎的實證證據支持，也會弄不清楚。例如，批評者常說儒學導致黨爭，在前現代的東亞政治中，這項特質昭然若揭，然而S・N・艾森施塔特（S. N. Eisenstadt, 1923-2010）卻指出，派系鬥爭是世界各地歷史上官僚社會共同的特徵；[29]同樣地，儒家像聖人、德治等概念，相比伊拉斯莫斯（Erasmus）心目中理想的政治領袖來說，[30]其實也若合符節。在最糟的狀況中，這種成套的理解會與露骨的褒貶目的相結合，最終只會傷害我們的歷史想像力。

只要這些特徵描繪沒有歷時變遷的維度，它們就犯了本質論的錯誤。對於這種理解儒家的方法，最激烈批判的人應該是詹啟華（Lionel Jensen），他認為這是「一段長久、刻意的過程所製造的認知，其中歐洲的思想家扮演了重要角色」，[31]換句話說，「儒家大致上可說是西方的發明」，而耶穌會士的角色尤其關鍵。詹啟華的批評強烈到甚至用了「製造」、「杜撰的」、「建構」、「捏造的」、「想像」、「發明」、「手法」、「比喻」和「虛構」等詞，[32]這些激烈的措詞彷彿是預設「真實」的存在是一種「他者」，而虛構、造作的概念其定義與之對立而成。對那些想挑戰「儒家」、覺得這個詞的合理性並非不證自明的人來說，詹啟華對「儒家」的後現代批評可能有益思考；但與他不同，我並不認為孔子、儒家和儒學等詞彙全都是在某個歷史時刻中人工製造出來的，不認為歸屬於這些詞彙的「意義」都是晚近的發明，像「儒」（指涉中國士大夫的傳統用語）這類詞彙所隱含的身分意義，可能比詹啟華認定的還要更強烈，在整段中國歷史中展現了驚人的頑強生命。這裡我的重點並不是說大家不該使用「儒家」或「中國」等詞彙，畢竟要用到簡短的稱呼時，我們多半也沒有更好的替代用語；重要的是，這些指稱並不意味著它們背後的「各種意涵」在政治和文化上必定相互連結。那麼像「儒」這種歷久不衰的身分標記既可以存在、意義卻多變紛雜，我們又要如何彌合這種矛盾呢？

如帕頓所主張，這項議題的核心是，文化本質論無法處理社群的內部差異（internal variation）和社群與外部的共通性（external overlap）。內部差異是指社群中有許多特徵並無法以某個文化的「本質」這個說法包裹起來。有的人或許會想直截了當地辨認出儒家政治思想的一些基本元素，宣稱有某些重大特質適用於任何時空、任何脈絡；然而，有些學者能敏銳察覺歷史鼎革中所見的內部歧異，他們早指出了上述說法並不合理。不可否認地，在孔子之後動盪的數個世紀中，儒家傳統內部早發展出各類大相逕庭的流派，孔子思想中

29 S. N. Eisenstadt, *The political systems of empire*. (New Brunswick, NJ: Transaction Publishers, 1993), 156-171. 亦可參考 John Duncan, "The problematic modernity of Confucianism.", In: Charles Armstrong, ed., *Korean society: civil society, democracy and the state*. (London: Routledge, 2002), 37.

30 Erasmus, *The education of a Christian prince with the panegyric for Archduke Philip of Austria*. Cambridge: Cambridge University Press, 1997.

31 Lionel Jensen, *Manufacturing Confucianism: Chinese traditions and universal civilization*. (Durham, NC: Duke University Press, 1998), 5.

32 Ibid., 17-25.

的各種基本元素都能以極為不同的方式詮釋，可想而知，隨著時日愈久，流派間的歧見也愈深。

社群外部共通性的定義是，某個文化所謂「本質的」特徵在其他的文化中也看得到。實際上，據稱「儒家」所擁有的幾項關鍵特質，可能與有些學者對其他非西方傳統的描述極其相似，例如據尤金•韋伯（Eugen Weber, 1925-2007）所言，十九世紀晚期的法國農村有各種特徵，包括財產共有、嚴守性別區隔、對下一代重男輕女、家庭內部向心力極強，[33]這些特徵像極了學者用來描述儒家社會的那些特點。還可以再舉一例：人們在比較西方的啟蒙心態時，常描述非西方的思考模式——不論哪個時空——主要、長久的特徵，便是生命的存有相互連結，以及對環境友善的精神世界。有些學者則視王權主義為中華帝國政治文化歷久不衰的傳統，[34]但是「從四七六年西羅馬最後的皇帝、年僅十六歲的羅慕路斯•奧古斯都（Romulus Augustus）受廢黜開始，一直到二戰結束之間，單人統治是歐洲最常見的政府形式，由國王、親王、公爵、伯爵、主教和教宗領導」。[35]如果某個思想傳統的「關鍵」特徵在其他的思想文化傳統也找得到，則大多數非西方的思想都不值得研究了，畢竟沒必要為了發掘相同的事物而不斷嘗試不同的路徑；又如果某個文化的關鍵特徵跨越多種文化存在，甚至與大多非歐洲或前現代的文化共通共享，這樣的關鍵便失去了解釋效力。

要處理儒家這種內部差異和外在共通性，其中一種方式便是不再將儒家看成單數，而是複數形式的「各色儒家思想」（Confucianisms）。[36]然而，如果僅僅是做出提醒，強調儒家的可塑性，說不要將儒家視為沒有歧異的傳統，這樣是不夠的：要尋找儒家的內部差異和外部共通性，可以無窮無盡走下去。當學術專業化越走越甚，任何現存的概論、通論都會土崩瓦解，不斷發展下去的話，中國政治思想史可能越趨繁複、成為變化萬千的萬花筒，不太可能會是一成不變的景象。如果將中國政治思想傳統描述地更像是一組歷史配置，是為了回應變動的情境而存在，我們甚至可以說，幾乎不可能再以任何統整的方式來描述中國政治思想的傳統，而或許正是在這種情境中，我們可以理解西方政治思想史家波考克（J. G. A. Pocock）所講的：「我不認為政治哲學有一貫的、可描述的歷史可言。」[37]他這樣講並不是表示有哪個主題的通論書籍沒有價值，也不是在指稱處理長時段的歷史著作會有哪些共通問題；他真正要強調的是，一旦我們認知到政治思想有其歷史脈絡（historicity），便不可能再想像那種只有單一演變模式的歷史敘事。

類型分析取徑與行動者中心的取徑

要說中國的政治秩序和思想真的超過二千年都沒有改變，這樣想合理嗎？畢竟這種講法似乎有悖常理，一是事物的狀態總在變動當中，二則是事物會映照出觀者的視角，且引用北宋思想家蘇軾（一〇三七—一一

33 Eugen Weber, *Peasants into Frenchmen: the modernization of rural France, 1870–1914*. Stanford, CA: Stanford University Press, 1976.

34 可參見：劉澤華，《中國的王權主義》，上海：人民出版社，二〇〇〇。Yuri Pines, *The everlasting empire: the political culture of ancient China and its imperial legacy*. (Princeton: Princeton University Press, 2012), 48.

35 Alan Ryan, *On politics: a history of political thought from Herodotus to the present*. (New York: W.W. Norton & Company, 2012), 196.

36 Benjamin Elman, John Duncan, Herman Ooms 合寫的書正是圍繞著這個主題組織而成。*Rethinking Confucianism: past and present in China, Japan, Korea, and Vietnam*. Los Angeles: University of California Press, 2002.

37 J. G. A. Pocock, "Political ideas as historical events: political philosophers as historical actors.", In: Melvin Richter, ed., *Political theory and political education*. (Princeton: Princeton University Press, 1980), 140.

〇一）所言：「如果從改變的角度來看，則天地就連在一瞬間都不可能維持不變；但如果從不變的角度來看，則不論是自我或是外物都沒有盡頭。」[38]（〈前赤壁賦〉：「蓋將自其變者而觀之，則天地曾不能以一瞬；自其不變者而觀之，則物與我皆無盡也。」）如果我們執著於尋找中國政治史共同的觀念基礎，則可能非得要相信有什麼同質、統一的政治體系長久存在，相信它有共同的觀念基礎；而就算說有什麼大尺度的共通特質存在，也會因為涵蓋過多事物而喪失解釋效力。

這種傾向反映的是類型分析取徑，將過去的思想系統依特徵分類，進而歸納其所屬類型，意在描述和解釋共同特點，使各種資訊能為人理解。「氣學」一詞的系譜便是很好的例子。例如，隨著馬克思主義史學漸漸失勢，學者要解釋中國過去的思想家時，不再使用馬派的分析，而是使用氣學一詞當作解釋工具，[39]這樣的做法屬於中國思想史常見的類型分析，將過去的思想依「理—氣」的組合來分類各種模式。採這種分析方式的人會探詢「氣」在某個思想體系中的關鍵角色，在所謂氣學的傳統中替思想體系找到定位。要達成這個目標，他們會試著在數個不同的時代中尋找看似相同的觀念。

當我們把類型分析用在超長時段的時候，會把材料依時序排列、標定時代，以便描述某個類型的漫長軌跡。這種分析因此會有遭遇下列問題的風險：首先，為了把各色各樣的材料都塞進分類法的幾種類別中，這些類別的指涉很可能會非常模糊、太過粗略，以致於難以為歷史詮釋提供有意義的指引。其次，類型分析很可能會是論者透過定義操作而形成，不見得反映了各個討論項目之間真實存在的異同，這種做法會有為分析而分析之處，因為詮釋者已經預先相信這些類型真的存在，試著找到某些方法讓材料與類型相符。第三，當我們將思想家歸併到某個類型的傳統時，這種做法並無太多益處，因為被後世歸為同類的學者之間，可能有各種極端相異之處，他們既不同屬某個獨特的社會結構，也不明確自認為某種學派。這樣的取徑可能會阻礙我們體察歷史的真實脈絡和創新之處，甚至還可能替這些概念在原本的脈絡之外強加完全不同的意義。更糟的是，這種做法可能會犯化約論（reductionist）的謬誤，把觀念硬塞進解釋架構裡，譬如某些觀念橫跨在類型之間，可能就說這是比較不完美、不典型的例子；又或是我們發現某個類型的經典特徵竟然有多種面向時，可能就解釋這是因為有多種類型合併在一起。雖然類型分析也可以是值得研究的題目，畢竟它能幫我們處理巨量資料，但是這種詮釋方式不禁令人想問：「要這些分類做什麼呢？」就算說這些類型只是測試中的假設，我們還是可以追問為什麼一開始會選擇這些類別，即便有一群思想家展現相同特質，在某個架構中可以歸為同類，因此我們說他們的思想最終是類同的，這也無法說明說這些人提出思想就是為了要延續或創造這些類型。因此，這些類型雖然可以描述思想家闡述觀念的方式，卻無法解釋他們為什麼要提出這些想法。

只要這些觀念是思想家身為複雜的主體所產出的結果，我們就無法把觀念簡化成某些類型，也無法化約成社會中的一些外部因素（如經濟情況和語言結構）。借用馬克・貝維爾（Mark Bevir）的分類方式，這種行動者中心（agent-based）的取徑可以看作意圖論（intentionalism）的一種，因為「給定話語的意義來自作者的意圖」，而且「不論社會對個人的言談有多深的影響，我們也無法將一個人所說的話化約成他們社會處境的

38 Stephen Owen, ed. and trans., *An anthology of Chinese literature: beginnings to 1911.* (New York: W.W. Norton & Company, 1997), 294.

39 本章中所提及以類型分析取徑寫作的例子，相關書目見Youngmin Kim, "Luo Qinshun (1465–1547) and his intellectual context." *T'oung Pao*, 89, no.4 (2003), 367-441.

相關背景」。[40]只要思想家、行動者的意圖不被化約成類型和（或）外在背景，觀念史的主體性便得以保全；以此，行動者中心的取徑，可以幫助學習中國政治思想的人澈底遠離類型分析視角、或是馬克思主義史學，拋開那種不以行動者為中心的取徑。

事實上，早有歷史著作是依時序羅列各個政治思想家而寫成，許多這類著作意在為聖人作傳，將歷史上先後輩出的偉大思想家拱上神壇，如蕭公權的著作便是一例，他詳細列出中國思想史的知名人物，一一闡釋他們的政治思想體系。葛兆光曾批評這類型的中國思想史，認為這不過是陳列知名思想家的想法，並沒有解釋這些思想家之間的承繼關係，[41]換句話說，這些著作嚴格講來並不是歷史，因為敘事的主要單元之間彼此並沒有關聯。他的批評呼應了波考克對佘賓（George H. Sabine, 1880-1961）《政治學說史》（*History of Political Theory*）的看法，該書正是這種早期研究取徑的典型：

> 在我看來，他的《政治學說史》完全算不上歷史著作，因為他談的歷史無關任何單一的或長期的人類活動。因此我堅信，不論就寫作或教學而言，若是像他的方法那樣把哲學體系照時序排列出來的話，是絕對不可能寫就任何政治思想史的。[42]

據波考克所言，我們應該認識到，政治思想是人為了與同時代的人溝通有意為之的行動，而這樣的溝通不太可能從上古到現今持續那麼長久的時間。

但是，葛兆光與波考克不同的地方在於，他相信在中國思想的漫長歷史中，我們可以重建不同思想家之間消失的連結，而波考克則駁斥這種可能性。例如，唐代時常象徵著一道巨大的斷層，前有上古中國思想的蓬勃發展，後有宋代的理學復興，而葛兆光相信，只要我們重構各種次要素材，諸如宗教、祕術、圖像和民俗傳說等等，看後來的思想家最終如何從這些素材汲取靈感發展成觀點，便能夠填補敘事的空白。而從波考克的觀點來看，要想書寫觀念的歷史徒勞無功、沒有意義，因為作為「事件」（events）的各種觀念之間並不存在連結：「歷史是關於事物的發生過程——即便是〔政治思想〕作為歷史事件來研究也是一樣。」[43]不過，即便蕭公權、葛兆光和波考克有再多的差異，某方面卻很類似：他們的研究都根植於某種形式的實在論（realism）而寫成，把政治思想史當成需要發掘、而不是需要建構的事物。然而，就算說「事件」是真實的，因此需要為人所發現，事件之間的延續性卻並不如此。延續性是敘事的過程中創造出來的，而敘事並不是既存現實的謄本。只要有相關文本證據可徵，學者便可以為歷史進程套用各式各樣的形式，從一系列不相關聯的論述中組裝出一致性。

---

40 Mark Bevir, *The logic of the history of ideas*. (Cambridge: Cambridge University Press, 2002), 32-34.

41 Zhaoguang Ge（葛兆光）, "Introduction.", *An intellectual history of China*. Leiden; Boston: Brill, 2014.

42 J. G. A. Pocock, *Political thought and history: essays on theory and method*. (Cambridge: Cambridge University Press, 2009), 21.

43 J. G. A. Pocock, *Politics, language, and time: essays on political thought and history*. 2nd edition. (Chicago: University of Chicago Press, 1989), 11.

本書敘事手法

要書寫中國政治思想史不啻為一項鴻圖偉業，畢竟傳統說來，研究的時代界限要從上古一直寫到當代。這項任務看起來成功的機率不高，不只是因為根本不可能在一本書中討論完中國政治思想所有的重要流派，也是因為很少人有能力培養各種專業來討論如此漫長的思想史，因此本書並不假裝能窮盡中國政治思想史的方方面面。

一本篇幅有限的書，難免在某些敘述會令讀者覺得有所不足；但同時，我也認為這種短處正是這項書寫計畫的前提中，能帶來益處的一點。要了解箇中原因，得先記得我們所謂的「歷史」指的是一連串置於焦點的事件，透過組織成為敘事，而並非特定的事件本身；波赫士（Jorge Luis Borges, 1899-1986）曾舉了一個例子，說明對於現實的完美再現有可能會極其荒誕：[44]如果有一張地圖的每個點都與真實的地景相同，那它的大小就跟地景一樣大了，這種一比一的地圖根本沒有用處，因為使用者既無法帶著走，而且還會迷失在細節中。同理，如果把中國政治思想史真實發生的細節都講述一遍，荒謬的程度就像把地景中的所有東西都畫進一張超大地圖上一樣，這種敘事會變得像那張地圖、成為它要再現（represent）的對象，那嚴格說來，這就不再是敘事、而是複製了。

因此，篩選提煉的過程不可或缺，才算得上是再現；選擇要把哪個部分的政治思想納含進來，本身就是詮釋的行為。這並不是說所有的再現內涵都一樣，儘管政治思想史是敘事的類型之一，它與其他文字敘事並不相同。首先，這種敘事受規範束縛、以客觀為目標——思想史所說的客觀，並不是自然科學中建立因果解釋所需的那種客觀；歷史學家並不是訴諸絕對、必然、獨立的事實試著想證明假說，而是問說在特定的歷史時刻中，哪些思想可能發生、哪些則不可能。其次，如果我們認為某個歷史陳述令人信服，是因為歷史學家採用的手法，將上述的思考方式用有說服力的敘述表達出來。我們會探究這個敘事的某個特定層面，與已知的其他層面是否能完好契合，而好的敘事能幫助我們理解各種本來很複雜的現象。因此，雖然中國政治思想史已經有許多敘事存在，但這不表示敘事背後最終的驅動力是隨機生成，也不是個人隨興所至。

本書的結構雖然大致上依時序排列，不過並不企圖窮盡中國政治思想的歷史（任何思想史的尺度和長度大概都無法完成這樣的任務），而是在國族主義和本質論之外，為中國政治思想提供其他的解釋，並以一系列的主題為討論焦點，因此這本通論非常選擇性地討論了特定幾位思想家的政治觀。譬如，有些讀者可能會訝異歐陽脩（一〇〇七—一〇七二）和司馬光（一〇一九—一〇八六）被排除在外。章節安排意味著決定哪些人、什麼事要寫入歷史，進而判斷哪些人或哪些事要完整討論——這取決於他們對下列幾條歷史軸線的形成來說，是否有關鍵影響力。

44 Jorge Luis Borges, *Collected fictions*. (New York: Penguin Books, 1998), 325. ; John Lewis Gaddis, *The landscape of history: how historians map the past*. (Oxford: Oxford University Press, 2004), 32-33.

幾條主要軸線

我所扛起的挑戰是，在檢視中國政治思想史如此龐大尺度的同時，也要避免訴諸過度簡化或本質化的陳述。考量到中國歷史上世事的盛衰興替，從歷史事件、思想家對身分認同的思考，乃至他們對於政治活動（political life）廣泛的看法，有什麼好方法把這些關聯起來呢？或者換個方式問，這本書有哪些軸線把前後的章節串在一起？

首先，在某種程度上，這本書採用了朝代循環論（dynastic cycle model）；不過我並無法為每段朝代更替都提供流暢的敘事。政治史的朝代循環論主張，每個朝代有其穩定的政治秩序安排支撐，而這些安排會定期受到危機干擾，最終導致秩序動搖，無法維持穩定政治秩序的後果，便是掌權、爭權的各方持續對峙，甚至形成內戰。內部秩序的崩解並不是「新政治理論出現」的充分條件，而更像是「對現存政治秩序產生質疑」、「提出其他可能」的必要條件，對失序的恐懼使人開始重新釐清想法，思考人作為結社的動物該用什麼方式來共同生活，理出來的頭緒則定義了所討論的政治體該如何受統治、被誰統治、統治深入到什麼程度、為什麼統治、以及用哪些方法來統治。這些問題和答案便構成了政治理論的核心，理論的問題與解答回過頭來則為王朝中興或改朝換代提供新血和動力，而隨著政治理論的重整，新體系的建構者便可能想改變政治秩序的安排方式。只要朝代循環與政體內部秩序的沉浮相吻合，在中國政治思想的敘事中我們便能將朝代當作路標來使用。

本書的第二條軸線則在各章標題中給定：思想家們討論了一系列可以視為「政治」議題的大哉問，論及各種理想、討論政治秩序如何安排，依時序先後出現了文明禮俗社會（enlightened customary community）、國家／政府（state）、形上共和國（metaphysical republic）、獨裁體制（autocracy）、政治有機體（body politic）、公民社會（civil society）和帝國等概念；每種政治秩序的安排都呈現了某些特徵，可以在現行歷史、社會科學的各個範疇下討論。章節組織上的挑戰在於，要怎麼替中國政治思想提供貫通的敘事，既涵蓋重要主題、又忠於歷史事實。對於典型政治秩序安排，我將梳理相關的政治思想為何演變，試著辨認是哪些社會和思想歷程促成變化的出現；有鑑於我們慣性會用今日關懷的議題來解讀政治思想，我希望我的取徑能夠糾正這種做法，促使我們把政治觀念放在原本特定的歷脈絡中理解。

雖然章節標題大致上依時序排列，但同時它們也是歷史中不斷積累的主題，我刻意從不同的時代選擇以不同主題為核心，試著介紹各個朝代最具代表性的議題。之所以說章節依主題安排，意思是各章節既不是完全按照線性的時序排列，彼此之間也不互斥，而是有可能應用在同一個政治體制上；換句話說，即便在回應變動的情境時會有新的政治理想出現，前人的理想也未必會遭受抹除。每個章節設計成內容各自獨立的議題考察，就我對當前學術成果的理解設定討論架構，在爬梳學術論爭後，依我自己的詮釋挑選內容。

政治思想的構成即是學者發揮創意、回應自己繼承的知識傳統，這樣的想法是本書第三條軸線。確實當外在環境的限制和機會出現大幅變動時，所謂思想便是人在面對鉅變時，具有創造性的回應；但是，中國政治思想史通常不是以「中國文化的本質不斷開展」這種面貌示人，而是某種層層積累的智識傳統。因此，要想詳述中國政治思想的漫長歷史，中國典籍的注疏傳統便非常重要，因為注疏構成了語言媒介，為過去和現在的政治思想家建立連結。經典文本並不等同於主流所想像的某種文化精髓，而是人可以用來重新建構政治理想的範本，畢竟思想行動者自己的個人特質會影響文本解讀，是以考察經典的注疏如何變化，不但讓我們可以比較不同時代、不同學者的政治思想，同時也不致忽略這些人的集體身分認同。因此，後續章節在開展時，常常會精讀經典文本的特定注疏，特別是我會追溯歷代政治思想家如何不斷重新詮釋《論語》中關於掉入井裡的篇章，廣泛考察相關的理論議題。

要了解這些注疏唯一方法，便是將其視為各種小主張的集合、視為與各個小主張相關聯；當我們重建這些主張，便能判斷學者們在什麼程度上接受、質問或駁斥前一個時代的主流信念。要掌握這些小主張的好方法之一，便是使用這些學者自己的詞語範疇和概念來理解，因為這些人使用了某類特定的語彙來理解他們的問題和可能的選項，而使用的語彙便界定了解決問題的方法有哪些可能，這便是為什麼本書有一大部分專門探究像「理」和「氣」之類的概念。

討論的第四條軸線便是「中國性」。雖然要討論「中國」的界線到底在哪裡，需要不斷運用消除法，這本有關政治哲學的書最終還是在討論一個邊界有限、稱為「中國」的實體。我所討論的重點是，「中國」這個詞雖然自二十世紀以來便用於指涉民族國家，但它其實是被回頭套用到歷史解讀之上；當我們要使用跨朝代的領土、文化實體這個概念，在本書書寫長時段的敘事時，至少應該合理呈現「中國」一詞備受爭論的內涵。不過，相比於「中國」一詞的高度爭議，「中華」這個身分認同標記則確實是韌性堅強。

最後同樣重要的一點是，我認為不該把大部分的中國政治思想當成是支持威權政府的意識形態；在下列各章討論的政治理論和政治秩序安排中，從文明禮俗社會一直到帝國等等，就算不是全部、至少大部分思想都用各種方式挑戰了中國專制論或是獨裁國家的說法。就此點來說，本書與現有的中國政治思想史（包括蕭公權的書）非常不同。

最終，每個作者都必需決定要使用哪些軸線，進而決定敘述要如何組織，至於效果如何則由讀者評斷。雖然這本書沒有辦法包山包海，但或許我的決定能幫助讀者穿越中國政治思想傳統這片學海，不致失去方向、忘記歷史脈絡或主題重點。有了上述議題和軸線作準備，我們便能進入下列十篇研究，看它們共同組成「一部」中國思想史。

第一章

文明禮俗社會——影響歷代思潮的孔子

孔子擴張了禮的概念，納入風俗以及禮貌等日常人際互動的儀節，禮因此包含各種用來形塑人際互動的行為模式。禮俗社會也就是憑藉共同習慣、風俗所維繫起來的社群，禮提供了共同的行為準則，遵循禮便能促進社會往來；禮的價值在於它能導向良好的政治秩序。普通人沒有足夠能力來形成自己的禮儀，只有聖人才能創制、改造禮儀。聖人並不僅僅是努力遵循既存禮俗，致力將其完整傳承不變，而是知道並非所有的傳統、風俗和慣習都值得保存，因此即便有新的力量加入時局，令社會的根本動搖，聖人也能泰然應對。

要講述中國政治思想史，從孔子（前五五一？—前四七九？）開始可說是極為合理，畢竟長久以來，世人視孔子為儒家的創始人，是中華文化的完美典範。[1]但是，如果用這種框架理解孔子，首先會出現的問題是，孔子即便是在他的時代中也是個難以分類的人物，不論我們怎麼定義「儒家」，在孔子的時代都不存在這樣的講法。即便我們現在常將古代的中國思想家分類成所謂儒家、道家或法家，但這些分類其實是後世才創造的標籤；在孔子的年代，還沒有形成什麼樣的學術思潮，也沒有組織成什麼運動，沒有辦法辨認出所謂的「儒家」。實際上是，孔子只是一位導師，一生桃李滿門，那些身懷抱負的學生求教於孔子，想要了解世界的秩序；要直到漢代時，中央政府才開始遵奉孔子的教誨，拿孔教作為自我辯護的手段之一。

從漢代開始，與日俱增的經注學者投入闡釋孔子的教誨。某種程度上來說，孔子之所以能活過漫長的歷史延續至今，必須仰賴各式各樣調和的過程，倚靠數世紀以來衛道之士的辯護，乃至經注學者的努力——光是「如何讓孔子之後的人能接受的方式發聲」這個議題，便會佔去剩下思想史的一大半。因此，孔子承載了重要的文化意涵，接下來的世世代代都把自己安排世界秩序的想法安放到孔子身上，歷史中會出現各種方法來解讀孔子的思想也就不奇怪了。當我們想在中國傳統中考察各種詮釋孔子的脈絡時，這種層累的現象使得任務變得更為棘手。

有些現代的學者認為，在孔子之前的時代沒有留下任何可信的史料，不足以重建當時的思想世界；他們對孔子思想的詮釋常常有時空錯置之處，可能也是出於這個原因。[2]然而，數十年來，情形已經有所轉變，像尤銳及羅泰（Lothar von Falkenhausen）等許多學者的研究便在此列。最主要的差異在於，相較於蕭公權視孔子為那個時代突然乍現的突破，尤銳將孔子置於時代脈絡中，說明他的思想並不是憑空出現，而是在東周的文化氛圍和知識發展中演變而生。例如，《左傳》逐年記錄了西元前七二二年至前四六八年的政治活動，而尤銳便特別分析此書，以此重建春秋時期的思想史。所以，當時確實還有更早的傳統存在，很可能啟發了孔子的政治思想。有了羅泰、尤銳等學者的描繪，我們知道孔子其實是時代中廣大思想浪潮的一部分，當時的各家學說努力避免政治秩序走向崩解，試圖重塑傳承而下的思想資源，以恢復社會安定。這種脈絡考察的視角挑戰了一些舊說，例如有些主張將孔子視為「復古論者」（traditionalist），表示他想要恢復早期周代的禮制。這類錯誤的假說或研究取徑，其實都對研究孔子思想造成了阻礙。

孔子一生大多在東周的前半段度過。東周之名源自西元前七七〇年的事件，當時周朝統治者的權力受到限制，失去原本的領土，不得已必須東移到黃河上的首都（位在今日洛陽一帶），而傳統的分期將東周分為春秋及戰國兩個部分。《左傳》中成公十三年的一句話，恰如其分地呈現了當時的時代氛圍：「國家的重大事務，在祭祀與戰爭。」（《左傳》：「國之大事，在祀與戎。」）考古發現表示孔子時代的社會，大量使用

1 嚴格來說，當我們討論古代中國思想家時，談論的並不是他們本人的想法，而是後代文獻集纂中對他們想法的再現（representation）。例如，我們可以質疑《論語》本身、或是由《論語》所重建的想法，質疑這是否真的能代表孔子的觀點，也可以探問後代的編纂者有否在文本中加油添醋。在處理像《論語》這麼早期的文本時，相關的議題本身確實都是極為合理、值得探究，而且考量到中國已經出土了許多新的抄本，這些問題自然更有討論的必要。但是，本書在此並沒有要處理這些議題：這本書之所以要採用大量古代中國的典籍，並不是因為這些作品代表了那些思想家的真實想法，而是因為不管它們是不是偽作，至少也是歷經了漫長的時光，代代相傳下來。或許，我應該替所有思想家都打上引號，以此提醒讀者，本質上這些是後人的再現，不過基於行文的方便，我並沒有在書中使用這些帶有提示、反諷意味的引號（scare quote）；同理，我也並不打算將中國古代的思想家及他們的作品依時序排列。此外，我將思想家和他們的文集等同視之、交替使用。

2 Yuri Pines, *Foundations of Confucian thought: intellectual life in the Chunqiu period, 722–453 BCE.* (Honolulu: University of Hawai'i Press, 2002), 7-10.

《論語》除了最後的三篇（第十八至二十篇）以外，大部分的內容據信早於下一章所要談的戰國文獻。

青銅製作武器和禮器，反映了當時社會這兩項核心的特徵——祭祀與戰爭，兩者都是組織群體生活的有力方式。想要發動戰爭，青銅武器不可或缺，而戰爭確實也是建立政治秩序的典型手段；然而，因為暴力的代價高昂，而且使用越多收效越少，不可能不斷地使用暴力。因此，政治菁英勢必得找到代價較小的方法來建立政治秩序，而宗教儀式則能以合理的代價來建立政治菁英企求的那種政治秩序。政治權力透過宗教儀式一再神聖化，給予統治菁英神聖合法性，從而透過這種方式維繫政權，而政治秩序一旦有了信仰加持、成為某種現實，自視跟秩序合而為一的政治菁英，便不再需要訴諸永無休止的戰爭。要想知道在古代中國這種政治動態如何開展，我們應該要考察上古中國的朝代更迭。

對多數中國史學者來說，夏、商、周王朝代表了三個最早前後存在的朝代，構成了中國歷史的開端，這樣的史觀最早可以追溯到司馬遷（前一四五—前八六）的《史記》。司馬遷是漢代偉大的史家，不過他並沒有使用我們今天看得到的那些考古證據，《史記》影響深遠，首開歷史的線性敘事，將三代和秦、漢連結起來，然而，夏人、商人和周人其實並沒有司馬遷書寫時的那種線性心態。首先，這三個政權從來沒有建立某個大型政治體，並沒有大到能涵蓋所有我們今天叫做「中國」的地域；近數十年的考古發掘則早有顯示，從文明肇建之初，在黃河盆地、長江以及其他地區，曾經有好幾個文明同時並存。此外，「中國」這個名稱或是類似的說法，在當時並沒有當作身分的標記，沒有將三個政權整合在一起，不論是這三個政權或是其他被稱為「夷狄」的政治實體，都沒有明顯劃定的政治疆界，總是彼此交錯相疊。[3]事實上，像甲骨材料也顯示當時有好幾個群體同時並存；甲骨來自於大型哺乳動物的肩胛骨，或是龜骨的底板，是研究上古中國的主要材料。在甲骨中，至少有八個常見的主要群體存在，商和周不過是其中兩個而已，周人和另一個名為羌的人群組成聯盟，最後打敗了商。[4]

商朝的主導思想是什麼？他們相信各路鬼神擁有力量，可以影響諸多人間事物，舉凡莊稼、戰鬥或疾病等等；他們宰牲獻祭、占卜吉凶，輔以音樂、舞蹈，形成繁雜的儀典，尤其他們還會燒灼甲骨形成裂紋，以此探察列祖列宗對各種事物的想法和感受。當時的人認為，這些甲骨記錄了與祖先溝通的對話，而商朝的統治者也因為能通靈、能與保佑他們的神靈交流，因此在神聖秩序中扮演必要的連結。商朝的統治者與祖先的關係是互利共生的，並沒有普世的道德前提支撐，而是出於雙方私利而已；他們認為，祖先只會庇蔭那些願意好好祭祀的子孫。因此，統治者需要超自然力量幫助，藉由儀式向先祖獻祭，而需要祭品的列祖列宗理應達成某些任務，以回應他們的祭拜。

既然商朝統治者的政治權柄建立在他們與強大祖先溝通的門路之上，這種統治可說是神權政治；雖然這些統治者對於自然和社會環境往往只有低度的掌控，但因為借用了鬼神世界的力量，他們補強了這些不足之處。在周人打敗商朝以前，周王像商王一樣，也會在宗廟中進行複雜的儀式祭拜祖先；[5]然而，在周人得勝之後，他們並不將成功歸諸祖先神力對於自己族系的庇護，而是提出「天命」（Mandate of Heaven）這個新

3 Nicola Di Cosmo, *Ancient China and its enemies: the rise of nomadic power in East Asian history*. (Cambridge: Cambridge University Press, 2002), 6, 102.
4 Valerie Hansen, *The open empire: a history of China to 1800*. (New York: W.W. Norton & Company, 2015), 43.
5 Ibid., 50.

的說法，大意是說：他們之所以能打敗商朝，並不是因為有強大的軍事力量，而是因為天——超越一切的權威——希望他們贏得勝利，而天命專屬那些德性完備的君主，當商人的行為有悖德性時，便也失去了天命。天命的說法讓周人能夠在家系這個單一的理由之外，替權力找到合法性；也就是說，他們改變了以神權為本的王權，把政治權柄建立在普世的道德基礎之上。周朝的普世天命觀與另一種觀點相衝突：許多人把天當成神祕的、無常的存在，一如《詩經》所說：「偉大的天如此令人如此敬畏，變換如此迅速！祂既沒有所想，也沒有所圖……就算是無罪之人，也在深淵中一同受苦。」[6]（《詩經．小雅》：「昊天疾威，弗慮弗圖……若此無罪，淪胥以鋪。」）周人之所以發展出天命觀，在於其他的家族並不將周人的權柄視作理所當然，因此周人勢必得將自己的權力轉化，讓其他人也可以接受才行。

結果看來，天命觀的影響既深遠又複雜。雖然王權看似神聖而不可侵犯，國祚有機會能長久綿延，但既然任何君王或朝代都需要維持一定的道德水準，他們權威永遠處在危機當中；以刀劍打天下者，固然可以在勝利之後取得暫時的權勢，但同時批評者也能用天命說來剋制掌權者。例如，天象等自然現象可以用來證成當今掌權者的合理性，有時也可以將之視為警訊，說明當下的政權治理不善。從中國思想史的大脈絡來看，天命觀的非凡之處在於它替後繼的朝代設下典範，之後的朝代都宣稱前朝是因為膽敢藐視上天給予的道德命令，因此承受了亡國的苦果；天命觀以這種方式提供一條長時段的敘事軸線，將後繼的朝代串連起來，形成一系列正統中國的征服者系譜。

從西周開始一直到春秋早期，周朝肇建時的政治理想都運行良善。周人的統治者對各地諸侯享有最高的政治權柄，諸侯則任用族人作為公卿大臣，在他們輔佐下實際統治全境。因為諸侯享有宗教權柄、擁有土地，而且可以任命官員，這些因素令公卿大臣聚合，一同接受諸侯的統治。然而到了春秋晚期，土地和官位都日漸受到世家大族把持、代代相傳，也就是說，在土地私有制度逐漸發展之下，就算公卿受到免職，他們持有的土地也不會回到統治者手中，結果地方諸侯的權威便遭到嚴重侵蝕。隨著諸侯原本一統的權柄日漸衰弱，不同家族開始競相追逐權力和財富，而當西周的政治秩序日漸瓦解時，天命說的權威也因此動搖，「受教育的菁英群體大多開始相信，倚靠上天或神靈已不足以保障日漸衰敗的社會政治秩序了」。[7]也正是緣於這個脈絡，孔子才要為政治秩序尋找新的基礎，雖然表面來看，上天仍然是超越一切的權威，但因孔子並不相信天會直接介入人類的事務，因此他在人世中找尋其他的根本原則，而他呼應所處時代的方法，便是將目光從「與神靈的溝通」移到「對禮制的遵循」；事實上，春秋時代有許多思想家也開始提出疑問，質疑非人力量對政治而言是否真的有那麼重要。[8]所謂政治秩序參照點由上天移到人世，這種變換如果能代表中國政治思想的開端，是因為「祈禱」已不再能作為解決人類困境的方法，塵世的政治才可以；同理，我們因此能把孔子當成敘述中國政治思想的開端，他清楚地解釋，人類在很多方面其實掌控了自身的命運。

6 譯者註：原注釋謂此句英譯引自 Bernhard Karlgren, trans., *The Book of Odes: Chinese text, transcription, and translation*, #194.，有誤；實際上為 Mark Elvin 所譯，見 Mark Elvin, *The Retreat of the Elephants: An Environmental History of China* (New Haven: Yale University Press, 2004), 326.

7 Yuri Pines, *Foundations of Confucian thought: intellectual life in the Chunqiu period, 722–453 BCE.* (Honolulu: University of Hawai'i Press, 2002), 207.

8 Ibid., 59-69, 205-206.

從神權政體到文明禮俗社會

既然前面已經指出周朝與商朝的重要差異，在這個基礎上，我們便能把孔子思想當作他對自己時代的回應。在形塑理念的過程中，孔子必須處理當時幾種強而有力的政治選項，包含了軍事武力、神庇侍從關係（theocratic patron–client relations）以及普世道德。[9]乍看之下，如果要說《論語》替政治秩序提供什麼不同的設想，則這本書好像也沒有提出什麼深刻地見解；但是，孔子確實提出了頗具吸引力的政治願景，而這種願景之所以可能實現，在於他從當時廣泛實行的禮制當中，找到尚未完全開發的政治潛能。如果把所謂的禮（ritual）一詞盡可能地擴張解釋為禮儀風俗（custom）的話，我們姑且可以把孔子新型的政治理念稱為某種「禮俗社會」（customary community）。[10]

在整部《論語》中，孔子在在反對當時以武力為基礎的那種政治文化；他把軍事與禮制兩者對立起來，駁斥軍事力量並不是統治的合理手段（《論語・衛靈公》第一）。[11]當時，除了孔子之外，也有其他思想家意識到軍事力量或人身壓迫的極限，不可能形成長久的政治秩序，其中一位便是管仲（前七二五—前六四五），他被孔子視為思想市場中潛在的競爭者。管仲說：「要是施加許多刑罰，人民卻不害怕的話，那麼政令就無法施行了。」[12]（《管子・牧民》：「刑罰繁而意不恐，則令不行矣！」）孔子和管仲都主張，有效的統治是無法倚靠蠻橫地使用暴力，最終還是需要人某種程度上甘願被統治；也是因此孔子對管仲的評價還不錯。[13]不過，孔子對管仲的贊美是有前提的：他之所以說「管仲的器度真是狹小啊」，是因為管仲並不理解禮儀真正的重要性：「要是連管仲都了解禮的話，還有誰不了解禮呢？」[14]（《論語・八佾》第二十二：「管仲之器小哉！……管氏而知禮，孰不知禮？」）

要談所謂的「禮」，自然需要討論君權神授，畢竟祭祀儀式之所以有重要性，也是由此而來。當孔子強調禮的重要性時，是否表示在他的政治思想中，重新高舉了傳統那種宗教權威的重要性，以此來證成政治權力的合法性呢？事實恰恰相反。孔子對那些盲目崇拜超自然力量的人、那些向超自然獻上祭品以換取回報的人，提出強力批判，語出驚人道：「你們應當尊敬鬼神，但和祂們保持拒離。」（《論語・雍也》第二十二：「敬鬼神而遠之。」）[15]這種字斟句酌的說法，不能把它看成某種樸素的無神論或是類似的觀點；事實上，孔子從未否定神靈的存在，在這句話中，孔子先是預設了鬼神存在，然後才主張人應該要遠離鬼神。這個說法有趣的地方，並不是因為他對神庇侍從關係抱持著批評態度，而是在於他之所以提出這種批評的基礎。孔

---

9 譯者註：在政治學中，恩庇侍從關係（patron-client relations）指上位者提供特定資源，以換取下位者的政治支持；此處以「神庇侍從關係」表示類似利益交換，指人侍奉神以獲得神的庇佑。

10 譯者註：作者使用的「customary」一字，在華語世界對西方的政治、法律研究中多對應中文的「習慣」一詞，而「customary community」一詞即為「（倚賴）習慣（法）（運作的）社會」，與使用成文法的社會相對應。不過，在中國史或中國社會學的脈絡中，費孝通早在其影響甚遠的《鄉土中國》（一九四八）一書便已經使用了「禮俗社會」與「法理社會」這組對立的概念。本書考量上下文脈絡、以及華語學術社群的習慣，選取「禮俗社會」的譯法。

11 Edward Slingerland, trans., *Analects: with selections from traditional commentaries*. (Indianapolis: Hackett, 2003), 174.

12 W. Allyn Rickett, *Guanzi: political, economic, and philosophical essays from early China*, vol. 1. (Princeton: Princeton University Press, 1985), 54.

13 有關孔子對管仲的看法，見 Edward Slingerland, trans., *Analects: with selections from traditional commentaries*. (Indianapolis: Hackett, 2003), 157, 160-161.

14 Ibid., 26-27.

15 Edward Slingerland, trans., *Analects: with selections from traditional commentaries*. (Indianapolis: Hackett, 2003), 60.

子並不是以結果好壞來論斷鬼神崇拜的優缺點，也不是要以此來勸人為善或止人為惡，試想當子路問了有關鬼神和死亡的議題時，孔子說：「你連生命都不了解了，怎麼可能了解死亡呢？」[16]（《論語・先進》第十二：「未知生，焉知死。」）他之所以說子路想探究鬼神實屬妄想，並不是因為鬼神不存在，而是因為子路並不理解自己知識的極限。孔子所主張的，不是去完全消解鬼神這類詞語概念的意義，也不是主張可以對鬼神不敬，而是要與祂們保持距離，而且不僅是物理上的距離，也是在思維中必須保持的距離。所謂遠離超自然存在，是指人應該要意識到自己思想的認知能力是有極限的。相比之下，墨子便不像孔子那樣，沒那麼讓人對自己的認知能力產生自覺。[17]

墨子（約前四六〇—前三九〇）大概是孔子最大的競爭對手了。他說：「一方面主張鬼並不存在，同時卻又學習祭祀禮儀，就好像是明明沒有客人卻還學待客之道，像是明明沒有魚卻還編織漁網。」[18]（《墨子・公孟》：「執無鬼而學祭禮，是猶無客而學客禮也，是猶無魚而為魚罟也。」）就墨子看來，敬拜儀式必須有對象存在、能夠給予回應，神庇侍從關係才可以成立；禮之所以重要並不是因為它能陶冶德性，而是因為當人舉行祭儀時，超自然的存在可以回應以恩賜。需要特別注意的是，他所討論的超自然存在並不見得是有神論者所謂的神，實際上是某種自動機制，只要在祭禮中達成各項條件，有很高的機率可以獲得回報，超自然存在的運作方法看起來一點都不神祕。[19]

根據尤銳的說法，要理解孔子對神庇侍從關係的批評，最好的做法是從春秋晚期的趨勢來看。[20]當時的人已經慢慢不把上天看作有所知覺的存在、不把祂當作有意圖的神，不再認為神會主導、回應人類的行為，而孔子呼應了那個時代的文化背景，將禮制與超自然的存在脫勾。也就是說，過去的人把「禮」當成反覆操作的行為，目的是為了與超自然秩序溝通，而孔子卻替禮制本身賦予了內在價值。這並不是說禮本身就是人類行為的目的；像孔子就常常指出，禮的價值在於它能導向良好的政治秩序：「如果……一個人不能以禮儀和尊重來治理國家的話，那麼禮制對他又有什麼用處可言呢？」[21]（《論語．里仁》第十三：「不能以禮讓為國，如禮何？」）這裡不難看出孔子為什麼認為禮具有政治價值——作為一種行為規範來說，禮是一種手段，可以節制人心那種受到本能和欲望驅使的傾向。

孔子的理念最特別的一點在於，當時以禮制為基礎的政治社會秩序已經瀕臨崩潰，既存的權力階序也在衰頹中，卻正是在這種情況下，他建構了禮俗社會的新願景。[22]如前所述，周天子與諸侯之間曾經以親族關係團結起來，但到了孔子的時代這種紐帶已經極度衰弱，許多勢力龐大的諸侯明目張膽地僭越禮制，因此即便在過去的政治秩序中，周王室和諸侯間以親疏論尊卑，現在卻無以為繼。與其將整個周朝建立在完全不同的基礎上，孔子選擇對禮重新詮釋，以避免世界的政治秩序崩解；而「禮俗社會」的理想與過去「以禮治

16 Edward Slingerland, trans., *Analects: with selections from traditional commentaries*. (Indianapolis: Hackett, 2003), 115.
17 Ian Johnston, trans., "Introduction.", *The Mozi: a complete translation*. (New York: Columbia University Press, 2010), 355, 655. 對於墨子其人、其文以及其學派的複雜歷史，亦參見同章節。
18 Ibid., 687.
19 Edward Craig, ed., *Routledge encyclopedia of philosophy*. (London: Taylor & Francis, 1998), 455.
20 Yuri Pines, *Foundations of Confucian thought: intellectual life in the Chunqiu period, 722–453 BCE*. (Honolulu: University of Hawai'i Press, 2002), 56.
21 Edward Slingerland, trans., *Analects: with selections from traditional commentaries*. (Indianapolis: Hackett, 2003), 33.
22 Yuri Pines, *Foundations of Confucian thought: intellectual life in the Chunqiu period, 722–453 BCE*. (Honolulu: University of Hawai'i Press, 2002), 95-104.

國」最大的不同處，在於孔子將禮擴張解釋，賦予這個概念相當的彈性，也添增心理層面的深層意涵。

首先，為了讓宗教儀式能改造、適用於普遍的行為指導，孔子擴張了禮的概念，除了宗教儀式之外，還納入了風俗以及禮貌等日常人際互動的儀節，禮因此具有了更微觀的、日常的一面。[23]在過去的用法中，禮主要指涉的是與超自然世界溝通的大型儀式，從古代中國使用的青銅禮器中，便可以一窺當時祭祀儀式是何等壯觀肅穆。商人製造最重的青銅器重達八百七十五公斤（近一噸，約一千九百二十五磅），光是從西元前五世紀的一個地穴中，便出土了超過十噸重的青銅器。[24]相反地，孔子把禮的意義擴展到包含了儀態和身體姿勢，從怎麼站、怎麼坐、怎麼走路說話，一直到如何使用器具等各種舉止；總之，禮包含了各種用來形塑人際互動的行為模式。這種對禮的廣義解釋反應了春秋晚期的潮流，當時的人對禮字的用法極其廣泛，如尤銳便強調，在春秋晚期，禮「不像原本那樣只是狹義指涉宗教儀節及儀式中的行為舉止，而是逐漸變成引導政治活動、社會活動的最高準則」。[25]

由於遵循禮儀和風俗習慣可以創造社會和諧，孔子對社群的理想姑且可稱為一種禮俗社會，也就是憑藉共同習慣、風俗所維繫起來的社群。這種社群並沒有神與人之間所立下的神聖契約，也不存在強有力的規訓中樞來施加法律或刑罰等脅迫手段，而是依靠前例、習俗或傳統——也就是禮——來運行，[26]一如波考克所言，「社會是由一連串廣泛無邊的禮節所指導。在給定的情況中，人透過遵循那些社會覺得恰當的禮儀，真實地展現了人在那種情況中該有的舉止，也象徵性地再現了人與那種情況之間該具有的關聯」。[27]禮提供了共同的行為準則、提供了合於公開場合行為的社交模式，而遵循禮便能促進社會往來。當人際往來的交流、洽談益加複雜，對禮的需求也應運而生，而在禮俗社會的理想狀態中，每個人都對社會規範遵循不悖，毋須特別明說。

要特別注意的一點是，孔子所指稱的禮並不是當時既存的任何社會傳統，如陸威儀（Mark Lewis）所論，因為城市是文明的基礎，古代中國的菁英往往認為地方的、鄉下的風俗極其落後、褊狹和粗野；同理，「俗」也具有負面意涵，指稱那些地方的、狹隘的、民智未開的大眾，這個字往往與特定區域的特徵相連結，而與普世、典範或理想等概念相對立。[28]至於孔子所說的禮，比起「禮俗」一詞來說，或許「文明（的）禮俗」更加貼切，是靠那些真正了解人類處境、具有相應專長的人，在他們努力打造之下形成的，他們應該要教化平民，除去社會中的不良風俗，建立文明開化的社會，透過共享醇厚的風俗將整個社群團結起來。接下來的部分，我們便要來檢視這些人的心理狀態。

---

23 在《論語・鄉黨》中，對於禮儀作為個人行為的這個層次有更仔細的討論，見 Edward Slingerland, trans., *Analects: with selections from traditional commentaries*. (Indianapolis: Hackett, 2003), 98–110.

24 Valerie Hansen, *The open empire: a history of China to 1800*. (New York: W.W. Norton & Company, 2015), 32.; Richard von Glahn, *The economic history of China: from antiquity to the nineteenth century*. (Cambridge: Cambridge University Press, 2016), 11.

25 Yuri Pines, *Foundations of Confucian thought: intellectual life in the Chunqiu period, 722–453 BCE*. (Honolulu: University of Hawai'i Press, 2002), 209.

26 J. G. A. Pocock, *Politics, language, and time: essays on political thought and history*. 2nd edition. Chicago: University of Chicago Press, 1989.

27 Ibid., 43-44.

28 Mark Lewis, *The construction of space in early China*. (Albany: State University of New York Press, 2006), 9, 150, 190–196.

禮與認知能動性

孔子強調禮對於打造政治秩序有其重要性，單就這點來看，他確實像是持復古論的立場。事實上，以復古論來看待孔子也非無稽之談，至少學界大致上有共識，孔子似乎相信早在周朝肇建之初，立國者便已經設想出了完美的政治、社會、文化體制，周文王和周公尤其代表了文化的神人典範，他們創立的禮制構築了善治的體系、打造了正確的行為準則。根據孔子的主張，我們應該要回復到周代早期的狀態，才能敉平當代混亂、重建秩序；如果要說孔子是反動的，是因為他鼓勵人恪守遠古的典範。

許多研究都已經反駁了這種說法，那些著重研究歷史變遷的學者尤其是有所批評。在各種批評中，如羅泰便援引大量史料，說明為什麼這類說法站不住腳：從出土材料中我們可以看到，周朝早期的文化實際上繼承了商朝，「要一直到西周晚期、大約西元前八五〇年左右，他們才發展出自己獨特的儀式，隨之而來也建立了新的政治秩序」，這項事實劇烈地改變了我們對中國古代史的理解，例如說：

> 在當時有股時代鉅變早已持續了一個世紀，具體展現在了那個時代的祭祀實踐中，因此孔子和他的同代人並不是真的回復到了遠古時代，對當時的人來說也沒有太過激進前衛，而是在反思當時已經存在的時代變化，並且運用哲學語言來描述它。這樣的新知使我們有必要重新思考、評價，看那些早期的思想家所謂智識上的突破之處，究竟本質為何、又有多少原創性在其中。[29]

羅泰的說法刺激我們去重新檢視《論語》，細看那些表面上支持傳統解讀方法的段落。確實，有些證據似乎說明孔子並沒有將周文化當作統一的整體，而是採取了有彈性的、選擇性的視角。舉例來說，我們不妨看一下這段孔子與顏回對話，他是孔子最傑出的學生。

> 顏回問要如何治理國家。孔子答道：「遵循夏人的曆法，乘坐商人的馬車，穿戴周人的禮帽，音樂的話則聽韶樂和武樂。禁止鄭人的曲調，因為他們的曲調淫穢；遠離油腔滑調的人，因為他們帶來禍害。」[30]

（《論語・衛靈公》第十一：「顏淵問為邦。子曰：『行夏之時，乘殷之輅，服周之冕，樂則韶舞。放鄭聲，遠佞人。鄭聲淫，佞人殆。』」）

在回答顏回關於國家治理的問題時，孔子並沒有將周朝擺在核心，顯然夏、商、周對於治國都同樣有重要之處。有的傳統注疏認為，當孔子說要「乘坐商人的馬車」時，是鼓勵人以商朝的車馬取代周朝的形制；孔子清楚知道，到了時間長河的任意一處，古禮必然會遭遇調適和妥協，而人對於過去的知識必定會有殘缺不全之處，是以周朝的文化本來就不可能穩定不變。孔子甚至還曾經讚賞過，若是在需要的時候對現有禮制

---

29 Lothar von Falkenhausen, *Chinese society in the age of Confucius (1000–250 BC)*. (Los Angeles: Cotsen Institute of Archaeology, University of California, 2006), 3-4.

30 Edward Slingerland, trans., *Analects: with selections from traditional commentaries*. (Indianapolis: Hackett, 2003), 178.

進行改革，也可說是大功一件，即便是面對他極為欣賞的周禮也是如此。[31]他很清楚知道，就算是周朝的文化，也是各種古代遺緒挑選、形塑而成：「周朝俯身凝視（監）著前兩個朝代。它的文化多輝煌呀！我遵循周人的做法。」[32]（《論語・八佾》第十四：「周監於二代，郁郁乎文哉！吾從周。」）許多學者對於「監」一字做出各種解讀，包括「看」（Legge）、「考察」（Waley）、「仿效」（Lau）、「回望」（Ames）或是「俯視」（Singerland）等；不過，古典的注疏明確指出，「監」代表篩選的過程。

既然孔子支持只要時機得當，便能改變禮制，那麼下個問題便是：要選擇、改變禮制的時候，至高的權威標準是什麼呢？

> 照禮制規定，禮帽應該使用麻布製作，但今日的人都使用絲綢了，這是節約的做法，我便如眾人一般這樣做。照禮制的規定，應該在登上階梯前鞠躬行禮，但今日的人都登上之後才行禮，這是妄尊自大的做法，所以雖然與眾人不同，我依然會在登上階梯前行禮。[33]
>
> （《論語・子罕》第三：「麻冕，禮也；今也純，儉。吾從眾。拜下，禮也；今拜乎上，泰也。雖違眾，吾從下。」）

這個段落說明，在遵行禮儀時，有著許多潛在的、相互競爭的權威標準：有看似不證自明的既存禮制，有多數人的看法，也有個人自己的審慎明辨。在這個段落中尤其值得注意的是，「我」這個詞反覆出現，也就是說，在孔子對禮的設想中，我們看到他強烈彰顯了個人的能動性（agency）。[34]

要更加了解這種人類的能動性指的是什麼，不妨看一下這段話：「我只傳述而不自己發明（作）；我信賴且欣賞古人的做法。不好意思地說，或許我（竊）能自比像老彭一樣吧！」[35]（《論語・述而》第一：「述而不作，信而好古，竊比於我老彭。」）過去許多研究之所以將孔子看做復古主義者，便是因為他們將這段話當作直截了當的白話來解讀。當孔子自認為他只傳述時，乍聽之下彷彿是他在主張樂於死守周朝既存的社會體系，而一個人如果自我認知如此，當然就不可能要去改變現狀。這種詮釋最早來自墨子，他認為這段話就是照字面意義代表了孔子心中的想法，而且墨子還特別將「述」理解為「複製」的意思。[36]

然而，這段話的意義卻遠沒有表面上看起來那麼直截了當。首先，使用自謙詞「竊」字在《論語》中是一種慣用的修辭手法，因此我們不應該不假思索地照字面意義來解釋；要想探究這種自謙修辭背後的意涵，得先進行語意的考察。[37]據孔子所說，聖人並不是因為能夠「記憶」，而是有「知」的能力，因此專門負責創作禮制；不過，孔子既然使用自謙詞，則究竟他是否自認有「知」的能力便成了疑問。事實上，《論語》

31 例如《論語》〈八佾〉第四；〈子罕〉第三、第三十；〈憲問〉第二十一。
32 Edward Slingerland, trans., *Analects: with selections from traditional commentaries*. (Indianapolis: Hackett, 2003), 23.
33 Ibid., 87.
34 譯者註：在哲學、社會學用法中，「能動性」（agency）通常和「結構」（structure）相對，能動性指的是行動者反思結構、影響結構甚至創造結構的能力，而結構則是指限制和引導行動者行為、思考的框架。在第六章中，作者也會再度引用這個概念指出，多數思考中國涉外關係的理論都預設、或是都強調結構的存在和影響力，而看不到在各別的涉外事件之間、在每一個想像世界的個人之間，行動者的態度和行為都因為自己的選擇而有所差異。
35 Edward Slingerland, trans., *Analects: with selections from traditional commentaries*. (Indianapolis: Hackett, 2003), 64.
36 Ian Johnston, trans., "Introduction.", *The Mozi: a complete translation*. (New York: Columbia University Press, 2010), 355, 655.
37 關於孔子的自謙修辭，見《論語・述而》第二十八。

中有好幾處段落都顯示孔子應該是具備知的能力，至少他自認如此。要理解《論語》的認識論如何開展，以下這段話便值得仔細考察：「孔子說：『子路呀！我教教你，究竟知的意義是什麼吧？真知就是：將自己所知道的事情認清為知道的事，將自己不知道的事情認清為不知道的事。』」[38]（《論語．為政》第十七：「子曰：『由！誨女知之乎？知之為知之，不知為不知，是知也。』」）在這段短短的對話中，「知」出現了六次，而且意義變化多元。大部分譯者將這段話翻成英文時，通常把同一個知字分別翻成「知道」（know）與智慧（wisdom）；[39]但既然孔子在解釋「知」的意思時，刻意把這個字重複多次，譯成兩個字的做法實在不是很令人滿意。換個方法說，孔子的主張是，同一個「知」字在語義上有兩個不同的層次。據他所言，所謂的「知」並不只關乎認知主體與外在世界被認知的對象、不只是兩者之間的關聯，還涉及認知了「到底認知是什麼」的行為，指的就是「後設認知」（關於認知的認知）。因此，這段話中所討論的認知對象，並不是外在世界的某種現象，而是認知的過程本身，而孔子所說的知，正是包含了對這兩種情形的思考，思考「知」與兩種認知對象之間的關聯。

在認知歷程中，後設認知會對能動性造成重要轉變。作為認知主體的人是雙重的行動者（agent），不但能去認知外物，同時還能觀察自己認知的過程；而既然有後設認知去解釋自省的過程、去理解這個世界，則必然有後設主體的存在——觀察自己認知過程的人，便是這個後設主體。以此，當我們要討論孔子對主體性的看法時，上述的詮釋便能反駁芬格萊特（Herbert Fingarette, 1921-2018）的觀點。[40]芬格萊特曾批評孔子從來沒有仔細關心人的內在心理；事實上，他甚至還說在整部《論語》裡，所談到的個體都不具有內在、心理或主體的層次，一切有意義的事物都根植於行動本身。[41]然而，孔子對於後設認知的關懷，說明了在他的設想中，所謂的遵循禮儀是由高度自覺的行動者來實踐的行為。由此來看，孔子所說的「知」既不只關乎外在世界，也並不只是以認知來認識世界的歷程，而是修身（自我陶冶）的一部分。

後設認知確實讓人能夠觸及更高層次的自我覺察，促使人去探究、回應道德問題，讓人能自我節制，直到至臻完滿的境界，消弭「應然」與「實然」之間的鴻溝。[42]事實上，後設認知與道德在孔子的眼中相輔相成，如果知識要能成為真知，則必須有內在的修養相佐，否則一個自我缺乏修養的人就算累積再多對世界的認識，也不足以產生真知。以此，有了後設認知，《論語》使用知字在語言中的不同意義便不僅僅是種修辭

---

38 Edward Slingerland, trans., *Analects: with selections from traditional commentaries.* (Indianapolis: Hackett, 2003), 13.

39 例如，見 Roger Ames, Henry Rosemont Jr., trans., *The Analects of Confucius: a philosophical translation.* New York: Ballantine Books, 1999.

40 Herbert Fingarette, *Confucius: the secular as sacred.* New York: Harper Torchbooks, 1972.

41 芬格萊特把焦點放在孔子對「禮」的重視，對《論語》提出了「行為論」（behaviorist）的詮釋，其實帶有誤導性。他使用奧斯汀（J.L. Austin）「施事話語」（performative utterance）的概念，主張孔子理念的特殊之處在於，就算「禮」與超自然的存在無關，仍然同時保有政治和宗教兩個面向：「儀式即是成為傳統的行為，在其中內在的和諧、美及神聖受到突顯。」（Ibid., 61.）以此，芬格萊特甚至還暗示遵循禮制的內在意義不但與超自然的存在無關，甚至也於人的內在心理無關。的確，他有注意到孔子時常談論「仁」，而許多《論語》的注疏也將「仁」視為與心理有關的概念，但是對芬格萊特而言，所謂的「仁」不過只是以合宜的方式實踐禮儀，就人的主體性來說，「仁」本身不具備存有（ontological）的地位，不過是一個人對大眾認可的行為模式所採取的外顯立場罷了。「仁」指的是在各情況中，知道什麼行為是正確的，然後以合宜的舉動對待對周遭的人，而人的定義來自於自身的角色和人際關係，是純粹的「社會動物」（social beings）。從這個角度來看，禮儀並不只是冷冰冰的慣常行為模式、等待人去熟習，而是能保證社會和諧：一項行為既然是整體風俗傳統的一部分，而整體風俗又是由相互關聯的行為所組成，那麼這項行為從根本上自然而然能夠兼容其他的行為；要是有某項行為與其他的行為不相容，並不是世界上還有其他可能的道德選項，不是真的有道德衝突或道德抉擇存在，而是相對整體的風俗習慣來講，這項行為是脫序的。這也是為什麼芬格萊特形容孔子的理想是「一條大路、別無岔口」（a way without crossroads）。對芬格萊特所詮釋的孔子，相關批評見 Benjamin Schwartz, *The world of thought in ancient China.* Cambridge, MA: Belknap Press of Harvard University Press, 1985.

42 「七十歲的時候，我能夠在隨心所欲的同時，也不逾越得體的規範。」引自 Edward Slingerland, trans., *Analects: with selections from traditional commentaries.* (Indianapolis: Hackett, 2003), 9.（原文為《論語・為政》第四：「七十而從心所欲不踰矩。」）

手段，而是替主體賦予了新的深度：孔子所設想的主體並不只是被動地為超自然力量形塑，而是一位積極的行動者，與自己後設認知所創造的複雜、多重空間不斷互動，不斷形塑自己的主體性。

禮與情感能動性

要談論在實踐文明禮俗時人類的能動性為何，只討論認知這個面向並無法窮盡孔子的觀點；孔子亦認可，人心中的情感面向會直接影響人所採取的行動。[43]在他的思想中所不斷強調的「仁」正是這個脈絡出場，相較於芬格萊特所謂《論語》只論外在行為的說法，仁的概念便將我們的考察帶上極為不同的一條路。仁是什麼呢？「考察《左傳》的說法大概可以發現，仁在春秋中期形成出現，成為道德論述的一部分，遠遠早在孔子的時代之前就已經變得很重要了，顯然孔子是繼承、深化現有的潮流，將仁抬到德性中至高的地位」。[44]在一開始，仁原本只關乎統治者的德性，接著這個觀念被貴族挪用，最後在孔子等人的努力下，仁變成了人類德性最重要的部分。

儘管《論語》中多次提到了仁，不過孔子並沒有對仁提出深入的理論闡釋；當他提到仁有哪些重要之處時，反而更常說「仁並不是什麼」。即便如此，仁顯然是一種經過陶冶的心理狀態，包括了情感的面向，不過同時我們不清楚究竟仁是不是人類天性的一部分，因為孔子對人類天性的問題避而不談：「我們是不會聽到夫子深入談論人性與天道這兩個主題的。」[45]（《論語．公冶長》第十三：「夫子之言性與天道，不可得而聞也。」）相較之下，孔子所強調的是，「仁」能讓每個行動者針對各種情況實踐相應的「禮」；如果能遵行禮儀不誤，則同時也能陶冶仁德。他所設想的行動主體並不只是被動地等待超自然力量影響自己的生活；主體是積極的行動者，透過在禮的框架中行動來形塑自己的主體性，而仁則扮演了重要的角色，避免人的行動淪為外在形式、失去意義。接下來引用的這個段落，不只能說明仁這個概念關乎於人對生活情境強烈的情感回應，還能說明仁如何會被誤解為過度簡化的、輕率的或甚至是猛烈的情緒發作。

> 宰我問：「一位具備仁德的人，如果有人對他說：『有人掉入井裡了！』他會前去跳入井中（試圖拯救落水的人）嗎？」孔子答道：「他怎麼會那麼做呢？君子或許會受迷惑，但不會被困住；或許會為花招所惑，但不會受騙陷於網中。」[46]（《論語・雍也》第二十六：「宰我問曰：『仁者，雖告之曰：「井有仁焉。」其從之也？』子曰：『何為其然也？君子可逝也，不可陷也；可欺也，不可罔也。』」）

在宰我原本隱而未言的預想中，有人掉進井裡應該會使得仁者驚慌失措，無可避免會激發情緒反應，而

43 鄭貴利在她的書中對孔子的情感觀有所討論，特別是她認為在孔子思想中，情感是自我與世界之間的接合界面。請參考 Curie Virág, *The emotions in early Chinese philosophy*, Ch. 1. New York: Oxford University Press, 2017.

44 Yuri Pines, *Foundations of Confucian thought: intellectual life in the Chunqiu period, 722–453 BCE.* (Honolulu: University of Hawai'i Press, 2002), 184.

45 Edward Slingerland, trans., *Analects: with selections from traditional commentaries.* (Indianapolis: Hackett, 2003), 44-45.

46 Ibid., 62.

想像中的悲劇結果——仁者為了救掉入井中的人，最後自己也掉入井中——則說明了仁慈之心與審慎明智兩者不可併存。然而，在回應宰我挑釁的提問時，孔子申明了他的想法，認為我們一樣能在情感中帶入系統性的、認知的、通盤的考量，以此來理解他人處境。有的傳統注疏在解釋孔子的回應時，說「孔子會考慮掉入井中的人值不值得救，他只救那些有仁德的人」，[47]暗示孔子不會救那些罪大惡極之人。這種詮釋確實可以參照孔子的其他言論來理解，譬如他說「只有仁者才能真正愛好別人或是『鄙視』別人」。[48]（原文的「惡」沒有引號。《論語．里仁》第三：「唯仁者能好人，能惡人。」）不論如何，這樣的注疏也主張仁者在行動時有清楚地思考，對討論的問題有通盤理解，對情形在認知上有所評斷，同時也不失帶有情感的回應。

這段話的另一個有趣之處，在於「仁者」與「君子」兩者交替使用。有仁德的人廣泛指稱具有德性的人，而君子則指稱理想的政治菁英，因此當孔子將兩者交替使用時，意思便是說，作為政治菁英的人，情感不應該背離認知上的審慎明斷。從這個角度來看，理想的政治行動不該盲目遵從任何既存的傳統，也不應該對當前議題有不假思索的情緒反應，而是在情感與理智之間適當調和。下一節我們會在歷史脈絡中，考察政治菁英這種新生的自我認識。

政治菁英的形成

對孔子來說，政治過程應該遵循文明的禮儀形式，也難怪他會認為政治菁英便是保存、改善及傳播

「禮」的人，而這些做法又能增進「仁」的興盛。在孔子的教導中最值得注意的一點，便是他認為在原則上，任何人都能透過學習成為政治菁英，而學習應該從人生早期開始、不斷強化，畢竟修身是漫長、辛苦的過程，無法一蹴可幾，而且實際上也沒有終點，因為永遠會有進步的空間。不過孔子也相信，自我轉化雖然在一開始需要耗費心力，時日漸久卻能化於無形、自然而然去做，也就是說，那些透過學習而來的禮俗習慣可以融入自我，有機會能變成人的「第二天性」。

從這點看來，孔子的願景既有人人平等的一面，也有菁英主義的一面：所謂人人平等，是因為沒有任何形式阻礙能避免人取得高度成就；所謂菁英取向，則是因為只有修養良好的人才可以操弄政治權柄。換句話說，孔子並不貶斥階級化的社會，而是重新定義了政治菁英的自我形象，他鮮少談論若不以尊卑有別的方式組織社會，社會體制能如何安排，而是探討如果我們希望政治菁英能真正致力於社會共善（common good），則這些人理應具有哪些特質；在古代中國，「君子」便是所謂政治菁英的通稱。

其實，春秋貴族所重新定義的「君子」這個新概念，源自於貴族階級的做法。就字源而論，這個詞原本的意義便是君主之子；然而，在春秋時代的政治動盪中，貴族的世系受到威脅，光有良好出身也無法保障貴族的地位。為了令後代能在這種不穩定的局勢中穩坐高位，貴族便開始尋找其他手段，主張自己的優越並不是來自於家世，而是因為個人德行；此外，他們也為德、仁、孝這些道德概念賦予了新的意義。尤銳曾提出

47 服部宇之吉等校訂，《漢文大系》第一卷（東京：富山房，一九一二），頁五二。

48 Edward Slingerland, trans., *Analects: with selections from traditional commentaries.* (Indianapolis: Hackett, 2003), 30.

令人信服的說明，指出這些新發展為原本的世襲貴族帶來意想不到的後果，為後來「士人」群體（有資格任官的文人）的向上流動鋪平了道路，開始宣稱自己也有成為君子的資格。[49]在這種新視野中，所謂君子指的是有所修養的個人，因此優秀並不是貴族專屬的特權，「高貴」指的不再是繼承世襲的地位，而是任何透過學習、希望能有所成就的人。從這個角度來說，先是有春秋早期的貴族想要找尋新的方式來鞏固社會地位，統治階級因此產生了新的自我形象，而孔子所說的君子便是這種形象更為深入地闡釋。

某種程度上來看，君子這個概念在孔子時代受到重塑，反映了「出身低階層卻晉身貴族」的情況已經相當普遍。古代的中國社會劃分出許多不同階級，出身決定了一個人所屬的家世，與周朝王室有血緣關係的自然位列頂端，貴族群體的底端便是「士」階層，而位於中間階層的貴族則擔任公卿等官員職位。在比較早期時，許倬雲透過文本研究，認為士人階層在戰國時代便躋身政治菁英的核心，[50]而近年來，羅泰在細緻考察了禮器、銘文等考古資訊後也指出，雖然士人和貴族間一直到春秋末期都還具有大鴻溝，但是從春秋末期一直到戰國中期間，這樣的差距已經抹平了。[51]當世家大族在內鬥中不斷喪失權力時，統治者也越來越常選擇士人充任官員，以借重他們的管理才能。因此在政治機構中，士人快速地晉升到各個顯要的職位。

孔子本身也出身士人家庭，呼籲其他的士人起身共同捍衛道德；他並不想要消滅貴族群體本身，而是希望不要把貴族的定義建立在他們身處的社會關係上，以人類的可塑性來重新定義貴族。在此，君子指稱的不是世襲的貴族血脈，而是指領導階級，孔子說：「我永遠也沒有機會見到聖人呀；但如果能夠見到君子的話，我想我也心滿意足了。」[52]（《論語・述而》第二十六：「聖人，吾不得而見之矣；得見君子者，斯可矣。」）不過，如果君子指的是希望成聖的人，那完滿的聖人與君子之間，差別究竟在哪裡呢？

在一個沒有超自然力量介入的禮俗社會中，人類經驗歷經時光不斷考驗，而習俗便是這樣的人類經驗所給出的判斷。也就是說，保全禮俗這件事本身具有高度合法性，一如埃德蒙・伯克（Edmund Burke, 1729-1797）所說：「個體的人是愚昧的；群體的人在當前的時空中也是愚昧的。然而，人類這個物種是有智慧的，而且只要時日漸久，總是能夠擇善而行。」[53]然而孔子也明白，有時候我們面臨的狀況是要想讓社會回復秩序，必須揚棄「我們只要完全依賴既存禮儀就好」的心理，因為他身處的時代世事多變，有很多時候既存的行動模式不敷使用，這種狀況太新、太陌生，既成的禮儀不論如何擴展也不可能處理這種狀況，因此行動者並無法仰賴外物，需要憑著自己的審慎明辨來引導自身向前邁進。

然而，依孔子所論，普通人並沒有足夠能力來形成自己的禮儀，只有聖人才能創制、改造禮儀。聖人並不僅僅是努力遵循既存禮俗，致力將其完整傳承不變，而是知道並非所有的傳統、風俗和慣習都值得保存，因此即便有新的力量加入時局，令社會的根本動搖，聖人也能泰然應對（《論語・子罕》第三）。[54]換句話說，聖人是可以全盤操縱禮儀的能手，甚至可以在變動的時局、詭譎的情勢中運用各種資源，因此就算在最

49 Yuri Pines, *Foundations of Confucian thought: intellectual life in the Chunqiu period, 722–453 BCE*. (Honolulu: University of Hawai'i Press, 2002), 156-171, 204.
50 Cho-Yun Hsu（許倬雲）, *Ancient China in transition*. (Stanford, CA: Stanford University Press, 1965), 34-52, 86-106.
51 Lothar von Falkenhausen, *Chinese society in the age of Confucius (1000–250 BC)*. (Los Angeles: Cotsen Institute of Archaeology, University of California, 2006), 370-399.
52 Edward Slingerland, trans., *Analects: with selections from traditional commentaries*. (Indianapolis: Hackett, 2003), 72-73.
53 Edmund Burke, *The works of the Right Honourable Edmund Burke*, vol. 6. (London: George Bell and Sons, 1877), 147.
54 Edward Slingerland, trans., *Analects: with selections from traditional commentaries*. (Indianapolis: Hackett, 2003), 87.

含混不明的時刻，也能夠創造新的、合於禮儀的行動。

當波考克將孔子的政治願景稱為禮俗社會時，並沒有考量到孔子認為一位修養完善的人有自主權變能力：與既存禮儀相左並不必然代表墮落，只要時機恰當，改變禮制也可以促進行為模式的形成，否則根本就不可能維繫理想的社會秩序。正是在這個脈絡中，我們可以更清楚知道，何以《論語》裡對「禮」的描述並不像禮儀手冊般，沒有花太多心力建構一套「機械式」的行為樣板，因為在孔子的理想中，並沒有一本原則明確的禮儀手冊，彷彿行動者從中挑選適當的行為來應付相對的情形就好，而是本身要能無窮無盡地發想各種操作，以此適應永恆變化的世事。因此，為了抵抗傳統社群那種機械化的行為樣板，孔子發展了「自主權變」（權，discretionary power）以及「因時制宜」（時中，teime-sensitive equilibrium）兩個概念，說明在必要時採取權宜之計的藝術。當偶然的事件接連而生，特殊事件帶來極為罕見的問題，罕見到就連既存禮儀都沒有立即可用的解答時，聖人便運用自主權變來應對這些情形。在上述分析中，自主權變是種藝術而不是科學，是特殊的狀況，而非定期發生的事物，畢竟人類活動的開展總是會面臨波折起伏，同樣的行為可能會產生不同的意義和效果。而「因時制宜」的說法，便是在討論適當行為的相關理論時，直接把時間因素納入，此時所謂適當的行為，根本而言便是以時機恰當與否來定義。有修養的人不只要能在必要的時候指揮局勢，還要懂得順勢而為，而聖人要能敏銳地審度時勢，體察環境以及人心的變遷，「因時制宜」讓行動者能夠應對變動的、不可預見的情況。

孔子對聖人的這種動態理解，反映了他所處的時代：在當時人的眼中，周代封建體系的禮俗和傳統不再那麼理所當然，既存禮俗社會的根基業已流失；那些仍舊對禮俗社會懷抱理想的人，勢必要改革現有的禮儀、創制新禮，才能有效發揮作用。正是在這種情況下，孔子想要像古代那些制禮作樂的聖王一樣，復興他們的精神。隨著春秋戰國的亂局惡化，傳統的政治權力來源益發受到挑戰，但這些挑戰回過頭來也形成機會，讓思想家設想在禮俗社會之外，政治活動（political life）還有哪些其他形式。有了後見之明，我們能知道這些討論的最終成果——帝國的肇建——遠比孔子所設想的都還要激進許多，這是接下來兩章的主題。但在那之前，我們先看一看孔子的理想與帝制國家有何不同之處。

小政府、小國家

對於政府／國家（state）[55]的討論，可以帶出禮儀作為政治理論還有另一個重要的面向：就理想而言，在禮俗社會中，風俗習慣或是禮儀的存在意義是從來不會受到質疑的，尤其它們具有象徵權力（symbolic power），可以製造社會現實，好像只要社會慣例存在，人們就非得遵守一樣。[56]在一個既存的社會結構裡，

55 譯者註：在現代中文通俗的語境中，尤其在民族國家所構成的世界裡，「國家」一詞通常是指整個政治體（polity），包含人民、土地、政府等等；然而在英語的學術文獻，或是在專業的政治學和社會學討論中，譬如在討論「國家與社會的關係」（state-society relations）時，國家（state）常常是狹義地指稱中央政府，與社會（或人民）相對立。這種差異在第三章和第八章的討論中，也明顯可見。

56 譯者註：象徵權力（symbolic power）為法國社會學家皮耶・布赫迪厄（Pierre Bourdieu）提出的理論，指行動者建立意義系統、施加到社會上的能力，透過這種意義框架，將權力不平等的關係自然化、合理化，令人習以為常。

只要禮儀越能夠在行動者的心智習性以及行為模式中不斷複製，大家就越會把既存的社會結構視為理所當然。從這個角度看，禮之所以具有力量，很大部分是因為行動者有意願接納它，也就是說，禮的最高境界是，當行動者在實踐禮時甚至都沒有意識到自己在做這件事；理想狀態中，禮就是在那裡、就是那樣。人們在這個理所當然的世界中和諧生活，透過禮的中介來經驗人生，是以行動者理應在恰當的時間、用恰當的方式，實踐那個社會所定義的恰當功能，才能夠替社會和諧貢獻一分心力。因此，雖然孔子面對快速變遷的社會環境時，也考量了自我覺察所扮演的角色，但他在描繪理想的政治時，最終仍希望能將人類的激情和利益順利轉化成為禮：「一個人如果能以禮儀和尊重來治理國家的話，又哪裡會遇到什麼困難呢？」[57]（《論語．里仁》第十三：「能以禮讓為國乎？何有？」）

從這個方式來看，不難理解為什麼孔子在構思統治的技藝時，非得以家庭作為樣板，畢竟禮俗社會是以家庭作為典範，成員的角色由他們的出身或婚姻加以定義，每個人都習於扮演各自的角色。在孔子的理念中，預設每個人都與家庭、鄉里有緊密紐帶，而隨著眼光觸及更大的區域實體時，感情也越來越低，而禮儀便是一個人能夠表彰身分的基礎。例如，在實踐禮的過程中，父親與兒子絕對不會有相同的地位，是以禮具有身分的向度，表彰了人在家庭、在國家乃至在世界中的位置；因為所謂的自我，必須指涉他人才能成立，人與他人的聯繫因此建立在自己融入周遭環境的能力。

孔子的理念不免令人想起一條經典的批評：因為禮俗由既存的價值和信念引導，這種願景在本質上是極為保守的。例如，知名的「正名」觀恰恰說明這項特質：「讓君主成為真正的君主，臣子成為真正的臣子，父親成為真正的父親，兒子成為真正的兒子。」[58]（《論語・顏淵》第十一：「君君，臣臣，父父，子子。」）根據這個說法，世界該運作的方向並不是讓事物現有的名稱反映它們的本質，而是要變化事物的本質以符合既有的名稱；[59]再加上《論語》中有所謂人應該效法上位者作為模範，全書似乎充斥著保守的觀點。也就是說，若是持續實踐既存的傳統，大概便無法從局外人的視野來反思，因此從根本上我們很難對現狀提出批判。而因為禮俗社會的特徵便是不證自明、理所當然，人們理應將既存的政治秩序當成是天然的秩序、無可質疑，而不是將政治秩序看作隨機而成（意即把現有秩序當成是可行的數種選項之一），是以孔子才說：「哪有人要出房間能不經房門呢？」[60]（《論語・雍也》十七：「誰能出不由戶？」）孔子的這個看法不僅與莊子（約前三六九—前二八〇）完全對立，甚至也與韓非子（約前二八〇—前二三三）大相逕庭。莊子採取常規以外的視野，藉此挑戰既存慣例，而韓非子則以法律取代禮儀（這在下一章中會有更深入討論）。

孔子的這種想法，說明了他為什麼不喜歡高度擴張的國家體制。如果禮儀能夠運行得當，諸如官僚、警察等正式的治理系統也失去了必要性，只要社群能共享禮俗、促進和諧，則並不需要有更高權威的第三方來施行加以規範；在其他的社會中，由國家所執行的許多功能，禮俗社會則是由家庭等非政府單位實行。在農業時代中，由於家庭肩負組織基層的功能，因此限制了國家的力量，而孔子的文明禮俗社會設想的是一個有

57 Edward Slingerland, trans., *Analects: with selections from traditional commentaries.* (Indianapolis: Hackett, 2003), 33.
58 Ibid., 130.
59 Adam Seligman, Robert Weller, Michael Puett, Bennett Simon, *Ritual and its consequences: an essay on the limits of sincerity.* (New York: Oxford University Press, 2008), 135.
60 Edward Slingerland, trans., *Analects: with selections from traditional commentaries.* (Indianapolis: Hackett, 2003), 58.

機的整體，其中各個部分執行各自的任務，所有人都是大整體的一部分，因此，高度擴張的國家體制並沒有合理存在的空間。這也是為什麼孔子並不贊成以法治民（rule by law），因為要實行這個做法，需要有政府官員的存在才行。

在理想的禮俗社會中，成文法並沒有存在的餘地，文明化的禮俗便足以列舉出各項大原則要如何施行；相反地，以法治民要不是預設了人民不再接受那些不證自明的傳統，就是預設了人民的性格已經不再能體現那些傳統。一旦過分地訴諸於法律的強制力來維繫社會秩序，禮這個機制便毫無必要性了，我們越常動用刑法來維持社會秩序，禮俗那種不證自明的權威就會越受挑戰。法律的命令和給定的懲罰，恰好重重地打在禮俗社會的臉上：當行為者受到法律治理時，他心中時時念想的便不再是如何才能遵循傳統，而是如何不打破規範。[61]因為禮儀有「習俗」的面向，使得「禮」在客觀達成和諧的同時，也毋需借助外在的節制力量，這便是為什麼在《論語》中，我們可以看到孔子認為「在治理時行動不應帶有目的」（無為）。

不過，有些學者的解讀認為，在一個國家、君主的權力已經有所擴張的世界中，孔子的想法其實是走在時代前端，最複雜細緻的部分，便是體現在「孝」的重要性如何出現了變化。歷史學者早有注意到，許多春秋時代的貴族認為自己首先是整個宗族成員的一分子，然後才是君主的臣子，因此當忠、孝有所衝突時，「孝」占有更為重要的地位，也就是說，孝道這個德性有可能會損害統治者的政治權威。根據南愷時（Keith Knapp）的說法，孔子提出了嶄新的方式來詮釋孝道，將孝順的對象從整個大的宗族轉移到家戶中，而一旦孝順的對象不再是大宗族，「孝」這個德性便不再對統治者構成威脅。[62]這個詮釋背後的預設是，因為家戶不像大型的宗族那樣，沒有足夠的自主勢力去挑戰統治者、只能依賴統治者的力量，因此個別家戶與統治者之間並不存在利益衝突。據此，尤銳提出主張，認為孔子為了支持統治者而犧牲了世家大族的利益；換句話說，根據尤銳的詮釋，孔子支持的政治模式以統治者為核心，而各王朝也是因此援引了孔子的教導。

為了指出這個議題所具有的複雜面向，或許我們應該用邁克爾・曼的談法，將所謂以統治者為核心的政治模式分成兩個面向：一是統治者的威信，二是國家建設制度的權力（infrastructural power of the state）。我想透過這個二分法強調的是，孔子雖然支持前者這個面向，卻不支持後者。要討論這個議題，最好的方式便是閱讀《論語》的這個段落：

> 葉公對孔子說：「我的鄉人中有稱作『正直者』的人，他的父親偷了羊，他就向官府告發這件事。」孔子答道：「在我們那裡，所謂『公正』的定義是不一樣的：父親替兒子護短、兒子也替父親護短，『正直』就在這種行為中體現了。」[63]
>
> （《論語・子路》第十八：「葉公語孔子曰：『吾黨有直躬者，其父攘羊，而子證之。』孔子曰：『吾黨之直者異於是。父為子隱，子為父隱，直在其中矣。』」

61 相關討論見 J. G. A. Pocock, *Politics, language, and time: essays on political thought and history*. 2nd edition. (Chicago: University of Chicago Press, 1989), 46.
62 Keith Knapp, "The *Ru* reinterpretation of *Xiao*.", *Early China*, 20 (1995), 209-216.
63 Edward Slingerland, trans., *Analects: with selections from traditional commentaries*. (Indianapolis: Hackett, 2003), 147.

父親與兒子是否應該要對簿公堂、互證其罪呢？在這場辯論中，葉公認為父親和兒子應該受到法律和刑罰的平等對待，對他而言，「國」與「家」是完全相反的兩方：「國」便是正義和公共秩序的代表，而「家」則是私人的、偏頗的那一方世界。這種看法可能出現的結果，便是持國家集權論（statist）的統治者既然肩負著保障公共秩序的責任，有可能會為了追求國家的利益損害家庭的利益。孔子的回應中有趣的點在於，他並不將孝道視為與正直相異的一種德性，而是替正直提出另一種架構，在新架構中，孝道與國家並不形成衝突。那麼問題來了，這樣的國家究竟是怎樣的一種國家呢？

在這種理解中，國家不該是個納含一切的結構，並不是所有人、每件事都同樣需要受到法律的規範，有些事情（例如親族成員等事物）應該要在國家以外的領域中處理。雖然孔子並沒有具體說清國家的結構究竟應該為何，但無疑是種小政府的設想，意即許多社會功能交由非政府部門來接管。比起韓非子那種支持國家集權的思想家來說（在第二章將有所討論），這種想法可說是截然對立，比較接近周代早期的半封建模式（由國家分封土地給世襲的諸侯進行治理），[64] 畢竟要想陶冶德性的話，面對面的人際互動或許更有幫助，因此主張較小的社群有益於修養德性也不難理解。從這個角度來看，雖然孔子將孝順的對象從較大的宗族移到直系家庭上，但這也不代表他就支持國家權力的擴張；相反地，他指的是理想的人類社群應該是個小單位，人在其中修養必要的性情，而不是一個大政府將法律機械式地套用在人民身上。

不論孔子的意圖有多值得稱頌、也不論他的理論多有吸引力，事實是，在他的時代中，禮俗社會的理想已經逐漸失去效果。一方面而言，周朝以宗族紐帶為根本的封建體系已經不復存在，由一個個自主的地方勢力取而代之，隨著統治權力零碎弱化，大多數的地方行政事務便落在了當地的掌權者手中，他們高度獨立、稱霸一方。同時，《論語》中有許多跡象指出，當時的人不再視既存的禮制為理所當然，許多各異的潮流在那個時代早已紛紛出現，[65]我們有必要認知到，孔子與那個時代的社會秩序和治理方式是極為脫節的。但是，文明禮俗社會是否真有可能實現，這在整部《論語》中幾乎沒有提出任何強烈的質疑；在孔子的設想中，慣習和傳統似乎隨時有機會可以復興。同時，孔子自己也越來越意識到禮俗社會的構想，其實是項極為脆弱的謀畫，如果要能發展健全、存續下去，除了禮制以外還需要仰賴其他東西；他尤其擔心傳統會僵化、淪為形式。也確實，就算人們被迫承認傳統、遵循不悖，踐行禮制也很可能不過是行禮如儀罷了；更糟的是，我們可能還會發現，即便每個人都致力維繫傳統，但卻沒有人真心誠意相信這些做法。在這些情況中，如果目標是要創造良善的社群，則傳統並沒有明確的用途可言。

事實上，一如羅馬人對政治社群的法治觀傳承給了中古歐洲，孔子的禮治觀也傳遞給接下來帝制時期的各個朝代。因為帝國的疆域有所擴張，國家機器只靠法律很難深入社會的各個面向，是以在統治者的眼中，文明禮俗不應限縮於小型社群的上層階級，而是應該普及於社會大眾。

64 見《韓非子・五蠹》。

65 有關孔子時代禮制的變化，見 Lothar von Falkenhausen, *Chinese society in the age of Confucius (1000–250 BC)*. Los Angeles: Cotsen Institute of Archaeology, University of California, 2006.。

第二章

政治社會——戰國思想對禮的論辯

戰國時代各思想家所構思的新秩序不但與了無秩序的「自然狀態」對立，也與禮俗社會對立。當時對既存禮俗社會的理想大致上有兩種回應：第一類的人會批評禮的效用，提出各種理由，要是想為世界帶來秩序的話，禮並沒有辦法佔有核心的地位；第二類的人則有強烈企圖，想為禮教辯護，但他們有意識地努力建構系統化的說明，以理性詮釋禮，這種做法正巧象徵從禮俗社會走向政治社會的轉變。

戰爭頻仍和思想勃興是戰國時代的特色。首先，為了從政敵中奪取土地，各個地方政權爭戰不休；鐵器的使用也增加了農產，戰國時代的君主則把農產快速轉化成各種資源、投入軍事征戰中，在戰國時代的兩百四十八年間，記錄在案的戰爭便有五百九十場。[1]當某個地方政權變大、變強之時，其他的政權在征服的威脅下不得不依附其上、成為附庸。在一開始還有許多地方政權相互競逐，但隨著大魚吃小魚，國家的數量急遽減少。於此同時，周人與外國人也發生了衝突，使得他們對自己獨特的族群身分有了更清晰的意識。

其次，儘管（或是「因為」）環境變動不安，思想世界有了新的能量注入：各地為了要富國強兵而廣納人才，這種做法滋養了思想的沃土，因此「士」階層逐漸掙脫了貴族的意識形態限制，隨著各地統治者依據才能招納策士，出身士人的知識分子便穿梭在不同的政治體間尋找職位，而大量相互衝突的學說也因此先後迭出，這便是古代中國所謂的「諸子百家」。在這個時代中，相互競爭的思想家包括（但不限於）墨子（約前四六〇—前三九〇）、荀子（約前三一〇—前二一八）、老子（約前五七一—前四七一）、楊朱（約前四四〇—前三六〇）、孟子（約前三七二—前二八九）以及莊子，他們所設下的思考框架至今仍然是中國政治思想的主要架構。[2]當周代的半「封建」體系離瓦解又更進一步，既存政治合法性的根基也逐漸消蝕的時候，人們尤其努力想替政治權威尋找新的來源。本章的目的便是運用「政治社會」（political society）這個框架來分析這些思想家的願景，包括他們如何看待人類天性（亦即人類與生俱來的習性）以及「自然狀態」（state of nature，亦即前政治國家，pre-political state）兩個面向。

光是有大量嶄新（而且通常激進）的思想出現，這件事本身便標誌了新時代的到來。在理想的禮俗社會中，普世的行為模式理應透過實踐代代相傳，沒有抽象論理的積累，既然沒有必要向人說明為什麼既定禮俗是良善的，很大程度上這樣的社會可以自我肯認，毋需理論說明。然而，當激烈的戰爭與俗世的爭鬥擊打整個世界時，許多人跌出原本的社會秩序，從熟習的位置中被拋擲而出，因此與既有的行為模式斷裂開來，變動的世事產生了許多社會文化空間，大家實驗著新形態的組織，讓政治思想家有機會可以重新審視根本的大問題。最能說明這種變化的，便是許多人開始想像自己處在「自然」狀態中，處在禮俗尚未形成的時代，思考人類需要哪些條件才能進入政治社會。然而，這些條件究竟為何，不同思想家的說法大相逕庭。

政治社會的概念

我所說的「政治社會」指的是什麼呢？其實，到底什麼算得上是「政治」（the political），就連研究理論的學者也爭論不休。為了理解戰國思想家的理論，姑且讓我選擇這裡最適用的解釋：所謂的政治指的是某種過程或程序，整體的社會秩序透過這樣的程序萌發而成。對於政治的這種理解，預設了有所謂「前政治」（the pre-political）的狀態存在，在那種混亂的情境中，人們很難找到規則讓社群一同遵守，沒有辦法和平生活、消弭爭端，無法避免在相互征戰中毀滅。當我們以這種方式來定義政治時，所謂政治社會的形成便預設

1 許進雄，《中國古代社會——文字與人類學的透視》（臺北：臺灣商務印書館，一九八八），頁四〇八～四一一。
2 本章討論的思想家只是相關著作的代稱，這些著作絕大多數都是在他們身後才集結而成。

了有政治行動者的存在，他們並不視既有的處境為理所當然，費盡心力想透過人類有意識的投入來打造某種形式的共同生活。[3]換句話說，政治社會標誌了對禮俗社會的背離，畢竟界定禮俗社會的主要特徵，便是它在本質上理應不證自明。當我們想要了解戰國時代各思想家相互競爭的理念時，對政治社會的這種定義特別有用，因為當時許多人強烈質疑既有秩序看似天然的基礎，希望找到新的原則，讓作為社會動物的人類可以據此共同生活；他們所構思的新秩序不但與了無秩序的「自然狀態」對立，也與禮俗社會對立。

那麼，這些思想家如何框架他們的政治理論呢？他們試著定義，在前社會狀態（pre-social state）、社會狀態（social state）以及政治社會這兩或三個階段之間，彼此有什麼關聯。譬如，如果有個思想家主張人類在自然狀態下是孤獨的、是處在所謂前社會狀態，他便需要解釋人類怎麼樣形成自然的社群（意即原初的家庭形式），解釋這樣的社群是不是能等同於「政治」社會，也應該要提出令人信服的理由，解釋為什麼人類願意放棄（或什麼力量迫使他們放棄）自然的社群，反而選擇了政治社會的束縛；政治思想家給自己設下的任務，比較不是要解釋這些轉變如何發生，而是解釋什麼東西替這樣的轉變賦予了合法性（正當權威）。在歐洲思想史中對這個問題有經典的答案，一如湯瑪斯・霍布斯（Thomas Hobbes, 1588-1679）所謂的「所有人對所有人的戰爭」（bellum omnium contra omnes），這句名言所示，因為人們終究會認知到，自己不可能在自然狀態中維持正義和安全，所以最終同意建立起政治社會、限制私利，認為這是理性的做法。

又或者設想一下，有位思想家主張人類天性本來就預設要活在社會、社群生活中，因為人類有想要群聚的本能，因此從最一開始人便不是孤獨地活著，而是無時無刻一群一群地共同生活在一起。雖然說他們永遠都在社群裡共同生活，不過一開始的生活當然還算不上是政治活動，而是某種「自然」的（通常也是家庭的）連結；然而，因為有了自然社群與政治社群之分，在理論上便出現了挑戰，持這個理路的思想家便需要解釋，自然社群為什麼應該要轉變為特殊形式的政治社群，有必要解釋人為什麼有能力，而且有必要創造他們自己的政治社會。即便形成自然社群是人類天性，某些時候在外力的影響下，這樣的社群可能已經不敷所需，需要政治社會中那些複雜、人為的手段來維持秩序。

相互競爭的理念

要充分理解戰國政治思想的整個光譜，我們需要從各種角度來探察。第一個視角是這些思想家是否接受以禮治國的觀點：在理想的禮俗社會中，傳統慣習之所以能享有合法性，主要是訴諸「禮俗對遵守禮的人來說十分適切」這個講法；然而，當戰國時代的領導者不斷無視禮制的要求時，許多人益發對禮的功能有所嘲諷，也就是說，在惡劣的政治現實中，「禮」作為一種主要的治理手段已經失去了吸引力，軍事力量和法律手段顯得更為有效。對禮的觀念有這種轉變，表示過去的願景已經逐漸消蝕，「禮」曾經是實現富國強兵的重要手段，現在則喪失了這樣的地位，人們不再期待能實現文明禮俗社會的理想，有必要尋找新的取徑。就

3 對於政治社會的討論可見：J. G. A. Pocock, *The Machiavellian moment: Florentine political thought and the Atlantic republican tradition*. (Princeton: Princeton University Press, 2003), 9.; Alan Ryan, *On politics: a history of political thought from Herodotus to the present*. (New York: W.W. Norton & Company, 2012), 430.

連那些認真看待禮、自視追隨孔子的人，也無法只檢視現有政治實踐是否有違既存禮制、是否有違早期周禮的理想，不能只用這種方式來檢視禮制的施行，而是必需提供明確的理論，以此證成那些過去不證自明的事物。禮制的相關論證通常建立在對一項大前提（即人類天性）的演繹之上，因此當時對既存禮俗社會的理想大致上有兩種回應：第一類的人會批評禮的效用，提出各種理由，要是想為世界帶來秩序的話，禮並沒有辦法佔有核心的地位；第二類的人則有強烈企圖、想為禮辯護，但他們有意識地努力建構系統化的說明，以理性詮釋禮，這種做法正巧象徵了從禮俗社會走向了政治社會的轉變。

第二個視角，則是這些思想家在多大程度上做好準備，有一種以領土為基礎、類似於現代國家的體制會出現，最終會取代先前的政治體。就這點而言，尤銳下的苦功令人讚嘆，他將戰國思想家對君主制國家提出的主要論辯都梳理了一輪。[4]不過，雖然尤銳的詮釋很有道理，但我希望強調的是，如果我們只用君主制國家的理想當作框架，便無法考察許多其他的面向，因此我將會著重在楊朱、孟子以及莊子這三位戰國時代重要的思想家，其中特別選擇了孟子的原因在於，他深刻影響了帝制時代中期至晚期的政治思想。此外，為了分辨那些以統治者為核心的理念之間有何細緻差異，我將區分專制權力（despotic power）及（建設）制度（的）權力（infrastructural power）。以上說明了我要如何羅列戰國時代的政治思想光譜，接下來的部分我將回頭談論墨子——孔子的頭號批評者。

墨子：平等分配資源

墨子是如何架構他的政治理論，以此說明前政治狀態是什麼樣子呢？而人又是怎麼樣離開那樣的狀態？根據墨子對自然狀態的定義，人們缺乏統一的觀點來看待現實和規範，也就是說，在自然狀態中充滿了各種相互衝突、無法兼容的觀點，彼此相互競爭，因此世界上需要某種一統的原則存在。

在古時候人類剛剛出現之時，那個年代既沒有法律、也沒有政府，這便是所謂「人們有著不同的原則」……當世界上的人越來越多，就有越來越多的東西被當作原則來看待……結果就是人們相互衝突。因此在家庭當中，父子兄弟相互敵對、怨恨對方，家庭分裂離散、無法取得共識，天底下的百姓用水火、毒藥彼此傷害，結果就是有餘力的人在工作時不想幫助別人，多餘的財物放到爛掉衰敗也不會分送出去，好的教義受到隱匿而不會在人群間相互傳授，天下陷入混亂就好像禽獸的世界一樣……直到國家的君主能夠一統原則為止。[5]

（《墨子．尚同上》：「古者民始生，未有刑政之時，蓋其語『人異議』……其人茲眾，其所謂義者亦茲眾。……故交相非也。是以內者父子兄弟作怨惡，離散不能相和合。天下之百姓，皆以水火毒藥相虧

---

4 Yuri Pines, *Envisioning eternal empire: Chinese political thought of the Warring States era*. Honolulu: University of Hawai'i Press, 2009.

5 Ian Johnston, trans, *The Mozi: a complete translation*. (New York: Columbia University Press, Introduction, 2010), 91-95.

害，至有餘力不能以相勞，腐朽餘財不以相分，隱匿良道不以相教，天下之亂，若禽獸然。……國君唯能壹同國之義，是以國治也。」）

這段引文中的第一個部分，與後來霍布斯在《法律要義》（*Elements of the Laws*, 1650）的說法遙相呼應：「在自然狀態中……每個人都是自己的主宰。」[6]在原初的情況裡，理解、評價世界的方法極端多樣，人人深受此苦；問題並不僅僅是說每個人的價值有所分歧，而是在自然狀態中，每個人看待、設想他人的方式往往都不一樣，認識層面的斷裂導致了人類行為難以預測，這類問題便因而引發衝突。

以此而論，墨子的自然狀態預設了幾項特徵：首先，人們天生就有某種道德觀念，這種生物會自我證成自己的合法性。第二，每個人的道德善惡觀是無法彌合的。第三，不但人人對善良的概念相衝突，而且每個人都會自動傾向依照自己所認為的「義」（合宜的事）來行事。第四，自然狀態中的人會導致暴亂，這是上述兩點會有的必然結果。第五，自然狀態中的人會在個人與個人之間（而不是家庭與家庭間）起衝突——即便墨子曾批評孔子的家庭倫理觀很褊袂，這項批評眾所周知。有趣的是，雖然墨子將前政治狀態設想為一場難以善終的戰爭，所有人相互敵對，但在他的想像中，欲望造成的問題卻不是很重要。

因為墨子將政治活動出現之前的世界定義為各種價值取向的衝突，認為最終不存在彌和的可能，因此他必須要回答，到底該如何思考這些無可調和之處，否則社會必然要四分五裂了。那股統一的力量、所謂「國家的君主能夠一統原則」，便是指「兼愛」。要理解「兼愛」一詞，一種方法是了解當時「兼」和「愛」兩字分別是什麼意思：在古代中國，「兼」和「別」相對立，「兼」指的並不是「普遍原則」（與「個案」相對）、也不是「公正」（與「偏私」相對），而是指「平等對待每個人」而無有任何分別。他不像孔子那樣預設人會自然地偏好自己的親人，這點墨子自然是不承認的；他不認為家庭聯繫在我們的生命中是最深刻、最重要的紐帶，在分配物質資源的時候，也不認為家庭值得受到優待。對家庭特別的關愛和照顧，很大程度上與兼愛的觀念衝突，因為人們可能會受「偏頗」的欲望驅使，把資源分配給自己的家族成員。至於第二個「愛」字，雖然時常被理解為字面上「愛」的意思，但這種解讀有可能會產生誤導。在古代中國的主流用法中，「愛」假定的是有個身處相對優沃環境的主體，在面對某個身處相對惡劣環境的客體時，所產生的態度與自覺；愛的對象從來就不限於其他的人類，如同「愛物」一詞顯示，它甚至可以及於動物甚至是無生物。從這個角度來看，雖然墨子的教導向非菁英的群體也張開雙臂，但是他的兼愛理想其實與平等或平等主義沒什麼關聯；兼愛的理想是促使統治者平等地分配物質資源，而不是平等分配政治權力，在他目標所構想的體系中，整個系統由統治者和賢能的人主持，不假公民之手。一如尤銳所論，墨子支持的政治體系毫無疑問是以統治者為核心。

> 墨子最富新意的面向在於，他強調要將權力集中在天子手上：既然天子是最高的道德典範，也是德性觀念能夠統一的終極原因，他（以及他所選任出的各級低階國家官員）則自然是整個社會政治秩序的核

---

6 Thomas Hobbes, *Human nature and De corpore politico.* (Oxford: Oxford University Press, 1994), 180.

> 心，只要君主將他的看法和規定均一地施加在臣民之上的話，便能保證普世共榮、避免犯罪了。[7]

那麼，要如何鼓勵人去實踐墨子兼愛呢？要怎麼樣使人心能追隨政治領袖？與孔子不同的是，墨子並不預期統治者能以自身的善作為、令人信服的榜樣來治理國家，因此相對而言他很少直接談論道德心理的面向，認為兼愛這個體系所帶來的利益便是關鍵，能讓人自動自發地願意追隨統治者。此外，他也常常訴諸天意來證成他的道德、政治觀點，不過要注意的是，他所談論的超自然存在未必就是信仰神，雖然這些存在有其意向，但他們只是世間的自然模式或是力量，而不是來自某個獨立於世界之外、維持世界運轉的行動者有意造作的行為；就連天也不是一個垂愛人類的擬人神，而是某種力量、能確保行為會有相應的反應。[8]最後，墨子相信，只要透過有說服力的、理論的論辯，我們就能轉化他人褊狹的、充滿偏見的心理。例如，他並不僅僅是以不同觀點來批評孔子，還試圖說明孔子的言論有內在矛盾。[9]

在討論下一位思想家之前，我們有必要從國家理論（state theory）的脈絡，思考墨子對於侵略戰爭的反感有什麼樣的影響。墨子的理想比起之前的許多理念來說，雖然確實更以統治者為中心，也更強調階序差異，但有項重要的特點是，他並沒有訴求要大幅度地改變國家體制；他運用道德語彙討論問題，而不是把事件歸結於行政管理面向。換句話說，即便他給予君主無上的政治權力、賦予君主監管臣民的權威，但他並不主張要去擴增政府的權力，並沒有說要加強君主施行權力的機器。

荀子：欲望與資源要供需平衡

人類生下就有欲望。當有了欲望卻無法得到欲求的對象時，便不得不試著尋找滿足的方法。要是沒有辦法滿足，或是欲求的過程沒有終點，便只好相互爭搶，有了爭搶，世界就有了混亂，而有了混亂便招致窮困。過去的君主厭惡這樣的亂象，因此建立了禮和義來分配資源、調養欲望、滿足他們所追求的事物，使人的欲望永遠不會將物質資源消耗殆盡，物質資源也永遠不會因為欲望而枯竭，讓這兩者可以互相支持成長。這就是禮的起源。[10]

（《荀子．禮論》：「人生而有欲，欲而不得，則不能無求。求而無度量分界，則不能不爭。爭則亂，亂則窮，先王惡其亂也，故制禮義以分之，以養人之欲，給人之求。使欲必不窮於物，物必不屈於欲。兩者相持而長，是禮之所起也。」）

通常人們以「人性本惡」來理解荀子的理論，意味他認為人類並沒有內在的道德準則。根據荀子的說

7 Yuri Pines, *Envisioning eternal empire: Chinese political thought of the Warring States era*. (Honolulu: University of Hawai'i Press, 2009), 33.
8 Edward Craig, ed., *Routledge encyclopedia of philosophy*. (London: Taylor & Francis, 1998), 355.
9 Ian Johnston, trans., *The Mozi: a complete translation*. (New York: Columbia University Press, Introduction, 2010), 355, 655.
10 Eric Hutton, trans. *Xunzi: the complete text*. (Princeton: Princeton University Press, 2014), 201.

法，人類生來的共同習性只有一個：欲望。與生俱來的欲望是無法從天性中抹除的，而荀子否定了人具有內在道德準繩。這項否定之所以重要，是因為這在他描繪的政治社會中構成了基礎，他將前政治狀態想像成所有人對所有人的鬥爭，沒有人的欲望可以得到滿足。衝突的來源並不像墨子所謂因為道德原則的不同，而是因為試圖滿足欲望的人彼此競爭，為了要使欲望更加得到滿足，人類則需要建立禮制以脫離自然狀態。

因為欲望本身並無好壞之分，當我們將荀子理論的核心思想描述成「人性本惡」時，很可能造成誤解而非理解；不過同時，欲望確實可能會招致負面的結果。因為我們無法保證世界上有足夠的資源來滿足欲望，因此有欲望不代表最後一定能獲得滿足，而且欲望通常無邊無際、沒有終點，就算機會和資源大於人類的需求，也不代表欲求一定能夠實現，就好像鏡花水月一樣，欲望的終點往往捉摸不到、令人發狂，因為（而不是即便）與欲望相關的享樂，最後都無可避免地帶來失望，因此人們會盲目地追逐欲望，無止無盡。在追逐欲望的過程中，荀子所假設這種永久的、看似毫無理由的內在焦慮，或許本就不可能得到真正的滿足。

既然人的內在並沒有機制能夠抑制欲望的增長，我們就有必要建立人類行為的規範，以及設置能實踐這些規範的手段，那就是「禮」。這並不表示荀子完全否定了欲望，而是主張欲望的滿足要有限度，畢竟欲望是不可能完全消除的，需要透過共享這類儀式化的行為模式，人們才能適當地導正欲望、得到滿足。禮制並不是非得與人類天性相抗，重複實踐禮儀的漫長過程，可以形塑一個人身心的慣性、也能構築德性，因為我們的存在就是由我們做什麼、我們如何行事來定義，因此德性可說近似於「第二天性」，最終人便能在禮儀中感到快樂。

那麼，禮又是從何而來呢？既然問出了「禮由何而來」這麼直白的問題，說明人們已經不再視禮制為自然給定的事物了。當有個虛擬的對話者問到禮的源頭時，荀子回答說：「禮與義是聖人深思熟慮的成果，並不是由人類的天性而來。」[11]（《荀子・性惡》：「凡禮義者，是生於聖人之偽，非故生於人之性也。」）既然禮並不根植於人類天性，則聖人必須有意識地決斷人類應該如何行動，而具體來說，聖人必須從前代人的嘗試錯誤中提煉行為典範，提供給當前人類，至於禮制的詳細規定，則依人欲的需求以及可用資源的供給為準，在兩者間取得平衡。當人以禮儀達到某種均衡、訓練自己依禮行事時，過去為了資源稀缺而永無休止的競爭，也就能解決了。也就是說，禮俗之所以有用，並不僅僅是透過歷來如此而自我賦予正當性，而是因為在有限資源與無窮欲望之間要取得平衡時，聖人知道哪些東西有其必要，以此有系統地建構禮制來滿足欲望。既然設想了人類天性自私，加上還設想了平民的智慧貧弱，所導出的強有力結論則是：如果我們想要活在能永續生存的社群中，人人都能過上體面的日子，我們便需要聖王來創制禮儀，而一但禮制出現，人們便能以此修養自己。

基於荀子如此仰賴聖王的角色，他的政治理念自然是以統治者為中心。一如尤銳細緻地討論所說，統治者在荀子的理念中至關重要：「君主對於社會秩序有雙重貢獻：首先，他能夠『用其民』，其中一種方式便是節制人民，避免他們的貪婪毀滅社會結構。其次，君主身居社會政治金字塔的頂端，他的存在本身便彰顯

11 Eric Hutton, trans. *Xunzi: the complete text*. (Princeton: Princeton University Press, 2014), 250.

了社會階級差異的重要性。」[12]荀子所發展的君主統治原則走得極遠，甚至還讓知識分子勸諫君王的獨立性受到削弱，不像孟子那樣為知識分子的獨立性辯護（我們很快便會討論這點），荀子不但否定了知識分子的權利，認為不可以基於個人道德違抗統治者，而且就算知識分子想離開、想侍奉其他統治者，他也封殺了這種選擇。在他的理念中，國家的功能更為擴張，因為他「預想國家要介入社會，消滅潛在的反叛意識形態」。[13]

老子：君主需無為而治

一般我們推定老子為《道德經》的作者，整本書都在批判文明世界。因為儀式、舉止以及相關各種形式的知識等等細節，在在標誌出人類意圖強加給自然世界，因此禮制可說是文明的基石，而老子意識到文明帶來的負面影響，便懷想某種小農樂土、遙想遠古時代，當時人們有著更為簡單的世間秩序。他主張人應該與環境本身交融一體，採行較為樸素的經濟形態，每個人大致上自給自足。

老子設想的自然狀態處在與文明對立的另一端，在文明的進程開始之前、世間尚未有任何分化之前，萬物的狀態無分你我，是種妙不可言的原初境界。因為自然狀態中的事物沒有任何的具體分別、無法合於語法，因此人類的語言並無法表達這種境界，而我們只能以「自然狀態不是什麼」來試著把握它的內涵。老子在《道德經》中所做的正是如此，他以充滿想像力的方式消解文明。

現今世事的模樣，是漫長文明發展塑造的歷史產物。當文明開始演進時，分別也隨之而生，這種分別將原本未分化的狀態劃為對立的實體，事物的名稱和範疇才隨之出現，而文明的力量將世界推向自我增生的複雜狀態，愈來愈甚。從這個角度來看，我們可以把人類早先的情境想成是某種天真純樸的狀態，並不需要複雜的政治體制就能自我維繫。在那種情況中，人類唯一關心的便是存活下來、生養子女，做單純的工作、開墾荒地，進行的過程中，基本上沒有禮制或法律來施加侷限。以此，我們可以歸納出老子對人類天性的根本看法：他認為人類「真正」的欲望其實不多，只要能夠滿足便能感到快樂。這種想像使他能夠摒棄傳統觀念，不再認為禮俗社會是自然現象，禮代表的反而是一種衰敗的人為秩序。當人類陷入文明世界越深，他們的生命便越受負面影響削弱，而禮便是負面影響的來源之一。

在老子的政治理論中，表面上他的目標是阻止文明進程深化，回復到較為純樸的生活方式，使人可以免於文明的危害（諸如詐騙和謊言等）；然而，如同馬克白夫人（Lady Macbeth）的名言所說：「已經做過的事不可逆轉。」人怎麼可能回到過去呢？就算人意識到自己深陷文明當中，但既然人類的思考方式本身也是文明的產物，則人們究竟為什麼會、要怎麼樣才會同意要限制文明、反璞歸真，並沒有很清楚的答案；即便人有意識地想要回歸簡單的生活，但這種高度的自覺恰好就是文明的印記，因此最終也只會自我背反、徒勞無功。也就是說，不但有些事物的發展道路無法改變，而且試著改變可能還會弄巧成拙，是以，為了能讓人

12 Yuri Pines, *Envisioning eternal empire: Chinese political thought of the Warring States era*. (Honolulu: University of Hawai'i Press, 2009), 83.
13 Ibid., 177-180.

返璞歸真，我們需要完全不同的手段。因此如果要說老子只是天真地想回復自給自足的農業社會，這是錯誤的說法；他試圖構想的方法是，讓絕大多數人在回復到純樸桃花源的同時，不要意識到自己正在反璞歸真的路上。

基於這樣的理由，雖然自然狀態中的人類並不一定需要政治統治者的存在，要回到桃花源卻需要有人帶領，只要有君主努力隱瞞這項回歸計劃，每個人都可以、也應該回到簡樸的生活中。統治者的任務是維持「自為如此」、「原本天然」的「自然」狀態，讓事物隨天生的軌跡發展，不做有意地介入、不干預世事，讓事情隨自己進程演變，進而每個人和每個家庭都能自給自足、獲得平靜，這種放任的統治形態便稱作「無為」（統治者不做意圖明確的行為）。不過，君主確實是有個隱而未言的目的，那就是消解文明的進程。從這個角度來看，統治者是傑出的政治動物，能夠在進行政治算計的同時，表面上還一副漠不關心的樣子。

這種看似自我矛盾的謀畫之所以成為可能，在於老子認為理想的君主需要培養特定的政治德性。據老子所言，統治者在諸多特質中尤其需要維持大致上的天真狀態，對世界的認知保有模糊之處，當統治者的德性充分陶冶之後，社會便能夠自行運轉。不過，要到達這種境界，世界上必須要有統一的秩序，萬物各得其所，每個人各司其職，在運行良好的社會秩序內，維繫其不施謀略的理想，在這個理想國中，管理國家既不需要政府的主動干涉，也不需要國民的主動參與。不過恰恰相反，人們頌揚閒散不作為，視之為美，而國家若畢盡其功，人們高度參與政治則視之為惡。不作為能完成許多重要的功能，有需要的時候便可以善加運用，只要不作為是種資源，則某種程度的放任可以讓社會更為穩定、更富彈性。比起某些理念主張「公民或國家應該要多有作為」來說，種種警醒世人、大聲疾呼、積極參政的做法，在此並無法幫助強韌的政治社群良好運作；反之，多數群眾需要對政治事務保持極度冷漠，這樣的狀態才是重要的政治德性。

簡言之，雖然在老子提出的方案中，統治者表面上拒斥各種人為力量，並讚美自為如此、「自然而然」的特質，但實際上這是個設計精巧的政治社會。只要回歸理想狀態的任務依然肩負在君主身上，老子的理想仍然是以統治者為核心，而同時，因為君主的主要手段是無為，國家並沒有運作的空間，統治者應該讓人民自我轉化，同時心中不意識到這項變化的過程。

韓非子：自利是為改善處境

韓非子說：「醫者常常會替患者吸出膿瘡，將腐敗的血液含在口中，這並不是因為他與病患有任何親族血緣紐帶，而是因為他知道這件事有利可圖。」[14]（《韓非子・備內》：「醫善吮人之傷，含人之血，非骨肉之親也，利所加也。」）在這段話中，醫生就好比《論語》那個見到別人掉進井裡的人一樣（相關論述見第一章），因為這段話所訴諸的情境中，通常人們都應該要感到憐憫和同情，但實際上，醫生幫助病患並不是出於同情，而是出於想要獲利的欲望。當孟子把憐憫當作是人性本善的明證時，韓非子卻以自利來代替同

14 Burton Watson, trans., *Basic writings of Mo Tzu, Hsün Tzu, and Han Fei Tzu.* (New York: Columbia University Press, 1964), 86.

情的角色，而相應地，要想建設政治社會並不需要加強人們的慈悲心，而是要打造一種架構，讓關心自我生存的人們可以滿足自私的欲望；在這樣的說法中，既沒有談及任何宗教約法，也沒有固有道德觀的存在。韓非子在描述政治社會如何建立時訴諸天性，解釋人不過是為了想要改善自身天然的處境罷了，至於建立的具體方法，則隨著人口與資源的變動關係而有所不同。

> 在古時候……人口很少，財物非常充裕，因此沒有爭吵不和。不需要給人豐厚的賞賜，也不需要施加嚴苛的刑罰，人們自身便可以有秩序地生活……人口變得越來越多，財貨也變得稀缺，於是人們開始爭鬥，為了微薄的報酬埋頭苦幹……因此，古代的人之所不看重物質資源，並不是因為他們比較寬厚，而是因為資源有餘裕；而現在的人之所以爭相搶奪，也不是因為他們比較惡毒，而是因為資源變得稀少。[15]
>
> （《韓非子．五蠹》：「古者……人民少而財有餘，故民不爭。是以厚賞不行，重罰不用，而民自治……人民眾而貨財寡，事力勞而供養薄……是以古之易財，非仁也，財多也；今之爭奪，非鄙也，財寡也。」）

據韓非子所言，歷史以直線前進的方式，經歷了遠古、中古以及今世三個階段，每個階段都有自己的特徵，這些特徵則反映了韓非子對前政治狀態的設想，以及人如何脫離那個狀態。首先，他描述的遠古時代在某種程度上與老子的想法呼應，認為在原初狀態中，人類並不需要政治秩序存在，只有在「人口變得越來越多，財貨也變得稀缺，於是人們開始爭鬥，為了微薄的報酬埋頭苦幹」的時候，政治才有必要性。歷史的這種動態發展與道德的墮落沒有任何關聯，不過反映了人口因素而已。

韓非子接著更進一步地發展了荀子所謂供需平衡的說法，以此解釋隨後開展的幾個階段。在歷史最早的階段中，因為有著充沛的資源，鑑於人類的繁殖本能，人口增長無可避免，而人口上升卻又反過來使資源和需求失去平衡，使得人們開始爭鬥、資源也益發稀缺，結果韓非子所處時代的特徵便是更為複雜的世態，世人爭搶更甚，使得社會得要有激進的改變才行。

在韓非子看來，所有人對所有人的鬥爭確實就是那個時代的特點，要想擁有任何東西，不可能不經由某種方式從別人手中爭搶過來；人們有所追求既不是因為愛，也不是為了高貴、良善的緣故，而是為了想滿足欲望，又或是出於恐懼，怕失敗時會受到蒙羞、處刑甚至是死亡。不像孔、孟、荀、老那樣，韓非子拒絕將上古視為理想社會，而是以中性的方式描述歷史如何開展，說明歷史並無所謂進步或墮落，不過是為了因應變動的環境而有所調整罷了。即便是所謂的道德也沒有內在的價值可言，不過是當資源非常充分時，人人都能樂善好施，是相應這樣的時代才有相對的價值；若個人不再訴諸類似「仁」的那種道德價值，並不是大家真的已經道德淪喪，而是滿足私欲的方式有所改變。在歷史的變遷中，唯一不變的便是人類自私的天性。

為了建立體系，讓人類的欲望可以用有序的方式得到滿足，韓非子設想了三種手段：法（對人類行為的

---

15 Burton Watson, trans., *Basic writings of Mo Tzu, Hsün Tzu, and Han Fei Tzu.* (New York: Columbia University Press, 1964), 97-98.

規範標準）、勢（統治者基於其在制度中地位所發散的權威）以及術（利用實證標準來控制官僚的技術），也就是說，既然君主身處官僚階序的頂點，在這種地位加持下擁有權柄，韓非子期望君主能利用獎懲作為手段來施行法律。統治者依法律來下達命令，然後用胡蘿蔔與棒子強化命令的執行，懲罰的威脅與獎賞的期待能激勵大臣和人民改善他們的表現——在其他人的願景中，法律最多不過是次於禮制的手段而已；但韓非子的想法卻完全背道而馳，文明禮俗需要取得正當性，需要漫長的過程讓禮俗成形，而法律只要在較短的時間內便能頒布。

要注意的一點是，韓非子的理想與現在西方所說的「法治」（rule of law）幾乎沒什麼關聯，在他看來，法律的目的在於控制人民、加強政府權力，而不在保護人免受權力濫用的危害。雖然在韓非子的設想中每個人都是平等的，但統治者卻是個重要的例外，他必須位於整個社群之上，而每個人都隸屬於這個社群當中。這個法律系統的功用主要是以維持秩序之由，清楚定義哪些事情例行禁止。

同時，韓非子眼中的理想君主絕非是那種喜怒無常、隨心所欲的暴君，好像不受法律規範拘束一樣；統治者不但要恪守法度、施行社會法律，而且同樣重要的是，他與整個社會還要遵行自然法（natural laws）。[16] 統治者應該要統一所有法條、下明確定義，以避免恣意解讀，這並不是為了要以法律保護人民，而是為了用可預見的方式達成秩序。某種程度上來說，君主的行政義務相對簡單，官員會報告他們要完成的任務內容，然後花時間執行，而君主要做的只是檢查結果與原本目標是否相符就好了，如果計劃與結果相合，則官員便得到獎賞，反之則會受到處罰。這樣的做法中關鍵的一點是，統治者和官員要如何謹守程序規範，就算官員因為自身的努力使成果超出原本的預期，他也會受到懲罰，因為這樣的做法傷害了系統的可預測性。韓非子甚至還用了「無為」這樣的說法，表示一旦整個系統成形，君主唯一要做的就是任其運轉。不過，要達到這個境界，君主需不斷將統治普遍化、去人性化，直到最後整個系統不再屬於任何個人的意志，甚至也不屬於君主自身的意志，以此一再地創造支配的條件。

總而言之，雖然韓非子對政治權威採取了上位者的視角，將君主放在至高的地位，但他理想中的政治社會卻像是個沒有指揮的樂隊，靠阻斷所有私欲來讓每個人的行為一致、統一、合於整體。在這個理想的政治社會中，君主之下的個別臣民只能依階級高低逐個服從上級，依行政管理的要求規範自己，除此之外別無任何作用。從這個角度來看，韓非子其實才是真正的國家集權論者（statist），因為他擁戴一臺運行良好的行政機器，對於君主的個人德性別無更高的要求，他的理想既不以聖王為基礎，也不倚靠賢人輔佐，而是一個靠官僚治理的君主制國家，在他眼中，這便是最適合那個時代人類的體制了。

要是有人把自己放在這個體系之外，成為自營的個體，將會削減系統的可預測性，會有擾亂體系的可能，而或許楊朱就是這樣的一個人。

16 換句話說，即便是法家的國家，也不能隨便以任何法律為基礎，艾瑞克・哈里斯（Eirik Harris）對這個議題的研究極具開創性，請參見 Eirik Harris, "Is the law in the way? On the source of Han Fei's laws." *Journal of Chinese Philosophy*, 38, no.1 (2011), 73-87.

楊朱：以自我為中心

「白癡（idiot）」是個貶義詞，在英語中指稱那些智力比平均要低的人，但是在希臘的語源中，「*idiotes*」一詞指的是私自行事的人，相對於那些參與公眾事物的公民。楊朱理想中的人，大概便是希臘語原意所說的「*idiot*」，因為在他看來，個人的興旺並不關乎政治參與或政治榮辱；理想的人對他來說不過是獨善其身而已，並沒有什麼雄心壯志，只是默默地滿足私欲、追求物質享受罷了。這樣的立場與亞里斯多德（Aristotle, 384-322 B.C.）適成對比：亞里斯多德認為，沒有社會身分歸屬的人「非神即獸」，而人類是政治性的動物，想要參與政治社會的動機非常強烈，甚至是無可抑制；相比之下，楊朱支持的是「脫離」政治的自由，而不是「參與」的自由。

由於本章要討論的主題是政治社會，在此並不需要深入討論楊朱的理念，只需要簡單討論他的說法會怎麼看待禮俗社會的衰頹，這樣就達到我們的目的了。我們或許可說，楊朱是比較早期（甚至還是第一個）討論人類天性的思想家，認為人類並沒有本身的內在道德，也不預設人非得融入禮俗構築的網路中。在楊朱看來，物質的需求對多數人來說才是最重要的，就像吃草的羊群一樣，相對於其他種類的善來說，如果想要活得長久、幸福，像野心、財富、名氣等都需要受節制。楊朱這種為了自我存續而逃避政治活動的理想受到孟子的批評，說他自私到就算拿身體上的一根毛髮便能幫助天下人，他也絕不願意做。（《孟子》〈滕文公下〉

第九、〈盡心上〉第二六）

於此同時，我們也可詮釋楊朱的立場主張對自利的追求，最終可以創造和諧社會，也就是說，既然他主張人只要維持鬆散的交往就好，相較強有力的君主統治形態（如前述討論）而言，兩種看法在論理上完全對立。從這個角度來思考，雖然孟子對楊朱有強烈地批判，但與韓非子相較，楊朱還是與孟子比較接近。

孟子：普遍人性具有道德

孟子自視為孔子真正的追隨著。他說：

> 君子所欲求的是廣袤土地和眾多的人口，但能令他感到快樂的是其他的事。站在帝國的中心，將和平帶給四海內外的人民，這能令君子感到快樂，但他天性所追求的是其他事……君子天性所追求的，便是仁、義、禮、智，這些皆根植在他的心中。[17]
>
> （《孟子．盡心上》第二十一：「廣土眾民，君子欲之，所樂不存焉。中天下而立，定四海之民，君子樂之，所性不存焉……君子所性，仁義禮智根於心。」）

17 D. C. Lau, tran., *Mencius*. (London: Penguin, 2004), 185-186.

很顯然地，在君子所欲求、所樂見和本性所追求的事情之間，有著高低次序的差別，雖然君子樂於參與政治，但這並不見得能真正實現他的天性，當政治的要求與個人道德要求相衝突時，他會選擇後者（《孟子・盡心上》第三十五）。也就是說，相比於亞里斯多德將人類定義為「政治動物」（*zoon politikon*），認為人的天性就是要活在政治社群中，孟子卻不認為參與政治是「直接」實現了人類天性，在他的人性論裡很核心的部分，便是個人道德的完滿。這也解釋了為什麼即便人性本善，可還是要有聖人出現提供教導，不然世界上並不存在良好的社會政治秩序。

在孟子的文字中，我們找不到太多關於自然狀態的描述；即便如此，他確實認為在政治體制出現之前，還是有時空存在，其間充滿了對自然環境和社會環境缺乏掌控的人，這樣的說法最能體現在聖君帝堯創制文明秩序的起源神話中。

在堯的時代，整個帝國尚未太平，洪水橫流泛濫，淹沒了整個帝國，植物生長茂盛，鳥獸繁衍眾多，五穀不豐，是以鳥獸侵逼人類的世界，甚至連他們的足跡道路都交叉布滿了中國各個政權裡。堯肩負這樣的責任，為此情景憂心不已，因此將舜拉拔到重要的地位來處理這些問題。[18]

（《孟子・滕文公上》第四：「當堯之時，天下猶未平，洪水橫流，氾濫於天下。草木暢茂，禽獸繁殖，五穀不登，禽獸偪人。獸蹄鳥跡之道，交於中國。堯獨憂之，舉舜而敷治焉。」）

在上述的引文以及孟子在其他文章對文明起源的描述裡，聖王在亂世中開展了各種文明化工程，例如向野獸掀起戰爭，或是疏濬洪水等等，也就是說，早在文明出現之前，便有政治領導人和人類社會存在。孟子認為人性本善（後文會再稍作說明），是以人能夠對他人的困境有所回應，才沒有什麼暴力天性會使人相互傷害。從這個角度來看，要想解決人類共同生活的難題，最好的方法並非在對立的兩造間簽訂可行的協定，也不是建立起某種大框架來解決利益衝突，而是要有健康的環境讓每個人都能滋養與生俱來的道德種子。以此，政治社會是人類天性帶來的禮物，而不是一個外在立法者所創建的發明。要說會有什麼潛在的問題，無非是有些人可能沒有成功將內在性情往道德良善的方向發展，而要想阻斷這種可能，則便要有廣泛的體制結構，讓人可以進一步在其中發展自己的善良本性。

據孟子所言：「世界上的事物有所不平，這是天性如此。」[19]（《孟子．滕文公上》第四：「夫物之不齊，物之情也。」）因此，基於比較利益以及市場擴張，勞動分工是有必要的，人類的工作已如此細分到他們在市場上交易任何自己無法生產的物品。「如果人不能交易他們勞動生產多餘的果實，不能以此來滿足別人的需求的話，則農夫會有多餘的穀物、女人會有多餘的布匹。如果物品可以交易，你就能餵飽木匠、養活製造馬車的人了」。[20]（《孟子．滕文公下》第四：「子不通功易事，以羨補不足，則農有餘粟，女有餘布；子如通之，則梓匠輪輿皆得食於子。」）如此，有些人便專精其他人不會的事物，人們益發仰賴他們來接手

18 D. C. Lau, tran., *Mencius*. (London: Penguin, 2004), 59.
19 Ibid., 62.
20 Ibid., 67.

外包的工作。讓我們來看一看統治者、知識分子以及人民分別扮演什麼角色。

首先，孟子反對國家進一步榨取社會的資源來擴張權力，而是強調降低稅賦的重要。然而，這種反對國家集權的看法，我們不應解讀為孟子認為政府的角色不重要；就最低限度而言，政府應該要負責維持井田制度，將土地格狀劃分，在田中央外環一圈讓八個家庭分別耕作自己的土地，然後一起耕種中間的公田，將產物上繳給統治者。也就是說，這個系統不但保證了君主的收入，也禁止私人兼併土地。就此而論，孟子明確肯定政治領袖創造、維持社會秩序的角色，這也是為什麼他視君主為目標受眾。

其次，與楊朱不同的是，孟子相信人類的存在有比單純物質享受更高層次的價值，相應地，知識分子在人類社群中之所以佔有正當、穩固的地位，是用勞動分工為理由所創造出來，因此取得了合法性。知識分子之所以與所有其他工作不同，在於他們修養心智，不必參與體力勞動，而他們之所以能作此主張，並不是因為他們理應能創造經濟收益，也不是因為有高貴的意圖，而是因為他們在政治社會中所扮演的角色有其功能。「意圖與此又有什麼關聯呢？如果他的勞動替你帶來好的結果，那你便應該要盡可能地餵養他。」[21]（《孟子．滕王公下》第四：「子何以其志為哉？其有功於子，可食而食之矣。」）孟子認為，道德修養的專家是一門正當的職業，為了政治社會能順利運作有其必要。就這點來說，王陽明（一四七二—一五二八）雖然是遵循孟學傳統的思想家，但他卻認為我們就是自己的道德修養專家，想法並不相同（在第八章將有更多討論）。在孟子的理想中，人們請知識分子來幫助各行各業的成員，而學者的專業包括向君主進諫，與統治者的命令相抗以保護人民的福祉，以及將大道傳遞給後代子孫。透過勸諫統治者的這個角色，知識分子對公共要務提供了最高層次的幫助，其中進諫者應該做的並不只是向君主提供政策選項，還要幫助他變成道德完人，如此政策不但能依良好的體制運行，而且還能由文明開化的人來主導。

第三，眾所周知，孟子支持「民本」（字面上是指「人民作為根本」，也就是為了人民而統治）原則，強調人民的需求應擺在第一位置，有時候甚至有人說，孟子懷抱某種主權在民（popular sovereignty）的激進主張。[22]確實，在孟子經典的論述中，人民在保護社會共善時具有權威，可以抵抗、推翻統治者，相較多數古代中國的思想家而言，這無異於革命的說法；然而，這並不表示他有發展什麼人民直接行使主權、或是代議政治的理論，最重要的是，他並沒有主張人民有什麼選擇君主的權力可以放棄。當孟子為人民的不服從合法性辯護時，他很一貫地指稱這是抵抗的權利，而不是參政的權利，很明顯地，人民的品格（people's virtue）與所謂的公民德性（virtue of the citizen）沒有關聯。就算在最理想的情況中，統治者的行為要獲得合法性，也不必然需要在形式上向被統治者徵詢意見，只需要人民感到「喜悅」就行了。這種觀點其實與孟子對政治社會起源的描述有關，對他來說，並不是全體人民自主同意而形成了政治社會；要建立政治社會，必須是為了保障共同的安全和利益，而不是為了個人的權利。同理，不像現代民主政治理論所設想的那樣，孟子從未主張公民可以把權柄授與出去，以此創造統治者出來。

21 D. C. Lau, tran., *Mencius*. (London: Penguin, 2004), 67.

22 就民本思想對現代西方的民主理論來說是否重要，相關辯論見：Yuri Pines, *Envisioning eternal empire: Chinese political thought of the Warring States era*. (Honolulu: University of Hawai'i Press, 2009), 187, 204-205, 210.

人民的權柄最主要的功用是在理論中構建知識分子這個道德群體，認為這樣足以代表人民的利益。例如，我們可以考察齊宣王與孟子的一段對話，當中談到吞併鄰國的軍事行為是否值得：「『如果我不打下燕國，恐怕上天會降下災禍；要是我想打下來的話，你怎麼看呢？』孟子答道：『如果打下燕國可以讓他們的人民愉悅，那就打吧。』」[23]（《孟子．梁惠王下》第十：「『不取〔燕〕，必有天殃。取之，何如？』孟子對曰：『取之而燕民悅，則取之。』」）心思敏銳的讀者可能已經察覺到，從商朝以來，人們替政治行動賦予合法性的方式已有了一系列的轉變，在上引對話中，雖然統治者在做重大政治決議時，仍然會考量超自然力量的意願，但他卻是向這些巡遊各國的政治說客諮詢觀點。此外，平民的意見成為了新的權柄，取代超自然力量的意見，也就是說，人民與天有著相同的功用。同時我們也要注意到，整個討論其實與真正的人民無關，而是孟子替人民代言。事實上，在他的描述中，從來沒有任何平民發表過政治觀點，也就是說，孟子之所以支持人民的權柄，言外之意其實是為了增強知識分子替人民代言的權威而已，而知識分子的任務則是向君主諫言，以維持人民心中設想的道德秩序，避免君主因為忽視民意而自我毀滅。[24]

為了總結對孟子的討論，我們不妨仔細讀一讀他最著名的段落。為了證明人性本善，孟子訴諸思想實驗來證明一般人見到小孩要掉進井裡時都會有想救人的衝動，我想這樣的說法呼應了《論語》中有關人落入井中的那個段落。

假設有人突然看到一個小孩快要掉入井裡，他必然會有惻隱、同情之心，這並不是因為他希望得到小孩父母親的回報，也不是因為他想要贏得村人或朋友的讚美，更不會是因為他討厭小孩大哭的聲音。從這個例子來看，我們可以說沒有惻隱之心的便不是人，沒有羞恥心的不是人，沒有謙虛禮讓之心的不是人，沒有是非對錯之心的也不是人。惻隱之心是仁慈的開端，羞恥之心是責任感的開端，謙讓之心是遵循禮儀的開端，而明辨是非之心則是智慧的開端。人具有這四端，就好比人有四肢一樣……要是一個人四端健全發展的話，便能保衛四海天下；要是四端發展不全，則連侍奉父母都做不到了。[25]

（《孟子・公孫丑上》第六：「今人乍見孺子將入於井，皆有怵惕惻隱之心。非所以內交於孺子之父母也，非所以要譽於鄉黨朋友也，非惡其聲而然也。由是觀之，無惻隱之心，非人也；無羞惡之心，非人也；無辭讓之心，非人也；無是非之心，非人也。惻隱之心，仁之端也；羞惡之心，義之端也；辭讓之心，禮之端也；是非之心，智之端也。人之有是四端也，猶其有四體也……苟能充之，足以保四海；苟不充之，不足以事父母。」）

在這個段落中首先要注意的是，其中呈現了「普遍人性具有道德」的概念，這或許是中國思想史中第一次有這樣的說法。雖然楊朱也談論普遍人性（性），但他所談的人性卻完全沒有道德可言，而是代表人保全

23 D. C. Lau, tran., *Mencius*. (London: Penguin, 2004), 24.

24 在孟子思想中，就反映君主是否治理得當而言，人民扮演了什麼角色，比較細緻的討論見：Justin Tiwald, "A right of rebellion in the Mengzi?" *Dao: A Journal of Comparative Philosophy*, 7, no.3 (2008), 269-282. 在更早的時代中，有的人則認為君主的權威來自於能否實行統治者的義務，相關說法見：Yuri Pines, *Foundations of Confucian thought: intellectual life in the Chunqiu period, 722–453 BCE*. (Honolulu: University of Hawai'i Press, 2002), 140.

25 D. C. Lau, tran., *Mencius*. (London: Penguin, 2004), 38-39.

性命的能力。

其次，孟子運用人類具有四肢的比喻，暗示道德是自為產生的，也就是因為有人性的緣故，任何時候、任何地方的所有人類都具有道德感；而既然道德感來自人性本身，便不需要來自人類世界以外的立法者來施加道德觀念。同樣地，孟子也主張他的觀點並不是立基在傳統之上，而是基於對人類天性的直接觀察。

第三，禮在這裡是用他所稱的四端來定義。他的焦點不是著重在禮儀外顯的行為，而是人實踐禮儀時的心理狀態，透過這種方式為禮重新下了定義。也就是說，在孟子的想法中，禮是人類天性的展現，而不是外於人類的一套行為模式。我認為這種對禮的新觀念之所以會發展出來，是因為孟子意識到當時社會的大多數人都已不再將既有禮俗視為理所當然的存在，換句話說，在戰國時期，禮俗原本不證自明的特性逐漸瓦解，因此影響了大家思考禮制的方式。

第四，人類天性會立即、自動對外界產生反應。那個看到小孩要掉到井裡的人，並不會在心中先算計思考這個情況，在剎那間，人類其實是非常坦率、真誠且相互合作的生物，會立即前去拯救那個小孩。人之所以如此行動，與利益考量並沒有關係，就孟子而言，在那些情境中，我們會感到內心有股強烈衝動，心中不可能別有所想。此外，我們也可以想一想他對楊朱（在前面有稍微提過）及墨子的批評：「楊子選擇以自我為中心，就算他只要拔根頭髮就可以幫助整個帝國獲得利益，他也不會去做。而墨子則主張沒有差別的愛，要是他把頭髮剃光、腳跟露出來就能幫助整個帝國獲得利益，他也會去做的。」[26]（《孟子．盡心上》第二十六：「楊子取為我，拔一毛而利天下，不為也。墨子兼愛，摩頂放踵利天下，為之。」）雖然乍看之下楊朱與墨子差異很大，但實則不然。孟子所批評的點在於，他們的做法都以獲得利益為主要考量，如果某個計劃的根本論理依據是獲得利益的話，便與大道不合、有悖德性。他透過將道德與利益分別開來，以此強調道德的獨立性。這種觀點使得他與今日許多的經濟學者大不相同，當今許多經濟學者的理論模式預設了將利益最大化的行為，把這種模式套到政治領域中，視政治為經濟的延伸；相反地，對孟子而言，政治是個人德性的延伸。

第五，道德行動立即、自發的特性，並非整個故事的全貌。一如四端在本質上相互交融一樣，情感（諸如羞恥和同情）、自省以及道德判斷等範疇，其實都是同一個道德感的不同面向而已，相比有的學者將這些面向完全區別開來，孟子的做法極為不同；四端交融一體的特性，對於人想要深化道德來說扮演了關鍵的角色。[27]為了要治理公共領域，人並不能停留在「為掉進井裡的小孩感到擔心」的這個層次，而應該要往前邁進，將類似的情感運用到對待他人、挪用在其他的情境中：「一個人若能將自身的慷慨延伸給他人的話，也能延伸給四海之內的所有人；若是不能，就連及於自己的家人都無法做到。」[28]（《孟子・梁惠王上》第七：「推恩足以保四海，不推恩無以保妻子。」）透過強調要延伸、發展惻隱之心，孟子所呈現的人類是種自省的生物，有能力下決心來修養德性、淑善其身。

26 D. C. Lau, tran., *Mencius.* (London: Penguin, 2004), 151.
27 有些學者強力主張，下判斷時應該將理性與感情在概念上完全區分開來，見 Thomas Hobbes, *Leviathan.* (Cambridge: Cambridge University Press.Hobbes, 1996), 183-200.
28 D. C. Lau, tran., *Mencius.* (London: Penguin, 2004), 57.

第六，如果人類天性實際上本身便極為正直、同情且理智，那我們要怎麼解釋世間有惡的存在呢？一如艾文賀所論，孟子常常引用務農的比喻來回答這個問題，這個譬喻賦予人性增長的空間，以漸進的方式不斷成熟完善，重要的是要有好的環境；而人類的惡，不過就是因為缺乏良好的環境和自我陶治，最後成長失敗的結果罷了，這便是為什麼孟子使用禿山、禿樹來描述邪惡。[29]從另一面來說，這個解釋也說明了人類天性內在的善只是人的可能性而已，需要在特定的條件中才能發展，所謂「成就」自己的天性，指的是透過有意的努力和自省來面對自己所設置的困難，以此讓天性能穩固下來，要是不斷失敗，沒能達到那些設定的標準，則可能會感到洩氣、喪失改善自己的鬥志了。因此，包含統治者在內，每個人都需要導師來指引他們走上大道。

第七，在孟子訴諸的思想實驗中，宣稱要是看到有小孩要掉到井裡了，每個人的直覺都是要前去幫助自己同類，但是這個論理背後總有個（隱而言未的）預設是，那位同類在給定的情形中處在較為低下的地位。簡單來說，大多的時候孟子的政治情感已經預設了政治階序的存在，當我們注意到孟子曾使用牛與小孩為例作為譬喻，這點就非常明顯了，畢竟在一般人通常的理解中，可不會認為牛和小孩有能力獨立建立政治社群。[30]要注意到平民的苦難是一回事，但要把平民在形式上看成公共領域中平等的一員則是另一回事，對等（reciprocity）不代表平等（equality）。因此，除非重新解釋惻隱之心，把其放進民主政治的構想中，否則這個說法服務的主要是君主的利益，將被統治的階層抑制在社會中特定的位置。就連孟子在明確說出「民本」二字時，他的目標受眾也是君主、是其他的知識分子，而不是平民。

孟子對政治階序的擁護能解釋，為何他認為個人的道德能夠產生政治秩序，畢竟在個人的道德觀與世界整體政治秩序之間，要建立連結並不容易，其中包含了各種困難的問題，諸如個體（個人）及整體（世界）之間的關係是什麼，為什麼在構想世界秩序時要把個人道德（而不是其他也很重要的東西，譬如法律制度）放在中心位置。在孟子為個人道德及世界秩序畫定的連結中，最根本的支撐點在於，他認為統治者處在強大的地位，因為君主是整個政治階序的核心，他的德性有強大的力量，能影響被統治者、也能夠改造社會。總而言之，孟子透過把統治者放在政治階序的頂點，解決個人道德與政治秩序之間的張力。

最後也很重要的一點是，政治階序並不是事情的全貌，事實上還偷渡了另一種階序進來。在上引段落中，君主和知識分子（孟子）處在雙重的階級關係中，比較明顯一重便是政治階序，其中孟子身處下級；但同時，這段話也將孟子描繪成正直、高貴的勸諫者，他對聖賢之道的追求，證成了他的權威，而他對勞動分工的觀點，也支撐著他較高的地位。但是，這樣的分析便產生了問題，姑且不說有雙重階序存在，為什麼我們有理由要相信君主願意聽信有德的勸諫者呢？朱迪絲・施克萊（Judith Shklar, 1928-1992）便曾提出這個問題來檢驗盧梭（Jean-Jacques Rousseau）的政治思想：「既然國王不預期自己會變成臣民，富人不預期自己會變窮，他們沒有動機去發展任何形式的同情心。」[31]我們當然也可以批評孟子的觀點太過理想化，不過他其

---

29 Philip Ivanhoe, *Ethics in the Confucian tradition: the thought of Mengzi and Wang Yangming*. 2nd edition. Indianapolis: Hackett, 2002.

30 譯者註：這裡的小孩指的是前述惻隱之心的說法中，以小孩掉入井裡作為例子。牛的例子見《孟子・梁惠王上》第七：齊宣王曾經見到祭祀用牛將被宰殺，而於心不忍，饒去了牠的性命，孟子便以此勸諫國王，既然恩澤都能及於禽獸了，則更應推及天下百性。

31 Judith Shklar, *Men and citizens*. (London: Cambridge University Press, 1969), xi.

實對這個問題有提出自己的答案。當楊朱或告子相信人類天性的特點主要在於對飲食、性愛等類似事物的渴望，孟子卻正好相反，在人類的生理本質中找到道德的基礎，他相信人天生就會為道德的想法和行為感到喜悅，以佳餚作比方，主張道德行為會替人類帶來強烈的快感。[32]因此，並不是說孟子為了支持道德而拒斥享樂，而是重新定義喜悅的概念，將道德的滿足包含進來，人們需要的不是自我抑制喜悅的感受，而是透過修身來恰當導正愉悅的感受。從這個角度來看，道德原則既符合統治者也符合被統治者的利益。

最後還剩下的問題是：統治者和知識分子的權柄究竟要如何分配，才能達成最適合的政治安排、運作良好。若是統治者想要投入戰爭、擴張領土，政治權威自然要以統治者為核心才能發揮最佳效果，畢竟由單一個人來統治的話，有諸多好處顯而易見，譬如在戰爭中可以殺伐果斷、沒有異議。假設君主一心一意要發動戰爭，一人統治就不會有其他意見攪局，能立即前進、不會遲疑不決。但是，孟子反對以戰爭的手段來擴張政治體。

孟子認為，統治者應該要保護人民的生計、滋養他們的道德。在勉強苟活的處境中，艱困求生的人才沒有時間、心力行踐道德生活，為了求生存，人們的能量早被消磨殆盡，不可能遵行任何道德行為，因此統治者應該課非常輕的稅，讓人民保有一定的財富（《孟子・盡心下》第二十七）。這並不是意味孟子支持極度的小政府，畢竟他也曾批評北方的野蠻人就是課稅過低，沒有發展出文明來使用稅賦。[33]

因為人類能維持高度文明，因此與禽獸不同。人類不僅僅有社會性可以結合一體，而且還能創建道德社群，因此與其他的群居動物不同。在孟子與告子的辯論中，告子否定了人類內在的道德天性，而孟子則主張人不該以禽獸為榜樣，而是要不斷探問，人類生命形式的特殊之處到底在哪裡（《孟子・告子上》）。在真正專屬人類的生命形態中，應該要有高度的文明，進而會需要大量的財富，因此孟子也同意，我們還是需要最低限度地向人民課稅才行（《孟子・告子下》第十）；但另一方面，當戰國時代的政治體各個都是戰爭機器時，他則反對這類國家各種張牙舞爪的體制，理想中的國家是以德性為本的小政府國家，在長遠看來，對人民應該是更具吸引力。

莊子：以審美角度看待世事萬物

在莊子的書寫中，可以看到他對社會價值、風俗的根本基礎有強烈的批判。據他所說，在某些議題中看似是「善」的典範，其實從不同的角度來看反而是「惡」的代表，因此對於許多人所認為的普世道德標準和共同禮俗，莊子都提出了質疑和反駁，在〈繕性〉篇裡他主張各種禮俗、信仰或教導反而會使人失去本性。[34]這並不盡然表示莊子否定了「真實是可能存在的」這件事，不論乍看之下莊子的理想有多令人解放，他從來就沒有說，在面對真實應該要採取「愛怎樣都可以」的態度；相反地，他提倡一種極具想像力的思考

32 孟子說：「理義令我的內心充滿愉悅，就好像吃肉令我的味蕾感到滿足一樣。」英譯本引自 D. C. Lau, tran., *Mencius*. (London: Penguin, 2004), 127.（《孟子・告子上》第七：「理義之悅我心，猶芻豢之悅我口。」）

33 譯者註：見《孟子・告子下》第十，關係貉人的討論。

34 Mark Lewis, *The construction of space in early China*. (Albany: State University of New York Press, 2006), 193.

方式，讓人能夠仔細批判考察認識世界的既存方法，然後從完全不同的體系中找到某種真實。這個極具想像力的思考方式，或許可以說是「超（越經）驗的」（transcendental），因為人先是要上升到這個想像的境界，然後讓觀看者和外物保持遙遠的距離，只要離得越遠，物就顯得越小，也顯得越平等，最終莊子所提供的是一幅超級遠景的畫面，從超驗的觀點捕捉到這樣的願景。一旦我們採取這樣的視角，便抹除了萬物表面上的差異，「結果看來事物根本上是平等的」，不像在孟子看到的世界中，「事物根本上就是不平等的」。[35]

從如此超越經驗、廣袤無邊的角度來看，其他人設想的無非都目光短淺，暴露出別人預設為真的事物其實極為武斷，禮俗也不再是理所當然的現象。在這個脈絡中，莊子將小鳥的狹小視野與大鵬鳥的寬闊眼界兩相比較，表示鵬鳥之所以能有更高、更遠的視野，無非就是因為牠飛得更高，而小鳥無法擁有那樣的視野，則是因為牠們從來不離開自己生存的低層世界。我們不妨詮釋為，莊子的這種比較便是在批評其他人的理想眼界狹小、思想幼稚，眼界的狹小與思想的幼稚是兩相關聯的，因為只要比較一個人成長前後的眼界變化，最能看出成長帶來的差異，而最能彰顯這種差異的，便是觀者在長大之後，同樣的東西看起來就顯得變小了。如果我們從很高遠的層次檢視各種既存的觀念，便會感到悚然心驚，意識到我們對這個世界、以自己在世界中的位置，所知竟然如此有限。

就這方面來說，從莊子的書寫中，我們可以看到他對許多古代中國的思想家批判一針見血。據他所言，既存的傳統及政治理論常常在界定哪些事是可能的、哪些是可知的，譬如有的古代思想家在政治理論中替人性下定義，但因為這些學者都太過褊狹，對於自己的預設立場充滿了自信，這些定義最終只會產生誤導而已。更進一步來說，傳統的語彙、分析論理、邏輯概念以及人類的認知心理等，它們本身並不太適合用來言說真實，因為真實只有當我們從超驗的角度來觀看時才有辦法捕捉。簡單來說，因為其他與之競爭的各種理念（據他所說）只有狹小眼界，大遠景的視角便能構成某種超驗的基礎，據此便可以全面打擊這些理念。莊子甚至還更進一步，迫使人澈底反思任何看似根本的思考方式；他時常將人類置於廣闊宇宙中，常人根本意想不到。這種做法大概最能突顯他對超驗世界極端開放的態度，而死亡這個議題便是很好的例子。

> 莊子的妻子死了。當惠子前去弔唁時，發現莊子兩腳大開坐在地上，敲著盆子大聲唱歌。「你與她一同生活，她撫養你的孩子，而後衰老，」惠子說，「現在她死了，你要是不哭也就算了，竟然還敲著盆子大聲唱歌，這樣不會太過分嗎？」莊子答道：「你錯了。當她剛過世的時候，我還不是像別人一樣，心中也感到十分哀淒呢？但我想到了在她出生之前、一開始時候；不只是她出生前，但早在她還沒有形體的時候；也不僅止於她還沒有形體的時候，更是早在她還沒有魂魄的時候。在一片混沌迷霧之間，某種轉變發生了，她便因此有了魂魄；某種轉變又發生了，她便因此有了形體；某種轉變又發生了，她便因此而出生。現在則有了另一個轉變，於是她離開了人世。這就好像春、夏、秋、冬的變化一樣呀！」[36]

35 Burton Watson, trans., *The complete works of Chuang Tzu.* (New York: Columbia University Press, 1968), 7.

36 Burton Watson, trans., *Chuang Tzu: basic writings.* (New York: Columbia University Press, 1964), 113.

（《莊子・外篇・至樂》：「莊子妻死，惠子弔之，莊子則方箕踞鼓盆而歌。惠子曰：『與人居，長子老身，死不哭亦足矣，又鼓盆而歌，不亦甚乎！』莊子曰：『不然。是其始死也，我獨何能無慨然！察其始而本無生，非徒無生也，而本無形，非徒無形也，而本無氣。雜乎芒芴之間，變而有氣，氣變而有形，形變而有生，今又變而之死，是相與為春秋冬夏四時行也。』」）

這個段落描述了莊子妻子的死亡，說明莊子如何擺脫面對死亡的負面心理，找到他所認為的合宜觀點。他並沒有訴諸信仰來世、身後之名或永恆榮耀等等，而是去思考妻子「出生之前、一開始的時候」。這樣的觀點在人的心中有雙重作用：首先，我們對於「出生以前」和「死亡以後」顯然有著不同的態度。死亡以後的不存在通常是極為負面的，但出生以前的不存在則通常是中性的，只要將出生前的不存在與死後的不存在兩相等同的話，我們便能以中性的方式來看待死亡，這樣便能避免為哀傷所縛。以此，若是人展現哀悼之情，則表示他對死亡的態度有誤，這就是為什麼一般人哀悼時，莊子會加以責難的原因。

其次，當我們將眼光望向出生之前時，便開啟一種更為廣闊的視野，人的生死在其中不過是某個更大整體的一小部分而已，也就是說，當我們以超大遠景的方式看待人的一生時，死亡在大遠景中就不再是終點，而是中轉站，人從一種整合的狀態進入下一種狀態。這種開闊的視野——也就是所謂的大遠景——讓人可以察覺到，人是相對於某個整體而存在，同時人也是整體的一部分。用比喻來說，人的一生就像四季的演變，死亡不過是整個變化圓滿結束的一個環節而已，而莊子的妻子正是透過死亡來參與、完滿這個整體的過程。

第三，這個「從人的存在到死亡」的觀點，並沒有留空間給意識來思考事情。這種看待事情的制高點處在人類通常的意識之上，是個想像中的位置，超越了個人意識的層次，踩在了人類意識之外。

第四，這種大遠景為觀者和外物之間製造了某種距離，讓我們能不把死看作是令人恐懼、哀嘆的事物，而不過是某個大變換中的一個階段罷了。我們姑且可以把這種距離感叫作對死亡的「審美距離」（aesthetic distance），這是愛德華・布洛（Edward Bullough, 1880-1934）所提出的知名概念，他曾舉霧與海為例加以說明：當人在汪洋中的一艘船上，被大霧圍繞時，我們自然會憂慮地想，這樣的濃霧對行船可能會帶來什麼影響；但同時，因為濃霧看起來極為遙遠，我們也能因此生出愉悅之情。就如同人能夠對濃霧產生正面的、美的感受一樣，我們只要對死亡保持正確的距離，也能對死亡產生正面的、美的感受，如果人歷經死亡不過是轉變成他物，不是消蝕不見，則並沒有必要哀悼死亡；若是站在莊子所主張的制高點來看待出生和死亡，其實也可以是很美的風景。從這個脈絡出發，我們便能夠理解莊子之所以要敲著盆子大聲唱歌的原因，很明顯這是一項藝術行為，暗示雖然人生充滿了各種問題，我們仍然可以欣賞生命的美好，原因是當有了背後廣袤寬闊的背景時，人類以及人類關心的事物都再渺小不過了。我們可以說，莊子的根本態度是以「審美的」方式接納了超然的尺度，將整個世界看作「一個整體」，而當我們能夠以這種方式接納人世間的各種問題、接納死亡時，便能在當中找到這些事物合適的位置，或至少感覺不再那麼難以忍受。

上述所說的最後一點，在夢蝶的故事裡便有所展現——這大概是整部《莊子》中最著名的一個段落了。眾所周知，莊子透過問出「究竟是莊子夢見自己是蝴蝶，還是蝴蝶夢見自己是莊子」來探討身分的議題。雖然早已有人對此寫過了各種詮釋，不過我認為要找到蝴蝶夢的最佳解讀，便需把這個講法放在所謂廣闊無邊的視角下來理解。如同笛卡兒（René Descartes, 1596-1650）對「確知」（certainty）的探討所示，要想對自己的人生軌跡找到根本的信念，「能夠思考的主體」（thinking subjectivity）大概是最後一道防線了，而事實上笛卡兒也提過夢的論辯：如果一個人真的知道某物，那麼就可以排除他僅僅是在夢見這個東西而已；不論笛卡兒對夢的討論有沒有說服力，我們基本上都可以說，他對「能夠思考的主體必然存在」這件事本身有堅定不移的信念。然而，要是連「我思考／我存在」都不相信，則組織人類生活的基本框架便有可能會崩潰，因為對普通人來說，真實世界便錨定在這種信念之上。雖然在莊子的夢蝶之說所探討的主體仍然是個具有觀點的生物，但他提供了一種可能，表示現實世界的錨定可能也只是虛妄的幻想而已。在我們的思考慣性中，一個人若要擁有某種身分，則必然得要拒斥另一種身分，也就是一個人不可能在身為莊子時不拒斥蝴蝶的身分，反之亦然。但從制高點來看，要是將莊子和蝴蝶都看成某個大整體的一部分，則原本的身分界定方式便冰消瓦解，打破了過往對身分顛撲不破的信念，再也無法用指出「我是這個人、不是那個人」的方式來界定自己的身分。一但我們到達這個層次，大部分人類共通的特指範疇、我們賴以界定自己所在的語彙，也會在根本上受到動搖。

要接受莊子的觀點，需要從我們緊臨的現實世界中脫逸而出，才能從更高、更遠的地方加以觀察。要反駁這條理路的話，很直截了當的一點便是，他以政治批評取代了真實的政治，甚至也取代了以統治者為核心的政治模式。莊子的取徑主要是把人人都變成超然的觀察者，而不是參與其中的政治行動者，也就是說，為了要觀察政治，人們需後退一步，把政治想得好像是某個整體，只是為了讓人認知而存在，觀者站在高處欣賞，好像每個政治往來不過是個大場面的一部分，在他眼前開展，而同時在真實世界中卻只是被動地站著。

與此相關的還有另一個問題，莊子總是告訴我們「某物不是什麼」，而不是「某物是什麼」。政治理念究竟還有什麼更好方案可設想呢？莊子從不正面給出答案，而是含糊其辭，只說他的理想遠比任何現在的人所設想的都還要廣闊。在這種不斷蔓延擴大的視角中，他並不假設有個固定點，無法讓人以此衡量，相比那些褊狹、猥瑣而有限的視角而言，自己所想的視角是不是已經夠大夠廣了。以此，莊子的想法用說的還比較容易，但要在政治世界實現卻很難，我們就只談一點：莊子的想法不太可能告訴我們到底要怎麼做，或許他的想法很令人療癒，但他既沒有為政治行動提供綱領，也沒有替政治體的其他形式提供具建設性的設想。

然而，那個年代面臨了各種考驗，人類必須採取行動，當時的挑戰不亞於要重塑整個世界的秩序，難度令人望而生畏；如果僅僅是批判現存世事的秩序，並不能滿足時代的需要。直白地說，政治批評本身雖然是個很有價值的功業，但這並無法取代真正的政治。新時代的理想應該要滿足人對秩序的渴望，將這種渴望加以引導、轉化，變成有效的、集體的、有組織的、負政治責任的身分、行為和體制。因為有了後見之明，我們現在知道，據信是韓非子的政治理想啟發了秦國，創造了全新的政治秩序，實踐了集體的政治行動。

第三章

國家——從地方政權到中央集權

這片土地從零散各處的地方政權開始，一直到形成領土整合、中央集權的帝制國家，這項轉變如何發生？秦朝與漢朝代表了帝制國家的形成。中國史上帝制國家的興衰，在那些往帝國中央集權發展的向心力，以及往地方自治發展的離心力之間，從國家理論的視角突顯兩者的張力，而政治思想家也用自己的方式回應這種張力。

在我們現代的想像中，國家（state）是個整體，有一統的權柄透過法律踐行權威，還有體制化的官署及官僚加以輔佐；如果把這種想像拿到中國政治史來看，秦代這個大一統官僚國家大概是最適當的起點。然而，如果我們以比較寬鬆的方法來定義國家，那麼中國史中最早的國家可以追溯到商朝。[1]不過，商朝並不是領土國家，而是城牆聚落的聯盟，所謂的統一也是由親族血脈來維繫；此外，商代國家並沒有產生出複雜的行政職能，也沒有榨取資源的能力，也就是說，它僅止於某種宗族結構的延伸罷了。

周朝的統治者在西元前一〇四六年攻克商人之後，曾試著想擴張政治權力，在新開拓的領土上建立「封地」，委由王室的親族和盟友統治，這便是我們在第一章中提過的周代封建。領受封地的諸侯在自己的國境中行使權力，掌管當地的居民，同時則效忠、擁戴周王，而在各個諸侯國中，城市裡的貴族擁有軍隊，位列社會階序的上層，身分卑微的農民則多在鄉野中。大多數的城市規模，若以步行只需花費一天便能穿越到另一頭。當周國慢慢失去權力時，各個諸侯國實際上便成了獨立的政治體，因為各諸侯國又持續向下分封，因此半獨立的城邦（城市國家）數量大幅上升，也就是說，即便是那些強大的諸侯國，也並沒有直接掌控廣大的土地，而是將次級的城市分封給自己的親族盟友。因此，在西周時期，每個城市和腹地其實就是單一、獨立的政治控制單位，而親族紐帶則將不同城市凝聚起來。不過，陸威儀便很清楚指出，城邦時代對中國接下來的帝國歷史並沒有留下太多軌跡，早在戰國時代便見證了大型國家的崛起。雖然這些大型國家確實開始管理比較大片的領土，但這並不表示它們已經是土地完整相連的領土國家；直到戰國時代的各國被統一之前，就連在像秦國那樣最具官僚行政管理的政治體當中，也都還是有某種程度的土地分封存在。[2]金秉駿

（김병준）甚至推得更遠，指出一統天下後的秦國除了對外的邊界，還存在著所謂的「內部邊界」（inner border），以此質疑就連秦國可能也算不上是土地相連的領土國家。[3]與春秋時代相比，戰國比較明顯的變化在於，在主要的政治體中，君主的權力再度興起，是以陸威儀將許多戰國時代的政治體稱作「以統治者為核心的國家」，[4]這種國家為了更有效地徵用資源，不斷加強行政改革，把自己變成了戰爭機器，[5]而秦國能在西元前二二一年統一、創建帝國，說明在所有的戰爭機器中它最為強大。

從零散各處的地方政權開始，一直到形成領土整合、中央集權的帝制國家，本章所要追溯的便是這項轉變如何發生。此外，本章也會特別考察，秦始皇雖然對時人所知的整個世界，以中央集權的、官僚式的、統一的行政系統加以管理，但這種國家集權（statist）的野心又怎麼會到了漢代時受到挑戰，進而有所折衷和妥協。在中國政治史中，秦朝與漢朝代表了帝制國家的形成，要對大型領土施以統一、單一的治理，不論是對君主或是對政治理論家來說，都帶來了新的挑戰。秦朝的政治是如此高度具實驗性質，大片大片的土地完全收納、掌握在中央官僚粗暴的手中，而整個漢代都在不斷審視秦代的功業。除了考察秦代和漢代的國家體

1 此處有關帝制時代以前中國國家的討論，取自 Mark Lewis, *The construction of space in early China.* (Albany: State University of New York Press, 2006), 136-168.
2 Ibid.
3 金秉駿（김병준），〈秦漢帝國의 이민족 지배-部都尉 및 屬國都尉에 대한 재검토-〉，《歷史學報》（역사학보）第二一七期（二〇一三，首爾），一〇七～一五四。
4 Mark Lewis, "Warring States: political history." In: Michael Loewe and Edward Shaughnessy, eds., *The Cambridge history of ancient China.* (Cambridge: Cambridge University Press, 1999), 597.
5 Mark Lewis, *Sanctioned violence in early China.* (Albany: State University of New York Press, 1990), 53-96.

制之外，本章也會探討中國史裡帝制國家的興衰，在那些往帝國中央集權發展的向心力，以及往地方自治發展的離心力之間，從國家理論的視角突顯兩者的張力，而我們也能看到政治思想家如何用自己的方式回應這種張力。

當周代的封建體制瓦解以後，國家主權便散落到許多地方諸侯的手中，各地的獨立政權熱衷擴張、軍事衝突不斷，要想在競爭中脫穎而出的話，尤其需要贏得人民的主動支持，要精通行政管理技術，並且要儲備兵器、發展軍事戰略。從西元前三五六年至西元前第三世紀為止，秦國透過官僚系統比別人能更有效地徵用資源，並且施行了功績制度，慢慢從相對弱小的國家興起、成為霸權，最終在西元前二二一年一統戰國。在統一之後，究竟要如何治理這片一統的領土便開始出現了爭議：

丞相王綰及其他人說：「那些諸侯國剛剛才被打敗，而燕、齊、楚這些地方極為遙遠，如果不在那邊設置國王的話，便沒有辦法在那裡建立秩序。我們請求陛下給各個兒子賦予權柄，但願至高無上的陛下應允。」……但是，掌管司法的官員（廷尉）李斯建議說：「周代文王、武王只有在分封數量極度龐大的兒子、弟弟以及同姓親族之後，才令那些遙遠的地方順服，但之後他們相互攻擊，好像敵人一樣；當各個諸侯國相互攻打、報復時，就連周天子也無法制止。現在因為有陛下的神力，海內已經統一了，每個地方都劃分成了郡縣。如果陛下的兒子們、有功的官員都能從公眾的稅賦中得到賞賜，這樣很容易便能控制他們了。只要整個帝國內沒有異議存在，便是維繫安寧的方法；要是設置諸侯的話，實在是沒有好處。」始皇帝說：「就是因為有侯爵、侯王存在，因此天下才會深受長久敵對之苦……廷尉的建議說得很對。」因此，整個帝國分成了三十六個郡，每個郡設置了行政長官（守）、軍官（尉）以及監察官（監）……天下所有的兵器都被沒收、集中到了咸陽城……用單一的系統管理所有的度量衡，並替車軸的寬度設置標準，也為文字書寫設立了統一的規範……天下十二萬戶的權貴都被遷徙到咸陽城內……然後興建了從極廟通往酈山的道路，並替甘泉宮蓋了前殿，又蓋了兩邊築牆的甬道，從咸陽一直連接過去。[6]

（《史記・秦始皇本紀》：「丞相綰等言：「諸侯初破，燕、齊、荊地遠，不為置王，毋以填之。請立諸子，唯上幸許。」……廷尉李斯議曰：「周文武所封子弟同姓甚眾，然後屬疏遠，相攻擊如仇讎，諸侯更相誅伐，周天子弗能禁止。今海內賴陛下神靈一統，皆為郡縣，諸子功臣以公賦稅重賞賜之，甚足易制。天下無異意，則安寧之術也。置諸侯不便。」始皇曰：「天下共苦戰鬭不休，以有侯王……廷尉議是。」分天下以為三十六郡，郡置守、尉、監……收天下兵，聚之咸陽……一法度衡石丈尺。車同軌。書同文字……徙天下豪富於咸陽十二萬戶……自極廟道通酈山，作甘泉前殿。筑甬道，自咸陽屬之。」）

6 Raymond Dawson, *Sima Qian, the first emperor: selections from the historical records.* (Oxford: Oxford University Press, 2009), 63-65. 作者在引用這段英譯時稍有調整譯文。

這個出自《史記》的段落，讓我們可以一窺在秦國統一之時，他們如何設想這個大一統的帝制國家（有關《史記》的更多資訊，見第一章）。當時辯論的點在於，秦國究竟是要繼續採用戰國時代的官制，還是要回復到周代初建時分封王室的做法。在這場宮廷辯論中，李斯（前二八四－前二〇八）的看法受到肯定。他指出，因為親族關係必然會隨時間變得越來越淡薄，分封子嗣的做法最終會令其相互敵對，而周代國境的分崩離析也似乎說明他的憂慮有其道理。因為有了這場辯論，這個新生的帝國便決定由皇帝任命官員，直接統治全國境域，將控制的領土劃分為「郡」的單位（在接下來的朝代稱作「府、州」），下面又劃分為更小的縣，由皇帝直接任命縣官來治理。雖然「郡縣制」的源頭確實可以追溯到春秋時代的中期，當時的統治者開始用縣級單位取代世襲的封地，但到了秦始皇才首開先例，在帝國整體的官僚體制中，所有的地方行政都實行了郡縣制度。

上引段落還有許多值得注意的重點：首先，不論皇帝或是大臣，幾乎沒有人提及理想的遠古時代。其次，人們認為皇帝具有神力，不認為他應該要對人民負責。第三，正如馬克斯・韋伯（Max Weber, 1864-1920）對現代國家的解讀，秦國透過沒收戰敗國的武器來壟斷合法行使暴力的權力，畢竟有些地方勢力的掌權者具有潛力，可能會挑戰中央政府的權威，而對帝國內部的去軍事化行動則能加以遏制。第四，秦始皇把戰敗國裡有權有勢的家族都強迫搬遷到了首都，目的在於把潛在的叛亂分子控制在宮廷的手伸得到的地方，以此消滅抵抗的可能。第五，秦始皇宣稱自己的勝仗反映了宇宙的自然秩序，在西元前二二〇年至前二一〇年五次巡察整個帝國時，將這個說法刻成許多石碑。第六，為了將整個境域完全融鑄成一體，秦始皇以首都為中心，建立了發散而出的路網，如此不只可以加速物質流通，而且還設置了檢查哨來管制移動，透過這些交通、通訊管道，政府可以監視邊界、普查人口、派遣中央政府的使者到帝國偏遠的角落；直到西元前二一〇年秦始皇駕崩為止，在十二年間，勞工建造了超過六千八百公里的路網，與羅馬人的道路系統並駕齊驅。[7]第七，秦始皇及大臣希望透過統一的度量衡、車軌寬度、貨幣以及文字等制度，打造整齊劃一的政治體。根據國家理論中的戰爭建國說（bellicist theory），是戰爭令國家開始壟斷暴力的手段、建設官僚行政體系，以此打造中央集權統治，而整體看來，秦國似乎完美地契合了這個論點。廣大臣民到底有多配合政府的規範，這一點或許還有辯論的空間；但至少就秦國的官方文件中所顯示，國家擁有令人讚嘆的強大能力。譬如，秦代的國家試圖想要無孔不入地介入士兵、農民的生活，把那些據說壓迫人的菁英排除在國家之外，政府執著於定期蒐集基本資料，記錄自然環境、器物的數量和品質、耕種的動物、人員控管等資訊。[8]秦始皇很顯然相信，他已經結束了過去各朝代、各政權分分合合的那種情況，但是事實證明他是錯的。他希冀追求永恆，而這個世界卻不允許。秦始皇在西元前二一〇年駕崩之後，反叛的勢力幾乎馬上就爆發開來，帝國開始裂解，落入各個敵對陣營之手；不過，秦代的滅亡並沒有使世界走向封建體系，而是有另一個名為「漢」的大一統帝國出現。

7 Valerie Hansen, *The open empire: a history of China to 1800.* (New York: W.W. Norton & Company, 2015), 98.

8 A.F.P. Hulsewé, *Remnants of Ch'in law: an annotated translation of the Ch'in legal and administrative rules of the 3rd century BC discovered in Yün-meng prefecture, Hu-pei province, in 1975.* (Leiden: Brill, 1985), A1-8, 21-7.

西元前二〇二年，漢高祖劉邦（前二五六或前二四七—前一九五）在內戰中打敗了項羽（前二三二—前二〇二），建立漢朝。漢代所面臨的挑戰是，他們需要建立某種治理方式來維持秩序、穩定朝代，既不會陷入周朝封建體系所帶來的那種災難後果，也不陷入秦朝嚴苛的中央集權官僚行政所導致的禍患。在漢代初建的階段，統治者雖然大致上繼承了秦代的體制，不過也修改、緩和了許多秦人的政策，漢高祖向地方勢力妥協，將中國的東邊部分劃成許多諸侯國，分封給他的追隨者和眷屬作為賞賜，而這些人大體仍保有相當程度的軍事力量。在他的帝國中，只有大約三分之一是由他直接管理，封建諸侯會派遣自己的戍邊守衛，旅行的人得要獲得許可才能穿行各區域。

雖然漢高祖做出妥協，但他並沒有放棄理想，仍然希望可以一統行政體系，直接深入到家家戶戶，漢代政府希望將人民變得透明可見、能夠清點、能受管理，這種願望明確地表示國家仍希望能控制整個社會；最終，漢武帝（前一五六—前八七，前一四〇即位）成功地把中國內部大多數的地方都牢牢放在帝國的控制之下，而後把視線轉向了中國之外。從西元前一三四年至前一一九年，漢代的軍事力量向西北的匈奴帝國推進，接著轉往東方，致使漢朝的領土達到了鼎盛，有八十四郡、十八個封國。如同秦始皇一樣，漢武帝宣稱他具有統治世界的權柄，將自己的成就歸功於至高的眾神。然而，帝國構建（empire-building）產生的影響力會遠超過原本創造者的意圖，為了金援戰爭，漢武帝開徵的賦稅將農民擁有的微薄資源更榨取殆盡，農民因而只好把田地賣給世家大族，然後向這些大家族尋求庇護。土地所有權的變化阻斷了國家邁向極權，令地主的權力上升。為了削弱世家大族不斷增長的權力，王莽（前四五—二五）建立了名為「新」的朝代，開啟一系列的官僚改革，包括廢除奴隸制，以及將所有土地分成均等的大小、分散出去，以此節制土地兼併，並保證沒有人能夠富有到足以把別人歸併為附庸。但是，因為這些政策激起世家大族的敵意，新朝只存續了十四年就結束，大家族的結盟推翻了新朝、建立了東漢（後漢）。

於此同時，軍事結構也發生了相應的變化：在歷經了領土擴張、戰亂頻仍的年代之後，事實證明，國家如果要實行全民徵兵會所費不貲。曾經全民徵兵讓秦朝能夠一統天下，但西漢取消了這項制度，以將領與士兵之間的個人聯繫為基礎，形成了半公半私的軍隊；到了東漢時，將領則常常任用囚犯作為士兵；之後到了唐代初期採行府兵制，象徵關中地區的軍事菁英與非漢人僱傭兵彼此相互結盟。當社會秩序衰敗時，軍隊常常將效忠的對象由國家移轉到其他地方，或是轉向直接下命令的將領身上，又或者是轉向自己的個人網路，從而使軍隊可以橫跨朝朝代代一直存續下去；而在最糟的情況中，將領則帶領著自己的武裝部屬發動叛變。一開始之所以取消全民徵兵制度，是為了去除國內的軍事力量、保障安全，因為半私人的軍隊既可以維持近乎職業軍隊的水準，同時又不會吞噬國家的財政和組織力量，因此對於國家來說具有短期效益；然而，長期演變下來，國家的力量不斷縮減，帝國政府的權威從而受到挑戰，朝廷時常無法有效地調動軍隊，對於鄉間也失去了直接控制。

大地主在社會中成為越來越可觀的一股勢力，當唐代在七八〇年推動財政改革時，他們的勢力達到頂點。唐朝以兩稅法取代均田制（將在第四章討論），意即國家不再以一戶中的成年男性作為計算稅收的單位。在舊有的理想中，農民處在均質的狀態，而財政以此作為基礎；這項改革無異表示國家放棄了這種想法，從此承認國內存在著土地、財富不均的現象，而稅收應該以每個人的實際財產衡量，也就是說，比較有錢的人應該要繳更多的稅。因為課稅的對象瞄準了個人擁有的財富，而不是以人頭計，商人的財富逐漸成為重要的稅收來源。[9]此外，因為不同的省分中，依經濟生產力良窳設定徵稅多寡，省級的單位就財政而言，逐漸成為國家與州縣之間的中介。在秦國的理想中，最好能夠設立統一、小規模的行政單位來直接控制人民，無視每個人的社經地位和權力；而上述的種種轉變在某種方面來說，則象徵了這種理想正式宣告終結，顯示國家與社會的關係有了重大轉變。不過，這種轉變並沒有及於國家的官僚體制，許多居中協調的手段反而前所未有地活躍了起來。

很明顯地，創建明朝的朱元璋（一三二八—一三九八，一三六八建立明朝）試著想要以增強行政和政治管控的複雜體系，來試圖強化國家的力量。例如，他像秦始皇一樣，將農民緊緊地與土地綁在一起，以便榨取勞力和稅收，也禁止人民出海旅行；而且朱元璋還強迫許多有潛在叛亂危險的人群遷徙，將他們搬到他能緊密監控的地方。就像初唐的統治者採行了均田制一樣，朱元璋用戶籍制度來蒐集所有人的詳細資訊，也蒐集土地產權的狀況；有前朝的蒙古為例，他也將整個帝國內的居民依職業分類，每個人以國家可預見的方式服勞役。他甚至還在全國設立各種神祇，將他們納入某種官僚框架，在方方面面就好像國家的官僚體系一樣。然而，從明代中葉以降，當國家想要實行過去政策時，君主的能力卻是每況愈下；事實上，這些帝國的宏圖偉業沒有一項是成功的。例如，到了晚明時，多數禁止遷徙的法令早已徒具空文，整個帝國充斥著乞丐、無賴等各種流民，就像周臣（活躍於一四七二—一五三五）所繪的《流氓圖》一樣，在中國繁華的都市中有著各種遊民、無賴，而所謂的「海禁」也遭到廢止。地方官員常常隱匿鄉情不上報皇帝，而所打下的新領土則有許多地方菁英需要調解彌合。雖然有所謂的職業分類，但許多人將自己理應從事的職業義務外包出去。一如詹姆斯・史考特（James Scott）所主張，國家由上而上推行的計劃和社會工程通常都無法達成目標，那些依邏輯所規劃的、一體化的、中央集權的行政體系，幾乎都無法實現。[10]朱元璋和他的群臣認為自己的政治體是靜止不變的，在明代的立國宏規裡，並沒有考慮到要如何納入未來可能的發展，而晚明商業革命和貨幣經濟的到來，早已遠遠超越立國當初所能想像的世界了。

在整個帝制時代的晚期，雖然科舉取士削弱了貴族的政治權力，但地主的權力似乎越來越盛，帝制晚期治理的特點便是低度的課稅，而且政府也不加干涉那些遍布全境的市場和地方社會。之所以說中央指派的官員無法直接涉入地方行政事務的細節中，其中一項指標便是地方官員對地方人口的比例：就清代來說，有的估計認為每二十萬至三十萬的人口僅僅配有一名縣官，再搭配那些沒有通過科舉、在地方幾乎等同有終身職的幕僚加以協助。[11]總而言之，中國在帝制晚期的組成結構，大致上早已不再仰賴單一體制（譬如正式的官僚體系），而是大幅度地將社群力量和社會網路吸納其中，由形態各異的組織和兼有中介作用的群體，支撐起國家的功能。因此，青木昌彥（一九三八—二〇一五）將帝制晚期的中國稱作「互滲型國家」（interpenetrative

9 有關唐代賦稅體制的細節見：Mark Lewis, *China's cosmopolitan empire: the Tang dynasty*. Cambridge, MA: Belknap Press of Harvard University Press, 2009.; Richard von Glahn, *The economic history of China: from antiquity to the nineteenth century*. Cambridge: Cambridge University Press, 2016.

10 James Scott, *Seeing like a state: how certain schemes to improve the human condition have failed*. New Haven: Yale University Press, 1999.

11 Masahiko Aoki, "Historical sources of institutional trajectories in economic development: China, Japan and Korea compared." *Socio-economic Review*, 11 (2013), 242.

state），[12]意即在中國這個政治體的組織中，並沒有界線能將國家的官僚及社會中的行動者清楚地一分為二，而國家的控管與社會的獨立性之間也沒有清楚的分野可言；事實上，這個體制是國家和社會不斷互滲所形成的結果。

然而，為了讓整體圖像更加完整，我們還得將那些衙役、書吏加進來，若是地方行政要想完成各式各樣的職責，這些人不可或缺。雖然衙役書吏實際上在衙門的階序中充任了最基層的行政人員，但他們既不是由中央派任，也似乎不受任何的法規管制；他們沒有薪水，而是向地方民眾收取規費，通常在自己家鄉的縣城中工作，職位代代相傳。簡而言之，中央政府並沒有充分承認他們的地位。因此，到底他們怎麼樣算得上是國家官僚體系的一部分，又或者多大程度上效忠於中央政府等等，答案並不是很清楚。雖然很多人批評衙役書吏，認為他們缺乏道德感，但他們的角色吃重是無可否認的；雖然這項非正式體系的存在有違官方法律，但單就國家實質上接受這個系統而言，衙役書吏在國家與社會之間的孔隙中，實現了所謂的「國家效應」（state effect）。[13]

最後，由於中華帝國在經典的自我形象中，努力追求著世界帝國的身分，認為是自己把秩序帶給了天下，因此君主的政治關懷理應超越帝制國家的領域，畢竟國家也不過是「普天之下」的一小部分而已。這種帝國的野心——所有的政治權柄最終都應該收攏在單一皇帝的手中——與現代設想中的、理所當然的多國體系大不相同，所以在討論帝國的政治關懷時，我們應該使用涉外關係，而不是國際關係的概念來處理。

涉外關係：秦漢與外族的二元關係形成

在距離中國人口、經濟核心極為遙遠的前線地區，雖然僅僅只有軍事要塞，但秦朝仍然希望能直接的統治；相反地，漢代眼見實際上根本不可能直接統治偏遠地區，對於其官僚體系無法觸及的地方，便採取各種間接手段，以施加某種程度的政治影響。在那些中央政府伸手不及之處、在中國人的聚落極為稀疏甚至不存在的地方，前前後後的許多朝代只維持著某種「勢力範圍」，放手讓地方的居民自理當地事務。在體制上最明確能彰顯這一點的——便包括了（但不限於）漢代的「屬國」、唐代的「羈縻州」以及明清的「土司」。一如清代「改土歸流」政策所示，中國的統治者為了鞏固國家的權力，有時會選擇將勢力範圍直接納入國家的行政框架中；但整體而言，一直到現代的中國，各個自治區仍然維持了勢力範圍的傳統，在官方的邊疆之內，每個區域都相對獨立，由當地的部落領袖統治自己的族人。在這些體制中，中央政府對已經實際管理該地區的族長授與頭銜和官印，以此承認本土領袖既存的勢力；而有了朝廷的正式背書，這些領袖也能強化自己的地位。

勢力範圍這種體制並不是由中央集權國家所創，而是兩種不同取向匯流之後的結果。一方面，中央政府

12 Masahiko Aoki, "Historical sources of institutional trajectories in economic development: China, Japan and Korea compared." *Socio-economic Review*, 11 (2013), 233-263.

13 Timothy Mitchell, "Society, economy, and the state effect." In: G. Steinmetz, ed., *State/culture: state-formation after the cultural turn*. Ithaca, NY: Cornell University Press, 1999.
譯者註：有關「國家效應」，亦見〈導論〉「威權政府的詮釋」一節最後一段。

由上而下地將政治秩序投射到邊疆地區：從中央政府的視角來看，這些地方或可作為緩衝，將中國的中土和野蠻、沒有文明的外部地域區隔開來。在另一方面，這也是地方族群領袖自我組織的努力，以此保障族群的自身安全：對在地統治者而言，他們藉由接受中國政府的頭銜和認可來鞏固自己的權力，要是不加入這種半官僚式的網路，便無法在邊疆地區站穩腳根。

在帝制早期中國的政治思想發展中，中亞強大敵國的出現，則是另一項同等重要的因素。如狄宇宙（Nicola Di Cosmo）所論，在秦國統一之前，中國與異族之間的邊界毫無清楚的分野可言，雖然當時已經有某些流動中的集體身分認同存在，但中國與北疆的各個社群之間既沒有明確定義的邊界，有了邊界也不保證自身領土和文化彼此獨立；[14]我們能設想為「中國」的這種國家身分之所以可以發展，很大一部分要歸功於匈奴帝國，這個帝國的西部分支有可能正是數個世紀後入侵羅馬的匈人。

在秦代的擴張手段下，原本許多缺乏主導政治秩序的游牧部族受到刺激，組建了大型的部族聯盟。秦代的領土擴張將匈奴和其他居民趕出了河南地區，成功地將他們逼退到了現今的內蒙古；面對這個新的情勢，匈奴帝國的創建者冒頓（前二三四—前一七四）將追隨者集聚起來，踏上了自己的征途。當他從滿洲到中亞贏得一系列勝仗的同時，一種金字塔體系也逐漸成型，由單于（匈奴人對領袖的稱呼）這個至高領袖統領一系列的世襲侯王。在秦國統一後不久，游牧民族便在匈奴部族的統合之下，變成了單一、強大的帝國，此後匈奴帝國便成了中國的對立面，結果所謂的「中華」便不再只是文明的代稱，而新添了意涵，成為某種政治體身分認同的標記。

相較於之前在戰國時代的游牧部族而言，匈奴帝國的水準要高出許多，它的軍事實力如此強盛，甚至連漢朝實際上也得向其納貢。西元前二〇一年，漢朝在平城之戰歷經戲劇化的慘敗後，接下來的數十年間都不得不接受令人屈辱的和平協議：西元前一九八年的條約中，漢朝同意每年進貢布匹、糧食，並送婦女和親，而匈奴相應地僅僅是同意不會再侵犯漢朝的領土罷了；這種羞辱人的做法在中國的集體記憶中揮之不去，出現了各式各樣的解讀（第七章會有更多討論）。如果所謂「中華」是以政治優勢來定義的話，要說匈奴人將漢朝拉了下來、自己坐上「中華」的寶座，也離事實相去不遠，至少我們尚可以說，當匈奴帝國建立之後，二元的世界秩序便已然成形。對中國人來說，這是前所未見的情況，需要從根本上改變原本對涉外關係的想像，漢朝的君主和知識分子對於自己的邊境有了更為敏銳的認知，從而令他們不得不對自己的身分下定義。司馬遷便是很好的例子：他在《史記》中為我們熟知的華「夷」之辨以文字立下了傳統：「開國的皇帝曾經下敕令：長城以北的土地上，那些彎弓射箭的人受單于的命令統治；而長城以內的居民戴帽子、繫腰帶、住在房子裡，則由朕來治理。」[15]（《史記・匈奴列傳》：「先帝制：長城以北，引弓之國，受命單于；長城以內，冠帶之室，朕亦制之。」）在這個二元世界秩序的圖像中，中國的概念由地域（長城外對上長城內）、文化（使用弓箭對上穿戴帽子和腰帶）以及政治（單于對上皇帝）三種層面的理由加強；此外，學界普遍有共識，當漢朝——這個統治當時大多數中國人口的國家——在秦漢時代重新一統「中國」時，確實也慢慢自

14 Nicola Di Cosmo, *Ancient China and its enemies: the rise of nomadic power in East Asian history*. Cambridge: Cambridge University Press, 2002.
15 Burton Watson, trans., *Records of the grand historian of China: Han dynasty I by Sima Qian*. (New York: Columbia University Press, 1961), 146.

視為一個一統的族群。

匈奴帝國揮之不去的陰影，並不僅僅使得漢朝形成了更鮮明的政治身分，而且也成為中國皇帝思考國家地位的定義基礎。漢朝在創建之初，全境尚未完全統合；要到了之後轉守為攻，試圖擺脫現實中對匈奴稱臣納貢的地位時，才完整確立了自己的國家地位。利用農耕聚落提供資源以遠征中亞的，便是漢武帝：要完成如此大規模的物流準備，需要更強力地榨取資源，開戰一方面增強了漢代國家行政效能，提高獲取資源的能力，另一方面卻也傷害了各個地方資源擁有者的既得利益，這種緊張關係便導致了著名的「鹽鐵之議」（見本章下文說明），爭執的兩造莫不希望自己的聲音能被聽見，希望能參與決策的過程。

簡言之，秦漢的大一統、二元國際秩序的形成、「中國」這種國家身分的清楚成形、國家鞏固成為榨取資源的系統，乃至於主流政治思想的發展等等，這些全部都是相互關聯的事件。接下來我們便會討論，為了因應秦、漢這樣的政治脈絡，政治思想又是怎麼樣推展開來。

商鞅變法：與人民溝通，強化軍事實力

一般據信是商鞅（前三九〇—前三三八）替秦國的軍事和政治成就提供了理論及體制的框架，雖然陸威儀曾說，我們不應該把長期的改革歸諸於單一思想者的努力，[16]這點是對的；但同時，在《商君書》這本漢代的著作中（此書據信反映了商鞅支持中央集權的觀點），我們也確實能清楚找到支持這些改革的理論根

據。商鞅原本是衛國的大臣，但大約在西元前四世紀中期成為秦國的大良造（首領大臣），面對一個戰爭長久肆虐的時代，他試著說服人們以他的方式生存下去、取得勝利，據信在西元前三五九年之後的數年間，開啟了一系列的體制改革，將所有的人民投入到軍事征服行動當中，而最重要的是，他改造了秦國之內農地與人民之間的關係，他把田地以網狀均分，以法律承認每個各別農戶對土地的所有權。這並不表示君主不再將整個國境視為自己的財產；在過去的時代中，農民替擁有土地的貴族耕種，相較之下，他們現在則享有更大的權利。而農民為了享有土地的所有權，相對地便需要繳稅、服兵役，而財物勞力反過來又能資助國土擴張。如此，因為翦除了個別農民與國家之間的中介，國家的威權便自然而然地有所上升，世襲封地與血親紐帶的影響力也日漸式微。

此外，商鞅還設置了統一的行政體系。秦國所有的人民都依照在戰鬥和公務中的表現，劃分成不同的等級，世襲的頭銜遭到廢止，以新的功勳組織取而代之。權力和名望原本分散於貴族之間，現在則收攏在這個領土國家的君主手裡，依據嚴苛的規則論功行賞、依過懲處。為了避免家戶隱瞞需要服兵役、納稅的成年男性人口，不同的姻親也禁止同住一戶，故而以親族為基礎的大家庭被商鞅裂解成為核心家庭，不同的家戶分成一組五戶或十戶相互監控，不同的組又結合成「縣」級的軍事單位，最終演化成郡縣體系，而國家替每個縣指派縣官，負責收稅、執法等公共行政事務。

16 Mark Lewis, "Warring States: political history." In: Michael Loewe and Edward Shaughnessy, eds., *The Cambridge history of ancient China.* (Cambridge: Cambridge University Press, 1999), 603-604.

事實上，商鞅並非自己發明了這些改革政策；最早是齊國、晉國希望在君主與臣民之間建立直接的連結，以此強化軍事實力，兩國的後繼者推行了相關改革，而商鞅則引入這些政策並擴大施行。因此，有了統治者的支持，商鞅的成就主要在於落實了這些政策，並據信如《商君書》所示，為改革提供系統性的解釋。與孟子所說的不同，在《商君書》當中，學者和商人並沒有什麼重要的角色，反而是有害的寄生蟲；《商君書》也不像前幾章所討論的思想家那樣，對理想的古代和聖賢之道都沒有太多著墨。

賈誼〈過秦論〉：秦朝為何二世亡？

秦朝最終國祚甚短，覆滅之迅速令漢代的思想家苦苦思索，好奇究竟帝國的長治久安之道為何。在漢代建國初期的數十年中，秦朝的災禍是政治論述反覆出現的主題，最知名的大概要屬賈誼（前二〇一—前一六九），他討論了秦朝君主何以未能讓政權順利存續。

在〈過秦論〉這部名篇中論述，秦朝之所以會滅亡，在於統治者沒有意識到「在根本上，維繫權力與取得權力是兩件不同的事」，[17]（〈過秦論〉：「攻守之勢異也。」）也就是說，秦朝的統治者想要以打天下的方式來治理一統的國境，卻沒有思考到戰爭情境裡的優勢到了和平的時代可能會變成劣勢。雖說如此，賈誼也承認，儘管秦代施政暴虐，但不論是榨取資源的能力或是有組織的暴力，兩者都是政治生存的必要特徵，令秦國有條件能獲得勝利。以此，賈誼駁斥了孟子，認為賢能的統治者再怎麼發揮的道德感化，也建造不了大一統的帝國；秦之所以能成功打造統一的農業帝國，在於它能有效地將自己轉型成為戰爭機器。類似地，現代史家和社會學者有時會把「現代國家是種戰爭機器」的看法用來分析古代中國的國家成分，[18]對於秦國的興起及歐洲各國在十六世紀後的興起之間，他們找到許多類似的特徵——不論是中國還是歐洲的統治者都受到強烈的地緣競爭驅使，透過強化中央集權整合行動，以從臣民身上榨取資源。

然而，在征服之後，無可避免地需要行政管理，要想建立成功的帝國，君主不只要能打天下，還要能保天下才行。要做到這點，首先便要能區分兩者的不同，之後才有辦法把兩件事都妥善地做好。某種程度上來說，賈誼對秦朝濫用刑法的批評，與柏拉圖（Plátōn）的觀點遙相呼應：「法律永遠無法發布能真正體現每個人最佳利益的禁令；它無法精準、完美地規範，什麼是對社群中每個成員、在任何時候都是良善、正確的事情。」[19]如果要統治像秦漢一樣遼闊的帝國，柏拉圖關心的法律適用問題——人類的性格差異、人類活動樣態的多元、所有人類經驗中無可避免的紛擾——則變得尤其重要了。

在這個脈絡下，我們也不難理解，治理的趨勢之所以會往相反的那一端——也就是「黃老之術」——擺盪過去的原因。雖然有些學者相信，黃老之術的起源可以追溯到先秦時代，但在這裡所指的是漢代宮廷中一些策士所支持的立場——他們雖然兼採各種說法，不過政治主張很明確，認為這些號稱由傳說中黃帝和老子

---

17 Wm. Theodore de Bary, Irene Bloomde Bary, and Joseph Adler, *Sources of Chinese tradition*, vol. 1. 2nd edition. (New York: Columbia University Press, 1999), 230.

18 最近的例子見：Victoria Tin-bor Hui, *War and state formation in ancient China and early modern Europe*. New York: Cambridge University Press, 2005。

19 Pierre Rosanvallon, *The demands of liberty: civil society in France since the Revolution*. (Cambridge, MA: Harvard University Press, 2007), 74.

所寫作的文本，是指導政府最佳的可用素材（關於老子的說明，見第二章），而他們的主張包含了反對討伐匈奴，以及擁戴獨立的家族和地方領袖等等。因此，當中央集權的國家益發需索無度，以嚴苛地控制、壓迫來克制不願歸順的群眾時，一般認為黃老之術便是地方對國家的回應：他們主張，若是百姓對自己如何受統治能夠毫無知覺，這便是最佳的統治了。既然他們以自然世界作為樣版，以此安排人類世界，我們或許可以將其稱為「政治的自由放任」（political laissez-faire）。

賈誼對於黃老之術也多有批評。有的人認為，既然秦代的治理最終以失敗收場，則人們應該直接回復到採用較為樸素的治理技術——賈誼希望驅散的正是這種幻覺。就他看來，黃老之術太不精確，根本無法重新組織，不可能拿來真正取代商鞅對人民施加的嚴刑竣罰，因此絕不可能滿足治理龐大帝國的需要。從這個觀點來看，若想要清楚地理解賈誼的觀點，我們可說，一方面有激進的國家集權手段，而另一方面有政治的放任不管，在經歷這兩種截然對立的政策之後，他試著反思政治的根本大問題。

賈誼提出可行的替代方案大致如下：一方面，與黃老之術的觀點不同，他支持由上而下的政治過程，由中央集權的國家發散而出，不同的生活圈彼此交集，在政治中心相會合，以此維繫運轉、補正不足之處；而另一方面，與秦朝的治理不同，他偏好以意識形態為手段來塑造同質化的政治體，認為能夠統合帝國的不是軍事力量，而是共享的意識形態。換句話說，就像漢朝另一位富有影響力的政治思想家董仲舒（前一七九—前一〇四）那樣，賈誼將他一統帝國的理想建築在象徵體系之上，對各地皇親國戚所可能造成的離心力提出警戒。

鹽鐵之議：賢良文學之士與御史大夫的辯論

如前面所說，漢武帝對外發動軍事征戰的決定，後來令國內經濟發展的資源枯竭。雖然中國的軍隊向中亞深處推進，但他們從未成功地殲滅匈奴的軍隊；為了征服新的領土，漢武帝需要不斷向遠方戰場輸送部隊，進而使國庫空虛，而隨著戰事益發膠著，從某個時間點開始，就算投入越來越多的資源，擴張所獲得的利益卻越來越少，既有的土地稅再也無法滿足新的需求。為了掌握新資源以支持版圖擴張，亟求徵稅的國家便強力將鹽和鐵壟斷在政府手中，這種做法最早可追溯到周代，一直到二十一世紀中國試著取消專賣制度為止。[20]透過這些壟斷措施，政府得以將鹽和鐵高價出售，而因為鹽和鐵只有在特定的區域才能生產，要施行壟斷並不困難。

然而，對匈奴長久不斷的戰爭令百姓廣受重稅之苦，而士人也益發質疑軍事擴張的需要，因此在漢武帝駕崩之後，朝廷重新檢討財政政策。在西元前八一年，有兩派學者暢所欲言，討論起壟斷政策，也討論在可能的行動方針中，哪一種對帝國最為合適：一派是如桑弘羊（前一五二—前八〇）這種治國策士，是國家壟斷的構建者；另一派則是大致以霍光（？—前六十八）為首的一群學者，對壟斷多有批評。[21]桓寬（約在西

20 譯者註：中國政府自二〇一四年起逐步取消鹽業專賣和價格管制等限制。

21 譯者註：在漢語文獻中，通常將兩方分別稱為「御史大夫」派及「賢良文學之士」。

元前一世紀）的《鹽鐵論》一書輯載了這場論辯的紀錄，而他本人比較傾向學者這派的立場。

辯論的內容環繞著幾項主題展開，包括了經濟軍事政策、政府的存在目的和手段、官員所具備的德性，以及國家與社會的關係，這些主題的共同點在於，國家對整體社會而言究竟應該介入多深，又會有哪些可能的衍生制度；兩方陣營都宣稱，只有他們的政策才能保障這個政治體完全一體，鞏固其安全和福祉。這些辯論展示了當時人深度的思考能力，能和對政治事務和公共議題形成強烈的、相互競爭的觀點，不僅僅關注國與國之間的關係，還關注帝國中不同地位群體之間的關係。

我們不妨從治國策士這一派開始。就國內政治而言，他們追求擴大國家介入社會的各種面向，因此多半傾向國家集權；為了替國家擴張的職能及軍事的積極行動提供財源，他們認為提高國家財政收入有其必要，而為了達成這個目標，他們便偏好國家壟斷鹽鐵專賣。這也是為什麼在他們的設想中，國家不僅僅是上層建築中無所作為的一部分，[22]而是地方社會的發展中的一股力量，有機會能扮演強大的政治角色；反過來說，這項政策也意在削減地方世家大族的獨立性，畢竟這些世族也希望能直接掌控同樣的經濟資源。

就涉外關係和國防而言，治國策士一派採取積極侵略、主動干預的政策，認為對外貿易有利可圖，希望將中國生產過剩的產品用於進出口買賣。例如，不加紋飾的絲綢在中國隨處可見，但只要一匹便可與匈奴換得各種價值更高的貨品，諸如毛皮、毛毯及寶石等。此外，北疆貿易在他們眼中也有軍事層面的考量：有了絲綢和廉價飾品向游牧民交換，北疆繁榮的經濟活動在貿易的諸多品項中，更包含了馬和駱駝等戰略所需的動物，也就是說，外貿不但能充實帝國財政，還能消耗匈奴人的軍事資源。最後，為了令政策能夠達成效果，這些治國策士在諸多手段中，尤其看重商鞅和韓非子的做法，除了運用官僚的力量之外，還給予獎賞和懲罰，以此踐行有章可循的規範。

雖說如此，我們可能還是會疑惑，究竟積累這些財富要做什麼？這群治國策士認為，就個人的層次而言，追求奢華鋪張為人類的天性，炫耀型消費和對新產品的需求都是無可厚非；而以涉外關係來說，追求至高權力和安全保證也是理所當然。此外，他們也相信，面對境外那些敵對的游牧族群，唯有倚靠軍事力量才能鎮壓。因此，不論是追求漢代的軍功，或是將漢朝勢力延伸到前所未見的廣袤領土上，對他們而言都是合宜之策。整體而言，這群治國策士為秦始皇和漢武帝的擴張進程提供了正當的理由和藉口。

總之，治國策士們對政治經濟有套理路一致的邏輯，純粹從物質利益的角度來建構這種理路，而不是將當下必要的東西投射回理想的過去中。在他們的觀點中，人類需要面對永無休止的物質需求和社會壓力，要努力組織起來，以此面對這些挑戰，這項過程便是他們論點的基本假設。就這種觀點來看，積累掌控物力的能力（material-power capability）至關重要，要這樣做才能避免外敵入侵，也才能發動軍事征戰。為了資助帝國的行政、軍事能力，積極進取追求財富也由此坐實了合理性，而國家最主要的「金雞母」便是其對鹽、鐵和外貿的壟斷，漢代政府也由此得以直接掌控各地歲入，進一步將整個漢帝國緊密整合。

另一派的學者又是如何回應這些治國策士呢？以內政來說，他們偏好最低限度存在的政府。雖說理想的

22 譯者註：社會學所謂的上層建築（superstructure）原本是馬克思理論的術語，指稱一個社會在其特定經濟基礎之上產生的所有意識形態、政治、法律和文化等所有現象的總和。

統治理應遍及普天之下，但相比治國策士的看法而言，統治不應該那麼直接、也不那麼汲汲營營，要是帝國的財富根本不為國家所知，政府的歲入因而縮水，他們可是很樂見的，畢竟這些學者希望將各種地方資源（例如礦脈）留給在地人士主導，也擔心苛徵稅收會令農民陷入貧困，進而對帝國政府感到不滿；除非目標是為了阻止地方強人壓迫社會窮苦百姓、為了保障人民生計，只有在這種情況下，國家對地方事務的介入才有合理性可言。這些學者在將政府從積極干預經濟的角色中抽離出來的同時，也試圖支持地方巨頭的商業活動，畢竟他們是唯一能取代國家、對有組織的商業活動進行管理的群體。就國防和涉外關係來說，這群學者著重於內線防禦，而不是擴大對外交涉，主張漢代不應該倚靠優越的軍力、耀武揚威，而是以道德勸說等和平的手段令游牧民族臣服。他們顯然相信，就算是面對最桀驁不馴的異族游牧民，也可以依靠漢代國家的文明力量加以制服。

整體而言，這群學者對於活躍的外貿心存疑慮，發展了論述反對奢靡之風；儘管孟子曾支持將多餘的貨品為商貿所用，但是他卻成了這群學者最喜歡引用的人物。他們將奢侈品貿易重新定義，認為這是超過自己所需的多餘欲望，表示奢侈本質上是惡的一種，因為它讓人對於財富和炫耀有更大的欲望，有損德性、毀壞了簡樸的風俗，使人心不再專注於社會共善（public good），是以奢侈只添增了物質存有，對人的精神生活沒有道德幫助，因此貿易應該嚴加控管，以免令人墮落的「奢侈品」進入中國的領土；畢竟只要有基本的日常食品、衣服等貨物，便足以過上道德完善的生活了，而從中亞流向中國的商品大多是富有異國風情的奇珍或稀有產品，只會平添奢靡之風。這些學者主張，種種因為貿易產生的巨大貧富差距容易造成羨慕妒忌，致使政治動盪；為了使禁奢令能有效運作，他們尤其強調德性的重要。這種看法重視德性和行為典範、不依靠暴力和官僚管控，與周代封建體系在很大的程度上遙相呼應。

總而言之，這些學者對於道德經濟有自己的一套邏輯，尤其將現世的需求投射到周代的理想過往中。他們的政治主張基本假設是，任何追求權力擴張的框架並不足以理解獨特的人性，也無法納含理想的涉外關係；道德的統治才能杜絕受到入侵的危險。如果他們的理路是正確的，那麼便能與匈奴發展出平和的關係，以極低的成本保護邊界。如此，則為了增進帝國的行政、軍事力量而增加國庫歲入，也就沒有必要了。國家最主要的責任不在於透過壟斷鹽、鐵來創造收入，而是投入靈魂改造，培養臣民的感知能力。

在兩方各自的理路中，從個人到國家再從國家回到個人之間，因果循環連成一鏈，從國家到國際再回到國家，然後再到國際之間，一樣也是如此；就連「到底最初是什麼事情促成了這場論辯」，這個問題本身都是一場永無止境的爭論。雖然有來自各方的壓力匯聚一起，致使這場論辯爆發，不過值得特別強調的一點是，匈奴帝國的存在所造成的國際壓力，或許能最清楚說明這場論辯的背景，為了理解國際情勢的需要，雙方陣營無不努力闡明自己的政治思想。兩方的主張有一個關鍵差異是，在面對外來強權出現時，究竟要如何理解「中國」的國家性質。換句話說，與匈奴帝國的對抗變成一項沃土，讓中國的身分認同得以成形，國家力量的邊界也由此出現。

當雙方陣營在漢代宮廷中辯論時，兩邊基本上都同意，中國最好還是由單一帝國體制來統治；這裡的問題在於，在整個較大的帝國架構中，中央政府的職權要如何定義。兩方的勢力隨時間過去各有消長，但從未消失，在討論各議題時，政治傾向的擺盪時來時往，往往要看不同政治行動者在相互衝突中，形成怎樣的政治脈絡，又產生哪些能夠實踐的妥協方案。以後見之明而論，國家集權的願景時不時會再度浮上檯面，從王莽的官僚制度改革，到王安石（一〇二一－一〇八六）的新政（見第五章），以及雍正皇帝（一六七八－一七三五，一七二三即位）的大有為政府，皆是如此。

第四章

貴族社會——被動地遵守階級文化的唐朝

唐代政治體是個階級分明的金字塔，頂端是獨一無二的皇帝，手中握有整個帝國，而社會中其他的成員身為他的子民，則分別領受高低不同的法律地位，每個人都是整體的一個部分，而每個部分合起來又形成政治體的總合。作為相互配合的整體，這個政治體決定每個部分適合的角色為何，以及彼此間的關係是什麼。

據中國傳統史學的分期，自漢代滅亡後，歷經了六朝（即魏晉南北朝）、隋、唐以及五代十國，然後才進入宋代。在政治方面，這個時代充斥著內戰及政治動亂，許多政治體常常同時並存、快速交相迭代；在社會方面，這個時代屬於貴族社會；在宗教上，大乘佛教和道教盛行於世；在文化上，詩成為這個時代最為著名的體裁；而就思想而言，這段時期的特徵則是哲學相對貧乏。[1]

對研究中國政治思想的人來說，這段時期留下了許多需要思考的大哉問：我們應該要如何才能看出這些不同特徵之間的關聯呢？活在這個時期的思想家如何想像、如何以語言建構政治秩序？如同唐代所代表的那種社會一樣，究竟要如何構思政治論述，才能維繫這種文化高度多元（cosmopolitan）、卻有階級高低分明的社會？而主流的宗教及文化活動，在其間又扮演了什麼樣的角色？本章的主要目的便是說明唐代這種貴族式的、多元包容的秩序，其實是由「被動從眾」（passive conformity）的意識形態在支撐，在唐代各種經典的文化展演中，便可以見得如此。

新的歷史情境

在匈奴帝國於第三世紀解體之後，許多非漢族群移居到了傳統中國的核心區域，是以定居族群和游牧族群的政治分野變得益發模糊。事實上，建立唐代的軍隊本身便有著混雜的族群背景，一方面來說，隋、唐的皇帝本身有著漢人和鮮卑人的血統，從隋代到初唐的皇室，也都持續透過與非漢族群通婚打造互滲相聯的社會網路，而臣民也深受外國影響。學者們曾估計，大約在唐代立國之初，有一百七十萬的外國臣民變成了唐代臣民，高達帝國人口的百分之七，隨後更上升到百分之十九；[2]在唐玄宗時代，還有一份史料記載、辨認了來自七十二個不同國籍的外國人。總而言之，這個時代各個政治體的族裔歸屬並非漢族，畢竟相較於漢朝來說，他們「胡人」的成分顯得要高得多了，特別是唐朝這個被譽為中國最為輝煌的朝代，族裔相較於過往的諸多朝代又更為複雜，這種背景對中國的身分認同產生了歷久不衰的影響。

另一項背景情境則是世家大族的興起。雖然秦朝的皇帝曾試著要消滅這種坐擁土地、權傾一世的家族，但是從漢末直到唐朝結束為止，世家大族仍穩坐社會階序的頂點，他們之所以形成了獨立、強大而團結的社會階層，最早可追溯到東漢初期，當時許多大地主聯合起來創立了這個朝代，世族的出現代表著統治階級的組成背景有了深遠的改變。從東漢開始，由親族紐帶團結起來的世襲群體，構成了勢力強大的政治社會行動者，直到唐朝結束為止，他們的政治社會名望遍及整個帝國，無人能夠挑戰，因此歷史學者常常將唐朝歸類為貴族的朝代。

在西元一五〇年以後，當宦官奪取了中央政府的控制權時，世家大族在核心政治中被推到了邊緣；此後，這些在中央政府的家族便與地方上擁有土地的家族結成聯盟。雖然在宮廷政治中他們被排除在外，但這

1 Zhaoguang Ge, *An intellectual history of China*. (Leiden; Boston: Brill, 2014), 48. 譯者註：此處引用葛兆光，引的是對唐代哲學發展的傳統看法，但這實際上是葛兆光所批判的論點。有關葛兆光的主張見〈導論〉中的討論。

2 Mark Lewis, *China's cosmopolitan empire: the Tang dynasty*. (Cambridge, MA: Belknap Press of Harvard University Press, 2009), 27.

些家族開始自視為價值的捍衛者，不被腐敗汙染——即所謂的「清流」，不像在宮中握有政治實權的家族那樣墮落，而這樣的文化自我標榜一直延續到了唐代。例如，當軍事強人主導了三國時代的政治時，世家大族固守田產，投身書法、哲學論辯等文化活動，穿著獨特的服飾，舉手投足風度翩翩；[3]一直到唐代，世家大族才在宮中重新崛起，成為重要的政治行動者，但同時也維繫著他們自身的文化認同。

就政治體制的安排而言，貴族社會有哪些共同特徵呢？雖然歷史上不同的貴族社會各有特色，但至少在一個層面上是相同的——貴族形成了獨立的社會階層，位於整個社會其他群體之上，而出身便決定了權力大小。[4]由於貴族與這種跨世代傳承的特權密不可分，他們對宗族事務自然也益發看重，會保存好幾個世代的族譜、羅列先祖擁有的恩典殊榮，這樣的做法並不罕見，而這些家譜會傳承給後代子孫，以便辨認親族成員；同理，他們也希望能與其他貴族相互通婚，以利形成新的聯盟關係。

唐代的秩序

從這個角度來看，當唐代的臣民有階級之分、文化與族群又史無前例地複雜時，如何維繫一統便是君主所面對的挑戰；也就是說，他們必須設法想出一個包容的體系，不能將突厥等非漢族群排除在外，而且還要能同時納含貴族菁英以及從屬的階級。既然秦或漢朝的模式都不足以保證帝國能長久續存，而世界與漢代相比，又早有天翻地覆地變化，許多體制勢必要有所改變，才能穩住帝國的經濟、社會和思想根基。最重要的是，當唐代統治者將整個中國納入單一帝國之中時，他們必須要重新思考中國性（Chineseness），[5]從而重新想像某種更為廣闊的中華世界，才能將多元的族群納入統一的政治秩序中。在他們具包容特質的理想中，雖然承認漢族與外來諸族有明顯差異，但仍然在這種差異的基礎上，打造了統一的政治秩序。[6]

多元包容的中國性

唐代君主在描述自己這種新建構的、混合的、多元包容的中國性（Cosmopolitan Chineseness）時，常使用的語彙包括了「胡越一家」、「萬國來庭」以及「華夷大同」等，這些用法構成了一把把概念的大傘，將不同的族群聚攏其下。這並不表示唐代以完全均質的方式將人群混合，而是說他們的目標是把社會中相爭的不同勢力組織起來，讓彼此能共存。例如，唐代的領土依人群劃分，每塊當中的成員享有同樣的族裔或文化認同；這些人群通常不會自認為外國人，而是在理解外國的基礎上培養對外在的世界包容。這種帝國的宏圖願景在體制中也有所表現，諸如超越（華夷之分的）君權（transcendental rulership）、均田制、軍戶制（世兵制度），乃至國家對體系道教、佛教的贊助等等，全部都有類似的理想；社會劃成為好幾個異質的群體，彼

3 Mark Lewis, *China's cosmopolitan empire: the Tang dynasty*. (Cambridge, MA: Belknap Press of Harvard University Press, 2009), 32-51.
4 關於唐朝與歐洲貴族的相異之處，見 Nicolas Tackett, *The destruction of the medieval Chinese aristocracy*. (Cambridge, MA: Harvard University Asia Center, 2014), 12.
5 譯者註：有關中國性一詞，見〈導論〉「中國是什麼？」一節，尤其重點討論。
6 谷川道雄，《隋唐帝国形成史論》（東京：筑摩書房，一九七一），頁一四～一八。

此的地位和職能並不相同，但共同組成了一統的政治秩序。

超越華夷之分的皇帝

誰能讓全境團結一統呢？相較過去身為天子的皇帝而言，因為唐朝的繼任者同時也是游牧族群的領袖，對於他們所扮演的角色，大家的期待要高得多，這也是為什麼除了傳統的「皇帝」頭銜之外，唐太宗（五九八—六四九，六二六即位）也使用「天可汗」（*Tengri Qaghan*，取代了「單于」一稱）一詞，對游牧民來說，這便相當於皇帝了。光憑同時存在兩個不同的頭銜這點，便表示唐代君主承認，在這兩個族群之間的差異是無可消弭的，而透過使用兩種帝王頭銜，皇帝一詞原本的意義被縮減，變成只有指稱漢人的領袖；當兩種不同的帝王權柄統合於單一的個人時，唐代的君主便身處超然的地位，得以調解原本水火不容的兩個族群。因此唐太宗說：「從遠古開始，每個人都尊敬華人、看輕夷人；只有我一視同仁地愛著他們，因此這些部族歸順於我，就好像順著父母親一樣。」[7]（《資治通鑑．唐紀十四》：「自古皆貴中華，賤夷狄，朕獨愛之如一，故其種落皆依朕如父母。」）因為這個原因，當漢人將唐朝視作自己的朝代時，許多歐亞之間的族群也把唐朝視為自己的政治體，將唐代稱作「桃花石」或「拓跋」（Taugas、Tamhaj、Tabga）。[8]

宗教寬容

唐代對大多數宗教都極為寬容，這種文化開放心態的最佳明證就在首都長安裡，在那裡我們找得到東正教堂（Eastern Orthodox Church）、摩尼教（Manicheism）和景教（Nestorianism）的神殿，還有波斯（Persian）的祆教（Zoroastrianism），自然也有道教和佛教；在八四五年禁教之前，唐代人享有相當程度的宗教自由。最好的例子是佛教，它源自今天的印度（India），被許多人視為外來宗教，早期是為游牧民所普遍接受，接著傳布到漢人之間，最後在中國落地生根。[9]佛寺在當時的功能是跨文化的公共場域，非漢商人捐助財產籌建了寺廟，來自不同族群的人們皆大量群聚在此。而中國與西歐傳統有所不同的其中一點是，中國人將統治者視為佛陀，這樣的做法很有可能便是游牧部族的傳統促成的結果，畢竟他們將政治領袖視為神明。[10]

---

7 Mark Lewis, *China's cosmopolitan empire: the Tang dynasty*. (Cambridge, MA: Belknap Press of Harvard University Press, 2009), 150.

8 請見朴漢濟（박한제），《대당제국과 그 유산：호한통합과 다민족국가의 형성》（大唐帝國的遺產：胡漢統合及多民族國家的形成）（首爾：세창출판사，二〇一五），頁二一五。

9 Mark Elliott, "Hushuo: the northern other and the naming of the Han Chinese." In: Thomas Mullaney, James Leibold, Stéphane Gros, and Eric Vanden Bussche, eds., *Critical Han Studies*. Berkeley: University of California Press, 2011.

10 Mark Lewis, *China's cosmopolitan empire: the Tang dynasty*. (Cambridge, MA: Belknap Press of Harvard University Press, 2009), 208.

開放的仕途

唐代的官僚體系對外國人極度的開放。雖然在實際上重要的官位並不開放給社會中出身寒微的成員，但外國人在唐代的中央政府官職中卻佔了相當的比例，體制中甚至也有一條專門招募非漢成員進入官僚體系的道路，即科舉中的賓貢科，而通過考試的外國人便能成為關鍵的政治行動者。在那些出身外族、登上職涯階梯直達頂點的人，其中一位就是元稹（七七九—八三一），我們隨後會對他的著作有所討論。因為有這種體制，帝國的學府（國子監）中也有許多外國人為了參加科舉而努力準備，諸如日本人、韓國人、粟特（Sogdia）人[11]等背景各異的外國人也擔任了重要的文職。因此，「蕃官」在宮中的數量便有所上升，依唐代典章的記載，中央政府的重要官員中，「蕃官」便占了五分之一。簡而言之，國家的官僚系統同屬這個文化、族裔混合的世界。[12]

唐律賦予各階層的框架

唐朝的法律影響深遠，就連日、韓、越的統治者都有所採用；它以文字記載了唐朝基本的秩序，描繪了政治體的金字塔結構，為社會各個階層賦予了各自的地位、分派相應的特權和責任。在這個統合而成的政治體中，各階層都安置在非常不平等的關係裡，要是當中有任何連結、任何層級偏離應分的位置，整個政治體便會陷入混亂。

原則上來說，統治的至高權柄落在皇帝手裡，他訴諸宇宙階序來證成自身的地位；但同時，我們在唐律中又可以看到這個政治體貴族政治的本質，其中明訂了貴族的特權，一如所謂「八議」所示。[13]例如，受害者和加害人的相對地位若是有差異，刑罰也會據此而有所不同；貴族多半享有免於酷刑的權利，得以用金錢抵換處罰。[14]換句話說，在唐代律法的根本原則中，將人群分成不同類別，每個類別在法律上都有獨特的地位。這種貴族政治的本質與秦律的齊頭式平等形成了鮮明對比：在秦律中，除了皇帝以外，社會其他的所有成員皆作為皇帝的臣民，所派發的法律地位都是無所分別的。總而言之，唐律所見的政府將臣民劃分成差異嚴明的不同階級，意在將人民嚴加控管，以此將所有人納入和諧的、階級有別的大體系中。

11 粟特是古代由伊朗（Iranian）語支的族群所建立的文明，其所在地位於今日的塔吉克（Tajikistan）和烏茲別克（Uzbekistan）。

12 朴漢濟，《대당제국과 그 유산：호한통합과 다민족국가의 형성》（大唐帝國的遺產：胡漢統合及多民族國家的形成）（首爾：세창출판사，二〇一五），頁五四～五五。

13 Wallace Johnson, trans., *The T'ang code*, vol. 1. (Princeton: Princeton University Press, 1979), 23-24.

14 Mark Lewis, *China's cosmopolitan empire: the Tang dynasty*. (Cambridge, MA: Belknap Press of Harvard University Press, 2009), 53.

國家與貴族的共生關係

唐代又是如何將貴族與國家體系綁定呢？首先，我們不妨從皇帝的角度來回答這個問題。即便是最有權勢、最受到天命認可的皇帝，若其強有力的臣民不願意配合，也不可能遂行統治，因此在皇帝給予特定世家大族的各種優惠中，便有帝制時代最寶貴的商品——仕宦生涯，畢竟想保障社會地位的話，這是再好不過的了。就這方面來說，唐代的皇帝允許大多貴族後代自動取得低階的官職，這種特權可以世襲，直到晚唐（八世紀）時，世系背景才變得無足輕重，不再能保證在政府中取得特權地位；[15]終唐一代，超過百分之九十的官員是透過在任官員的舉薦取得官職，而在任官員則是出身貴族世家，不用經過科舉便能入仕。[16]為了讓行政控制能深入鄉里，唐代的皇帝需要動用朝廷中世族的人脈網，而世族因為土地和社會網路的關係，在地方上享有權力，又結合了帝國行政體系的職位保證，於是為中央和地方建立起了連結。

我們不妨也從貴族的角度來看這個狀況。相較於過去的地方菁英而言，以前的人認為帝制國家極為墮落，與之保持距離；而許多唐代世族則積極參與，將自己的後代盡可能地塞進帝國的官僚體系中。其實，追求政府官職也有經濟誘因，雖然世族擁有地產，因此有了獨立的經濟基礎，但他們仍然會受到國家權力的限制，畢竟國家坐擁名望、權力和財富等資源。大多數的家族希望能集中他們的財富，讓下一代能盡可能穩固地將家族的名號傳承下去，在貴族中維持原本的地位，而不會淪落到較低的社會階層。在封建時代或近代早期的歐洲，掌權者的特權繼嗣以長子繼承制最為典型；相反地，多數唐代的世族中，族長死後諸子均分遺產，因此田產不斷遭受切割、變得零碎，經過幾代之後，就算是鉅富也會煙消雲散。為了使財富能隨時間推移重新積累，世族必須找到其他的財源，而帝國的職位便成了手段。

世家大族為了掌控高官職位所付出的代價是，他們必須仰賴皇帝生存。只要世族間還在持續競爭，要想世代取得官職，便需要每一代都能成功穩坐高位，在國家的行政體系中晉升，而於此同時，利用考取科舉的特權，貴族們也能將政府的官僚體制變成捍衛自己群體利益的堡壘。在階級高度分化的社會中，皇帝和貴族身為統治的階層，理應高度享有相同利益，都想將被統治的階層困在社會中的固定位置；而受統治的階級，在官職晉升、取得社會名望等方面，公平競爭的機會受到抹殺。此外，這些相對少數的貴族群體享有不成比例的豐富社會資源，而為了讓這種不平等能制度化，唐朝皇帝在全國廣泛以帝國資源挹助貴族的系譜考察，例如在六三八年，唐太宗所資助的世系考察便列出了二百九十三個姓氏、共一千六百五十一家。

唐代秩序的衰頹

歷史學者普遍有共識，唐代的國家體制在安祿山（七〇三—七五七）之亂後進入最終的衰頹階段（安祿

15 Peter Bol, *This culture of ours: intellectual transitions in T'ang and Sung China*. (Stanford, CA: Stanford University Press, 1992), 45.

16 Dieter Kuhn, *The age of Confucian rule: the Song transformation of China*. (Cambridge, MA: Belknap Press of Harvard University Press, 2009), 121.

山是半突厥、半粟特人，也是唐朝前線的軍事將領），而第九世紀末的黃巢之亂則更進一步毀滅了世家大族。[17]歷經了毀天滅地的叛亂，唐代從來沒有從中復元過來，而先前討論的唐代秩序也逐步瓦解，中央與地方的連結、漢人與非漢族群的連結，這些都曾是唐代統一的基礎，但到了宦官和軍事將領掌權後，連結都紛紛斷了開來。

我們不妨梳理一下事情是如何發生的。在比較早期的階段中，唐代的中央政府中充斥著固守一方的世家大族，他們是宮廷與地方社會最主要的連結，而軍事將領（藩鎮節度使）原本僅僅是普通官僚體制外特別設立的職位罷了；但到了八世紀，當朝廷的行政控制能力開始縮減後，唐朝便將節度使納入體制，以便更有效率地戍衛邊疆。李林甫（六八三－七五三）正是造成漢人被排除在軍事要職外的罪魁禍首，[18]他在七四七年頒布命令，僅非漢族的職業軍人才能擔任節度使，其背後的別有用心是針對那些身在朝中而兵在前線的對手，希望能阻止潛在的敵人向上晉升。意料之外的後果是，原本漢人與非漢族群、以及中央與地方之間存在的共生關係，就此冰消瓦解，一方面朝廷主要以漢人勢力為主，但這些人並沒有軍事實力基礎，而另一方面前線的將領在沒有朝廷的掣肘下，卻益發享有獨立的軍事力量，因此實質上成為獨立的地方統治者。於此同時，由宦官所組成的「內廷」日漸坐大，中央政府逐漸受到內廷的宰制。當朝廷失去能力，再也無法調動軍隊、施行統治時，節度使則掌控了足以挑戰帝國中央政府的資源，他們能自己徵稅、建立強大的武裝勢力。就國家治理而言，這種發展是場極為重大的變故，也是唐朝走向衰頹所踏上的關鍵一步。

從較長的時間段來看，國家集權的理想從秦始皇開始實行，而唐代的這些變化則代表了這種理想的終結，當中最重大的轉變莫過於政府失去了對財政的直接控制。在安祿山叛亂前，中央政府透過均田制來掌控歲入，手段還算是相當成功：均田制的主要目的是將國有土地劃為適合家庭耕種的大小，定期重新分配給已婚夫婦組建的小家庭，讓他們在耕地的年限中得以持有土地，透過這種方式保證國家有穩定的勞力供給和稅收流入。要達成這個目標，國家便定期要編纂人民的戶籍資料，當一對夫婦不再上繳稅收、或不再服勞役時，由於土地仍為國有，他們必須將土地歸還國家。因此，均田制要能有效運作，得依靠國家的積極管理才行，而安祿山叛亂摧毀了這個制度。對國家來說，要維護所有自耕農的土地持有資訊太過困難；雖然帝國三令五申禁止兼併，帳面上土地仍然由國家所持有的，但許多人仍然還是在買賣，而有權有勢的家族透過買賣土地的能力、透過動員眾多親族的力量，以此掌控了地方社會。

當帝國的稅基顯著地縮水後，中央政府便只得倚靠地方將領幫忙徵稅。就政治而言，這種發展表示中央政府與個人之間，需要地方將領作為中介，而既然將領能夠以自己的方式向自己的領地徵稅，他們也由此獲得更大權力，最終便拒絕把任何稅收上繳到中央政府手中。在這種發展下，中央政府一步步地將權力讓渡到偏遠地區軍事將領的手中，直至九〇七年，有位節度使殺害了唐代的最後一位皇帝。

---

17 Nicolas Tackett, *The destruction of the medieval Chinese aristocracy*. (Cambridge, MA: Harvard University Asia Center, 2014), 26.

18 關於李林甫的政治主張見：Mark Lewis, *China's cosmopolitan empire: the Tang dynasty*. (Cambridge, MA: Belknap Press of Harvard University Press, 2009), 42-74.

「被動從眾」作為政治意識形態

唐代政治體是個階級分明的金字塔，頂端是獨一無二的皇帝，手中握有整個帝國，而社會中其他的成員身為他的子民，則分別領受高低不同的法律地位，每個人都是整體（the sum, the whole）的一個部分（part），而每個部分合起來又形成了政治體的總合。作為相互配合的整體，這個政治體決定了每個部分適合的角色為何，以及彼此之間的關係是什麼。在這種狀況下，「從眾」（conformity）對於維繫政治體的穩定來說尤其關鍵，每個行動者都得要依照嚴格的社會規範行事。只要統治的根基建立在外在的權威上，而不在行動者自己的心中，那麼從眾也不過是以「被動地遵守規定」這種方式出現罷了，而不是自發地去遵守規定的行為。就統治者的角度來看尤其如此，被動從眾指的是臣民遵循現狀，不要跨越固有定義的紅線。在一個階級完全分隔的社會中，從眾便是階級之間那道堤防屏障，保護彼此不會相互侵蝕；也就是說，大眾的被動不作為，不外乎是行動者有融入較大群體的能力，畢竟這種不作為有機會能阻止動亂和暴力、減少放肆行為等政治動盪可能的根源。唐代政治體要維持穩定，維繫於每個人以從眾、被動的方式來「行動」的能力。

唐代有種主流觀點，將人視為社會動物，對人類欲望抱持負面觀感，這種觀點最能彰顯當時文化中被動從眾的特色。在唐代政治體中，人作為社會動物會發現自己難逃其他社會動物構築的人際網路；而作為社會動物，人首要關心的便是在社交圈中要有怎樣的行為舉止。與社交圈隔絕、對社會持批判態度，這種想法通常是不會受到讚揚的；要是有人無法融入社交圈，則會受到批評，譴責這樣顯得不合情理。在這種理念中，讓人難以真正成為社會動物的原因，常見的障礙便是激情、誘惑，或是毫無節制的欲望，因此我們有必要揚棄這些感受。然而眾所周知，平凡的個人永遠也無法翦除欲望，是以永遠會受到周圍事物引發的欲望所掌控，因此每個人都要不斷地與自己對抗，不斷地將自己導回社會的正軌。要想成為負責任的社會行動者，則必須要盡可能地拋棄欲望，如此才不會聽任擺布，才不會受制於那些不穩定的、妨礙社會的誘惑。這便是皇侃（四八八—五四五）在面對《論語》中申棖這樣一個充滿欲望的人，之所以會有如下評註的原因：「當你充滿了情感和欲望時，你便會向他人有所求；而當你受趨使、向別人有所求時，你就不會有堅毅不撓的精神。」[19]（《論語集解義疏・卷三》：「多情慾者必求人，求人則不得是剛。」）

值得注意的一點是，在皇侃的評論中，堅毅的美德並不是以個人自身意志力的高低決定，而是以人際關係來定義。欲望之所以是惡，是因為它促使我們對別人有所求，因此有可能擾亂人際關係的平衡。如果我們的意志力不夠強大，欲望超越了自己可以支配的資源，則只有兩種選擇：一是排除欲望，不然就是要鞏固資源以滿足欲望，而皇侃建議的顯然是第一種選擇。在這種理念中，排除欲望對於君主來說尤其重要，畢竟統治者得要具備堅毅的美德才行；要是統治者為了滿足欲望而需要其他人的幫助，則必須仰賴他人的服務，由此也失去了剛毅自持的能力了。一如馬基維利（Machiavelli, 1469-1527）所論，統治者若是倚靠外力的話，

19 Edward Slingerland, trans., *Analects: with selections from traditional commentaries.* (Indianapolis: Hackett, 2003), 43-44.

便算不上是強有力的統治者了。

皇帝要有為？無為？

《貞觀政要》是唐代的經典，屬於勸諫書（mirror of princes，君王寶鑑）文類，記載了唐太宗和大臣的對話，其中也呼應了皇侃的觀點。[20]雖然在現實世界中，唐太宗在不同邊界都發動了好幾場戰爭，但在這本書中，我們會發現相比於積極入世的理想、教人去滿足欲望的想法，書的理念明顯偏好「無為」的做法；而書中強調無為的特色，則源自於唐代君主這種自視超越華夷的地位。在這個脈絡中，統治者的無為指的是與被統治者分離出來的能力，皇帝的工作並不是要涉入宮廷政治，而是要棄絕私慾、淨空自我，透過這種方式來修養自身，而這種無為便能替國家帶來秩序。

我們在王通（五八四—六一八）的《中說》（「論中庸之道」）裡，也可以看到無為的理想：「只要人能集合天下人的聰明才智，自然就能實踐理了。這樣哪裡還有什麼需要做的呢？我是君王的話，無為而治就行了。」[21]（《中說・問易篇》：「並天下之謀，兼天下之智，而理得矣，我何為哉？恭己南面而已。」）這段陳述彰顯了中古時代對統一整體的想像，謂其由眾多的部分組成。試想這段文字中「理」的意涵，我們可對其分析，辨別出兩種不同的意義：首先，如果有某個整體是自己各個部分的總合，則「理」指的便是核心的部分，要找到「理」，意味要識別出不同部分之所以能組成整體的原因，找出其間有哪些必要的連結。其次，「理」也用於指稱另一種意涵，在主觀上來看，「理」是心智的某種力量，讓心智可以理解事物的核心，意即認知到合組成單一事物的各部分，其實是完滿整合成一體的狀態。以此，理不只是知識的來源，也是某種力量，使意願能與所知相配合，意即意願能夠自我調整，以適應事物的核心。王通的說法講得很清楚，只有當不同的部分加總在一起成為整體時，理才得以實踐，而君主在實踐理時，應該要採取無為的態度。就政治上來說，這表示當整體中每個部分各司其職、上下有序時，統治者有責任不去壓制或改變任何的層面，並且要確保每個部分的人都能根據自己所處的、恰當的地位獲得應有的待遇。在第五章中，我們將會見到許多宋儒對此提出異議，徹頭徹尾反對前朝這種對「理」的看法。

貴族獨有的文化素養

貴族理應待在上層階級，而唐代的政治體系則努力將整個上層階級納含進來，提供他們優待的角色。這些人主張自己之所以應該享有特權，理由是因為相較於社會上的其他群體來說，他們擁有文化優勢。貴族是透過自身的家教來習得自己階級的文化涵養，否則唐代並沒有全帝國共通的公共學校體系來提供文化教育，因此貴族的文化涵養便代表了其家學淵源，反映了貴族社會廣泛的文化傳統，而正是透過這種文化紐帶，貴

20 有關勸諫書（君主寶鑑）文類，見劉澤華，《中國傳統政治思想反思》（北京：三聯書店，一九八七），頁一五四～一六九。

21 （隋）王通著、張沛撰，《中說譯注》（上海：上海古籍出版社，二〇一一），頁一一六。

族得以聚合一體，抵抗後進者侵蝕他們尊貴的身分。唐詩便是以這種面貌出現，成為貴族階級中社會交往、優雅談吐的主要形式，透過吟詩作賦，文化涵養為這個凝聚力極強的群體劃下了邊界。

唐詩的一大特色在於需要臨機應變，[22]唐詩創作絕非是孤身一人、自言自語的活動，而是在適當的場合中，回應某個真實或想像的人物。也就是說，寫詩這種形式更常用於撰寫效果生動的公眾演講，而不是為了表達深邃、私密的情感，參與公眾活動的人理應具備充足的社交技能、知識，才能辨析他人的辭令。此外，唐詩也是一場優雅的語言遊戲，嚴密的格律、技巧高明的用字遣詞，以及對事物的精細描繪，這些都是唐詩的重要成分，不論有沒有明講，詩人都會受到考驗，看他是否有能力依照這些規則來寫詩，而通常只有出身世族、有機會接觸文化教養的人，才比較可能通過這種測試。就連在科舉中，作詩也是不可或缺的一部分，考生得遵照嚴格的形式規範作詩，才有上榜的可能。寫詩、懂詩成了衡量貴族地位的一項標準。因為能作詩意即熟習既存典故、知道如何與既存的統治菁英溝通，因此這種語言遊戲裡也有從眾的面向存在，世族以此達成、維繫文化霸權，宰制社會較低的階級，而這樣的霸權回頭又促使唐代貴族發展出緊密的群體身分認同。這就像《論語・顏淵》第二十四所說的：「君子以文化教養結交朋友。」[23]（《論語・顏淵》：「君子以文會友。」）

佛教與國家深度融合

在社會金字塔的頂點上，有一小群人因為熟習高雅文化而團結一體，而底層為數眾多的平民完全隔絕在外、生活在農村文化中。將這兩種階層膠合在一起的，便是佛教（和道教）了。在中國大分裂的三世紀至六世紀之間，佛教從中亞進入了中國；儘管這個宗教源自外國，不過在中國仍持續茁壯發展。佛教在俗世的成功，帶出了一項議題：「寶劍」與「權杖」之間——也就是政權與教權之間——關聯為何。強力掀起這個話題的便是慧遠（三三四—四一七），他寫了《沙門不敬王者論》，主張佛教的僧侶因為獻身於崇高的宗教使命，因此雖然在俗世中有鞠躬禮敬君王的傳統，但僧人理應獨立於此、不受限制；不過同時他也肯承認，佛教的一般信眾有義務禮敬君王，象徵對俗世政治權力的尊重。這樣的妥協方案很有意思，究竟俗世和靈性的至高權力是否必須結合在單一權柄手上，他沒有下斷言，政權和教權之間是否有絕對的高下之分，他也不明說，而是主張人類有兩種不同的境域、不同的目標，一邊是透過佛教的修養獲得靈性的救贖，另一邊則是透過世俗君主的領導來安排俗世的秩序。

然而，當隋、唐等大一統朝代建立之後，事情就有了變化：皇帝開始扶植佛教，希望信眾能支持他們的

22 Stephen Owen, "Poetry in the Chinese tradition." In: Paul Ropp and Barrett, Timothy Hugh, eds., *Heritage of China: contemporary perspectives on Chinese civilization*. Berkeley: University of California Press, 1990.

23 Edward Slingerland, trans., *Analects: with selections from traditional commentaries*. (Indianapolis: Hackett, 2003), 137.

統治，政治勢力似乎成功地將佛教轉化為國家的一支力量。例如，我們可以看一看唐代負責管理僧團（saṃgha，僧迦）的僧官制度。當時，由僧官領導的一眾官員中，多以俗人或名義上的「僧人」充任，負責監察寺院事務，並不領導某個獨立自主的宗教組織，而是皇帝任命的官員。[24]因此，不像歐洲中世紀從始至終屢屢可見教宗與皇帝的激烈鬥爭，那樣的事件在中國並沒有出現，有些皇帝甚至還取得了「轉輪王」（*cakravartin*，宇宙之王）的尊貴地位，甚至說是佛陀本人，[25]好讓僧人得向他鞠躬行禮。這種做法與西方大相逕庭，除去東正教會及少數的例外（查理大帝〔Charlemagne〕、英格蘭聖公會〔Anglican Church〕的建立、北歐一些國家與路德教派〔Lutheranism〕之間的關聯等），西方教會從來都是與有組織的公權力得以分庭抗禮的勢力，有自己的法律，有階層嚴明、犧牲奉獻的骨幹官員，而且有自己獨立的經濟基礎、不用納稅。

到了六世紀中期，佛教已經完整、成功地移植到了中國，據史料顯示，佛教僧侶有男女兩百萬人，居住在約三萬所寺院當中。[26]佛寺向大眾（包括貴族及平民）提供各種公共服務，諸如儀式、節慶、旅舍、藥局、醫院及公共澡堂等等，林立的寺院便是都市中的準公共空間。因此，如果要探究佛教對貴族社會有什麼影響，或如何能與之相融，應該也是很合理的問題，這個問題關乎的並不是佛教的哲學，而是佛教對唐代不同的人群來說，究竟意義為何。

在我看來，有幾項背景條件很重要：首先，開放的政治身分認同是主要原因，社會是因此才能接納如佛教等外來信仰。其次，在唐代的秩序衰頹之前，國家已經有足夠歲入，能夠給予佛教寺院免稅的優待。第三，透過解讀和詮釋，佛教的教義可以用來支持唐代貴族文化的一個面向：因為萬物轉瞬即逝，佛教徒主張存在的本質是無常（transient），而不管這是不是佛教的真諦，這樣的主張可以用來鼓勵人對俗世的事務抱持消極的態度，畢竟消極的人便能夠轉化為對現狀的支持，所謂在既存的世界中，人們應該要待在自己的位置、踐行應有的德性，而不是積極替人生開創新局。要是無法滿足所有上述條件的話，不論是佛教或是唐代的政治秩序在中國都會失去根基，而這點正是韓愈（七六八—八二四）所指出的。

韓愈提倡復古

韓愈對他所處時代的現狀多有批判。雖然表面上他試圖想要回復古代世界，但這樣做的動機並不是出於情感、並不是渴望，才想要回復過往的秩序，而是出於信念，是想將遠古的「精神」當作理想模範，透過發揚這種新的態度來看待上古世界，努力想呈現唐代與上古之間的文化斷裂。韓愈遙望古代的世界，覺得當時與現今已經完全斷開了；要想用正確的方式學習歷史，不該模仿那些相傳至今的行為，而是要了解古人在面對他們歷史情境時採用的方式。這種呼告遠古理想的做法其實極為激進，因為這樣做便表示古代的理想並沒有傳承下來，而是早已亡帙，今人必須試圖重建才行。因此，一種新的歷史距離感由此創造了出來，我們或

---

24 Wm. Theodore de Bary, *Nobility and civility: Asian ideals of leadership and the common good*. (Cambridge, MA: Harvard University Press, 2004), 56.
25 Mark Lewis, *China's cosmopolitan empire: the Tang dynasty*. (Cambridge, MA: Belknap Press of Harvard University Press, 2009), 206.
26 Valerie Hansen, *The open empire: a history of China to 1800*. (New York: W.W. Norton & Company, 2015), 169.

許可稱為「中國的」中古時代也應運而生。如同文藝復興（Renaissance）時代的人文學者一般，韓愈主張像佛、道等異端令遠古的黃金時代蒙塵；佛、道在這種說法中的功用，就好比歐洲中世紀士林哲學的愚民政策（obscurantism）一樣。在韓愈的史觀中有種本位思想，將佛教入華的數個世紀貶斥為外夷入侵的插曲，使用排外的語彙批判佛教，這種視角意味著，雖然具備包容特質的中國性是唐代政治身分的基礎，但這點恰恰是韓愈質疑的地方。

在韓愈的眼中，中國的中古時代錯在哪呢？在〈原道〉這篇論文中，我們可以看到他下的診斷；後進的思想家視這篇文章為先聲，繼之而起的宋代學術則滋養各色的道德、政治哲學。在韓愈全面的分析中，唐帝國歷來效能不彰，根本原因正是「被動從眾」，而這項特質則肇因於道教的影響，以及普遍信奉佛教的結果。對韓愈來說，佛教、道教的教義有別並不重要，因為這兩教都沒能成功處理人類健康的欲求，因此都是錯的。就他來看，既然佛教把現實看作無常，表示任何與現實有關的欲望無可避免會招致幻滅；而道教追求長生、不求俗世榮耀，因此使人對社會政治事務漠不關心。對欲望的戒慎恐懼造成各式各樣的後果，令人無法實踐充實的生命，甚至可能會使人相信現實世界本身沒有重要性可言，要想改變現實只是徒勞無功，因此信奉佛、道的後果，便是世界會益發貧弱。相比於佛、道所高舉的錯誤價值，活在佛教入華以前的古聖先賢支持的是完全相反的德性，他們並不把人的欲望當作阻礙，不會因此無法建立理想秩序。要是以為人不靠欲求、戀慕就能獲得成功，這是極為愚蠢的想法，因為欲望可以激勵人發起行動，因此它有正當的價值。擁有欲望的人可以一起行動，創造文明的體制，以建設性的方式滿足欲求。

那麼，唐帝國究竟需要怎麼樣的體制安排呢？有趣的是，韓愈並沒有提出任何具體的體制藍圖，而是主張在寫作上有所創新，他提出以「古文」（具古風的散文）來取代唐代盛行的詩風。[27]這項主張是出於他的信念，認為寫作的技藝反映了更為廣泛的文化、政治情境，要是能成功變換書寫習慣，便能變換寫作者的內心狀態，進而有可能因此改變這個世界。為了要寫作古文，人們需要改變關注的事物，不要一直堆砌既存典故，並拒絕遵從社會上既有的寫作慣例，諸如排比語句、華美辭藻、或是複雜抽象的言語等，這些寫作慣例使得寫作者的舉止無不仿效既有風格；相反地，新的文風最根本的目標是像傳說中的古聖先賢一樣，讓作者培養獨立思考，要能夠在思想上負責任，需要的不是去接受既有社會規範，而是要有高度自我意識，戮力與時人有所不同，進而才有了自我塑造（self-fashioning）的出現。唯有那些獨立的心靈才可能寫下出人意表的散文，在令人耳目一新的同時卻保持細緻精妙；而那些能夠變化自我的行動者、思想能負責任的人，便有可能擔下改變整個世界的任務。

〈鶯鶯傳〉反映唐代社會秩序

要了解為什麼韓愈的倡議對時人來說頗具新意，我們不妨檢視一下元稹所作的〈鶯鶯傳〉，這部短篇小

27 此處有關古文運動的討論，依循了包弼德的觀點，請見：Peter Bol, *This culture of ours: intellectual transitions in T'ang and Sung China*. Stanford, CA: Stanford University Press, 1992.

說講述了年輕的科舉考生與貴族千金之間無疾而終的愛情。故事的開頭介紹了這位姓張的男主角，張生在二十二歲時依然是在室男，形容他德性兼備，不曾有任何越軌的舉動。有次他保護了某個家庭，讓他們免受危險的叛亂波及，家庭的女主人為答謝恩情，設宴款待張生，並將女兒崔鶯鶯介紹給他，而張生對鶯鶯一見鍾情。雖然他以往對女性從來沒有非禮的念頭，但此時的他已被欲望俘虜；鶯鶯的侍女建議他向崔家提親，然而要正式提出婚約曠日廢時，他已經等不及了。於是，他讓侍女轉交一首詩，鶯鶯收到之後，便相約在半夜幽會，最終她也屈從於欲望，沒有結婚就和張生同床共枕，此後一個月間，兩人更是夜夜相聚。然而，在貴族社會中，維護名聲的壓力甚鉅，這段感情並未長久。張生為了進京趕考離開了鶯鶯，在第一次應舉失利之後決定留在京城，因此也斷了兩人的情份。即便鶯鶯傷心不已，但在社會禮教的要求之下，兩人也很清楚彼此不可能在一起，因此結束了關係，最終各自婚嫁。敘事者在總結這個故事時如此說道：「當時知道這個故事的人，無不稱讚張生，說他能彌補過錯。我常常在許多不同的場合講這個故事，好讓聽眾不會犯下同樣的錯誤。」[28]（〈鶯鶯傳〉：「時人多許張為善補過者。予常於朋會之中，往往及此意者，夫使知者不為。」）在這段結語中，敘事者反映了唐代貴族的想法，認為年輕男子受美女所迷惑並不只是一件私事，畢竟這樣的痴迷很可能會毀家滅國。

在整個故事中，人物從有序走向崩壞，最終又回歸體制。造成秩序崩壞的便是激情或是情欲，只有拋棄了情欲時，秩序才能得勝，而只有當張生回歸既存社會規範和期望時，棄絕情欲才變得可能。或許，作者講這個故事的目的，意在警告人激情的害處，從而使「聽到的人不會做出相同的舉動」。[29]這種訓誨的結語表示，就算讀者不去怪罪崔鶯鶯，但至少當時的人認為張生最後的做法非常恰當，甚至還會十分贊同。然而，如果我們將自己放在故事背後的歷史情境中，故事的教訓便不再關乎當時對年輕人道德、性慾的普遍看法，鶯鶯的愛情故事發生在貞元（七八五—八〇四）年間，這個時代正是唐代秩序開始崩壞的時候，[30]從這個角度看，作者在故事開頭提及叛亂，張生與鶯鶯的相遇以此為背景，這個設定並非出於偶然，而是可能象徵了晚唐的政治社會危機。[31]以此，在兩人戀情開展之前的張生「堅守個人的原則，拒絕涉入任何不成體統的事情」（〈鶯鶯傳〉：「內秉堅孤，非禮不可入。」），我們因此可說，他是唐代貴族秩序的化身，尚未歷經危難影響。然而，一旦他與鶯鶯相遇，張生便突然陷入痴迷，舉止失去了方寸，唐代文化的化身很快陷入麻煩中；張生的科舉失利、兩人無法長相廝守，這些都可以解釋為作者所提出的警告，說明要是貴族文化無法維繫高度道德標準的話，將會產生這樣的後果。

那麼，有個重要、該問的問題是：張生究竟要怎麼樣才能擺脫困境？如同故事結尾所主張，要想回復秩序，解方便是涉事的各人得承認自己的情愛是場錯誤，然後回歸自己恰當的社會角色。在敘事中，男主角便是那個進行思考的人，考量究竟什麼才是有益社會的做法，而不是去滿足享樂那種瞬間即逝的渴望，這種平

28 Valerie Hansen, *The open empire: a history of China to 1800*. (New York: W.W. Norton & Company, 2015), 213.
29 Wai-yee Li, "Mixture of genres and motives for fiction in Yingying's story." In: Pauline Yu, Peter Bol, Stephen Owen, and Willard Peterson, eds., *Ways with words: writing about reading texts from early China*. (Berkeley: University of California Press, 2000), 187.
30 Stephen Owen, trans., "Yingying zhuan." Ibid., 173.
31 Ibid., 174.

淡結局看起來又再度承認了唐代貴族文化的內涵，畢竟根據故事主張，比起個人遵從內心、去做任何想做的事，維持體面的外表以保護家族名譽，這樣的需求重要得多。更仔細地說，元稹大概很希望讀者去注意、理解張生在整個故事中社會地位的變化：在一開始，張生德性良好、「十分冷靜自持」，（〈鶯鶯傳〉：「容順而已。」）他的同代人稱讚他知錯能改，這種高度評價也再次呼應了地位變化的重要性。當張生與鶯鶯相戀之後便失去體統，非得要離開情人才能找回失去的德性，這與當時的人如何看待合儀的社交舉止，有著十分緊密的關聯。[32]

更有趣的一點，便是看〈鶯鶯傳〉中，個人與社會的張力如何開展。一如包弼德所論，因為元稹將張生與鶯鶯比作外物、能喚起激情，故事的衝突在他眼中，即為有覺察力的自我與受覺察的外物之間，困難重重的關係。[33]當物與我產生衝突時，激情也由此而生，在外物（故事中的才子佳人）尚未與自我發生衝突時，人們處在「空洞、一無所想也毫無自我意識的狀態」，如包弼德所說，「當情感或激情迸發的時候，正是在那一刻人才意識到自己的能力，存在於世有實體感、有知覺、有企圖想望可言。」換句話說，他們的愛情體現了一種過程，其中的角色感受到自我的方方面面，而以前對此從未有過知覺。然而，這種新的覺察卻是徒勞無用，回復秩序的力量並不是來自於對自我內心主觀情感的覺察，而是來自於對外在社會規範的復歸，社會規範的根源以及維持社會秩序的能力，最終都是來自於外在世界，並非來自於內在的自我，如果沒有外在世界的規範和強制力，他們無可避免地會為外物所虜。就這點而言，我們可以說「以兩人的個人經歷來看，張生和元稹都反映了一種立場，希望在回復秩序時，文官治理的、中央集權的、國家的利益占最重要的位置」。[34]

這也是在故事中對自我的描寫之所以從來都不具英雄氣度的原因。確實，張生的同代人為了促進社會政治的整合，稱讚了他掌控情欲的能力；但是，在下面這個段落中，張生因為缺乏自信，被描繪成懦弱的樣子：「我自身的德性並不足以戰勝這種受到詛咒的邪惡，因此我武裝了我的內心來對抗她。」[35]（〈鶯鶯傳〉：「予之德不足以勝妖孽，是用忍情。」）也就是說，他倚靠的不是「自身」的德性，而是外在的力量，才戰勝了外物以及外物引發的情欲，而故事的結局向我們說明了人類的脆弱，是以有必要用外在的社會規範來加以限制。因為英雄般的自我意識並不存在，每個人都得牢牢掌控自己的肉慾，阻止感官的誘惑抵達層層防護的內心，依社會期待將生活方式和名譽維持在高度水準，透過這種方式，才能大致消除情欲對世事既存的秩序所造成的威脅。像張生這種大概是世家子弟的人物，便應該記取這樣的教訓，而這與我們先前討論過的唐代秩序相比，基本特徵若合符節。

---

32 Peter Bol, "Perspectives on readings of *Yingying zhuan*." In: Pauline Yu, Peter Bol, Stephen Owen, and Willard Peterson, eds., *Ways with words: writing about reading texts from early China*. (Berkeley: University of California Press, 2000), 199.
33 Ibid., 198-201.
34 Ibid., 200.
35 Ibid., 181.

社會的個人、內心的自我

保羅・克萊博・莫諾（Paul Kléber Monod）曾對「個人」（person）與「自我」（self）做出區分，在比較唐代政治文化與後繼朝代不同之處時，這種區分很有幫助。據莫諾的說法，個人與自我雖然有重疊之處，但最終兩者是不同的範疇：個人指的是最廣泛意義下的社會身分，從官方的角色一直到家庭成員的傳統關係等等，而自我指的比較著重在內心的道德身分。[36]

在唐朝中，「個人」的範疇是最重要的，社會生活主要關乎人對外在標準的表面服從，與道德真義沒有什麼關係，因此道德的行為只看與外在規範是否一致，而不看是否服從內在的道德標準，當文化裡外在的行為反映了一個人的社會背景時，這種道德觀能與之配合良好。在〈鶯鶯傳〉中，張生的角色展現了唐代人物的典型，他刻意將自己的公眾人設與不穩定的內心區隔開來。就像所有人一樣，他也擔心自己在社會上能否生存，害怕受孤立、受漂泊、受社會排除。

張生得到的結論是，這場愛情極乎不可能實現，有可能會刺激他人、令人不滿。因為他將自我馴化於社會，甚至到了棄絕個人特殊性的地步，放棄了自己的意圖，因此要批評他「自私」或是「自利」，也傷害不了他；而弔詭的是，就社會的層面來說，與唐代社會整體的公共利益相比，他的自私恰恰可以看作是與公益相互配合的行為，因為是社會規範了張生，而不是顛倒過來，用莫諾的語彙來分析，張生代表的便是「個人」，而不是自我。

一如接下來的章節所見，相比於唐代的貴族文化，道學（理學）以強有力的替代選項出現於世。[37]有鑑於自我（而不是個人）的正當性，道學關注內在省思，而內省的目標便是要體察根本的「道德我」。對內在自我的重視，又怎麼能演變成政治理論？怎麼能討論如何安排世界秩序呢？這便是第五章的主題。

36 Paul Kléber Monod, *The power of kings: monarchy and religion in Europe, 1589–1715*. (New Haven: Yale University Press, 1999), 18.

37 在英語學術文獻中，道學（理學）通常稱為「新儒學」（Neo-Confucianism）。

第五章

形上共和國——宋朝士人的道學理想

道學雖然在表面上認可皇帝的權威，但還是可以將其理解為某種形態特殊的「共和」理想。就政治而言，實踐道學的人是非常積極參政的群體，特別是這些人即便在核心的政治場域中較不顯眼，但在地方場域中，他們也打造了豐富的市民生活。就社會而言，這些人反對貴族、不看重出身，因此相較於純粹的貴族社會來說，「平等的公民身分」廣泛擴大給了更多的人。

在帝制中國近一千年的歷史中，道學（理學）是最具影響力的思想潮流。如包弼德便曾指出，許多人依然相信，就獨裁國家、停滯的社會、自我隔絕的統治階級這三點而言，道學就是證成這些事物合理性主要的意識形態。[1]本章與這種常見的觀點背道而馳，主張道學雖在表面上認可皇帝的權威，但還是可以將其理解為某種形態特殊的「共和」（republican）理想。[2]就政治而言，相對於唐代臣民的心態中充斥著被動從眾的心理來說，實踐道學的人是非常積極參政的群體，特別是這些人即便在核心的政治場域中較不顯眼，但在地方場域中，他們打造了豐富的市民生活。就社會而言，這些人反對貴族、不看重出身，因此相較於純粹的貴族社會來說，「平等的公民身分」（citizenship）廣泛擴大給更多的人。就思想而言，他們並不是被動地接受國家的正統教義，而是認為權柄不能限縮於此；雖然他們在思想上深受規訓，但這種規訓卻是自我要求。

為了理解他們政治理想中的複雜性，我們必需謹記，他們的社會政治背景和世界觀與現今有多麼不同：政治活動的終極目標既不是實行小城邦的民主制度，也不是活出完全世俗、安定、平凡的生活，而是要在一個廣袤的帝國中，活出形而上界應然如此的美好人生。在這一章中我的論點是，我們不妨將這種特別的參政方式設想成我所謂的「形上共和國」（metaphysical republic），這個概念預設了政治活動有兩個不同層次的信念。就第一個層次而言，在以統治者為核心的官僚國家中，道學實踐者的職能是國家的臣民；但就另一個層次來說，他們同屬一個超越經驗的現實界，在一個專屬市民資格的領域。對政治活動的這種複雜觀點，便能解釋何以兩種看似矛盾的心理可以共存，他們既認為士人在政治上有重要性、對此信念堅定不移，但對那些為了世俗功名而出仕的人，卻也會明顯有所保留。

九〇七年，當地方將領朱溫（八五二—九一二）殺害了唐朝年幼的末代皇帝時，這個朝代也正式結束。後繼者所面對的地緣政治情境，與前代可說是大不相同。唐代政治體瓦解之後，原本的領土分裂成了五代十國，即便宋朝在九六〇年崛起、統一各國，擁有的土地也比前幾個大朝代都要小得多，就連在宋朝極盛時，涵蓋的領土也不過是今日中華人民共和國的四分之一再多一些，而且周遭的政治體如契丹（遼）、党項（西夏）、南詔（之後的大理國）以及金，都有強大的軍事實力，是以北宋如蘇軾等思想家似乎多半認為，中國就別想用文化將野蠻人同化了，根本就該放棄這種做法，軍事征服就更不用說：「我們是不可能用中國的方法來管理野蠻人的；他們就像動物一樣。任何試著想要管理他們的做法，都會招致動亂。」[3]（〈王者不治夷狄論〉：「夷狄不可以中國之治治也。譬若禽獸然，求其大治，必至於大亂。」）因為中國放棄了自身作為中心的優越感，成為眾多國家集合中平等的一員，因此羅茂銳（Morris Rossabi）將宋代稱作「棋逢對手的中國」（China among equal）。[4]更有甚者，一一二六年敵對的金朝入侵了宋朝，次年宋朝只好棄守了位於中原的都城開封，逃到了淮河南方。雖然南宋有像朱熹（一一三〇—一二〇〇）、陳亮（一一四三—一一九四）

---

1 Peter Bol, *Neo-Confucianism in history*. (Cambridge, MA: Harvard University Asia Center, 2008), 2.

2 事實上，君主的存在向來並不違背歐洲的共和理想，例如帕多瓦的馬西略（Marsilius of Padua, 1275-1343）可說是中世紀最知名的共和理論學者，他主張人民要做的是選擇值得託付的單一個人來統治他們，「一個『共和國』可以由國王統治，可以由貴族統治，也可以由民主議會統治；而「獨立」才是共和國的根本。」請見Alan Ryan, *On politics: a history of political thought from Herodotus to the present*. (New York: W.W. Norton & Company, 2012), 7, 196.

3 （北宋）蘇軾，《蘇軾文集》（長沙：岳麓書社，二〇〇〇），頁七四。

4 Morris Rossabi, *China among equals: the Middle Kingdom and its neighbors, 10th–14th centuries*. Berkeley: University of California Press, 1983.

之類的思想家，大聲疾呼要重新攻下中原地區，但比起發動軍事討伐來說，許多南宋菁英卻偏好與異族政權維繫長久的多邊條約。中國的北方由非中國的部族群體統治，漢人則控制了南方，這樣的南北分治持續到一二七九年蒙古人打下南宋為止；在此其間，宋朝要不斷重新與外國在邊界地帶協商議定其相對的地位。事實上，在多國體制中，與其說南宋是「棋逢對手」，實情常常要屈辱多了，一一四二年時，宋高宗（一一〇七－一一八七，一一二七即位）向金朝君主俯首稱臣，承認宋朝是金朝的附庸。在跨國之間充滿敵意的環境中，中國對中亞勢力不再抱持那麼開放的態度也是情有可原，而當過去多元包容的精神漸漸消失，對中國身分認同的思考也需要有新一波的反思才行。

如何定義南宋的中國性？

在一一二七年建立的南宋，相比多數朝代而言，其立國這件事在政治上的重要性恐怕遠遠高上許多。首先，在中國向南擴張的歷史中，南宋的開國是個關鍵時刻；這場擴張最早至少可以追溯到漢代。七四二年，中國有百分之四十的人口住在南方長江流域的稻米生長區，而到了九八〇年則有百分之六十二的人住在南方，[5]因此過去南方曾被視為文化落後、是用來流放人的地方，此時搖身一變成為中國的經濟、人口和文化中心，此後基本上都維持著這樣的地位；如果說北方中原地區已經不再能作為中國文化的典範，這樣講離事實也相去不遠。

同樣地，南宋的建立也提供了新的契機，讓人重新思考中國性（Chineseness）的內涵。就政治地理而言，南宋地處邊陲，因此只要漢人仍然視「中（央風）華」為己任，便會想要回到北方中原地區、傳統的政治核心區域，顯然有許多人都曾抒發雄心壯志，想要收復北方失土。然而在現實中，朝廷益發希望留在南部，並不只是因為金朝的軍隊明擺著要強大許多，也是因為移民家族的第二代在南方長大，已經習慣這個區域了；最終人們意識到，南方已經不僅僅是「中國」的暫居地而已。可以想見的是，若是要以國土太小為理由，將中國性拱手讓給野蠻人佔去，南宋的思想家當然會拒絕，不可能接受這種做法；但因為情勢使然，中國性勢必得與地理條件脫鉤才行，必須從更文化面的方式來重新定義。

如葛兆光與宮崎市定（一九〇一—一九九五）等學者便主張，宋代標誌了某種原初民族主義情感的形成，[6]尤其葛兆光宣稱，北方諸國的興起，促使宋代展現出新的民族意識，是現代「中國」民族意識遙遠源頭的一部分；他還更進一步反對把班納迪克・安德森（Benedict Anderson, 1936-2015）所謂「想像的共同體」（imagined community）[7]的概念用在中國身分認同上，因為對他來說，中國的身分認同並不是每個個別行動者透過溝通網路「建構」而成的，而是本身真真切切、實際存在的東西。[8]或許正是因為持這種立場，葛兆

5 Valerie Hansen, *The open empire: a history of China to 1800.* (New York: W.W. Norton & Company, 2015), 239.

6 請見葛兆光，〈宋代「中國」意識的凸顯——關於近世民族主義思想的一個遠源〉，《文史哲》第一期（二〇〇四，臺北），頁五～一二。宮崎市定，《宮崎市定全集》（東京：岩波書店，一九九一），頁一三一～一四一。

7 Benedict Anderson, *Imagined communities: reflections on the origin and spread of nationalism.* New edition. London: Verso, 2006.

8 葛兆光，〈宋代「中國」意識的凸顯——關於近世民族主義思想的一個遠源〉，《文史哲》第一期（二〇〇四，臺北），頁一二。

光並沒有探究到底「誰」建構了中國性；在他的定義中，中國是個「真正的共同體」，而不是「想像的共同體」。[9]奇怪的是，對葛兆光而言，要是將中國看作想像的共同體，便意味著中國缺乏作為共同體的紮實基礎。[10]我的興趣不在於追溯中國民族主義的起源，也不在於替安德森「想像的共同體」在中國找到可以適用的類比，而是在於從宋人自己的角度來定義他們的集體身分認同。要做到這件事，便有必要回顧一項觀點：政治身分所指涉的，是某種由各別行動者「建構」而成的東西；在探討南宋思想家做出什麼努力、以利在新的政治情勢中創造自身的政治歸屬感時，這項觀點尤其重要。南宋的中國是個很有說服力的例子，將身分認同的文化理由與其他的來由（譬如地理位置）脫勾。

宋代對所謂「胡人」（野蠻人）的敵意，標誌了其背離唐代多元包容的典範；但是，如果像葛兆光一樣，認為南宋思想家以族裔的方式理解身分認同，可能會有所誤導。很重要的一點是，雖然有很大比例的漢人移居了南方，但也有許多漢人仍然留在北方，由非漢族群統治。一二〇二年，金章宗（一一六八—一二〇八，一一九〇即位）和他的中國策士宣稱，金朝的君主（而不是宋朝皇帝）才是北宋合法的繼承人；事實上，許多證據也顯示，當時的中國百姓並不覺得金朝是外族政權，而許多中國的士大夫也與女真人[11]合作，一起構思要如何統治北方。最終也證實，大部分的群眾自願接受金朝作為中國合理合法的一部分。很戲劇化的例子如南宋的權臣韓侂胄（一一五一—一二〇七），當他帶領著十六萬大軍對抗金朝的十三萬軍隊時，曾希望生活在金朝下的中國人可以改為效忠宋朝，結果卻事與願違。雖然在金朝軍隊中，中國士兵的數量遠遠超越女真人，但韓侂胄麾下約有七萬名士兵反而叛逃降金。一二〇六年時也如出一轍，當時在北方的中國人拒絕與南宋併肩作戰，令南宋的將領感到氣餒。[12]

雖然南宋究竟有沒有原初的中華民族存在並不是很清楚，但當時的政治身分確實是日益以文化來定義，而不是看地理或是族裔。在許多南宋知識分子的眼中，金朝君主的文化實踐與南方的漢人有顯著差異，從語言到服飾、從髮型到價值觀皆然，這也是他們之所以沒有資格叫做中國人的原因，而是比漢人低等、活該受人輕賤的落後文化。然而，這種以文化指標所重新定義的政治身分認同，有可能會與族群定義產生緊張關係，要是這些所謂的「胡人」文化與漢人差異不那麼大了，會怎麼樣呢？理論上，只要人類具有可塑性，文化的同化自然是可以預見的情況，即便南宋的思想家對同化的可能性有所存疑，但既然理論上是文化特徵將游牧民和漢人區別開來，游牧民確實可以利用這種文化定義，主張自己已經習得了這些文化特徵。

9 葛兆光，《宅茲中國：重建有關「中國」的歷史論述》（北京：中華書局，二〇一一），頁一二。

10 根據安德森的主張，在研究比原始村落還要大的社群時，應該用建構論（constructivist）的取徑，也就是說，如果我們要談論集體身分認同，就必須得要考察每個人心中所想，看那些人如何對集體存在懷抱認同、產生情感的依附。以此，當我們召喚「想像」一詞時，所浮現出來的問題便是「誰在想像什麼」，而同時這種想像必須是集體出現才行。當某個社群的規模開始成長時，便需要有某種更為抽象的方式，將所有的成員維繫在一起，這便是安德森在研究國族主義興起時，很認真看待「印刷資本主義」的原因。與其他連結空間距離的方法（譬如旅遊）相比，閱讀印刷物產生了某種抽象的方式，將個人連結起來。需要記得的是，我們所稱為中國的國家，到了這時候已經不是人人能面對面相見的社群了，延伸出去的領土廣袤，人口眾多，從宋代以降，交通路網的擴張為經濟的商品化創造了必要條件，有大量的出版物流通全國，而在全國各地舉辦的科舉、以及其共同考試科目，則創造出共享的文化知識，使帝制晚期中國的士人在很大程度上共享了身分認同。簡言之，就算宋代（明代以及清代）中國或許還算不上是個民族國家，也無疑是個想像的共同體，即便葛兆光反對這個論點也一樣。

11 女真人位於滿洲，是使用通古斯語系的民族，創建了金朝。

12 Valerie Hansen, *The open empire: a history of China to 1800*. (New York: W.W. Norton & Company, 2015), 304, 306.

新型菁英的出現

學者為了解釋世界罕見的中國悠久歷史，通常會關注存在已久、統治社會的菁英群體。中文裡最常用於指稱菁英的詞是「士」，西方的學者通常依情況翻譯成「文人」（literati，士人）、「士紳」（gentry）或是「文人官員」（scholar-officials，士大夫），正是因為有這群菁英，每個朝代才有可能重新整合，能與前朝有相似的面貌。中國菁英確切的本質為何，這個問題歷來激起了諸多辯論，通常圍繞著幾個基本主題展開，而討論的交集之處便在於這群人就時間、空間的跨度來說，還有他們與國家的不同關係而言，有多大的程度算得上是個性質統一的整體。[13]

在早期的研究中，通常會把這群菁英當作性質統一的群體，橫跨了漫長的歷史，譬如費孝通便強調，在二十世紀的地方菁英與傳統的地方菁英之間有連續性存在；[14]艾伯華（Wolfram Eberhard, 1909-1989）則在早期漢代的歷史中，發現了菁英階層的根源。[15]反之，張仲禮（一九二〇—二〇一五）與何柄棣（一九一七—二〇一二）則強調士紳階層當中有高度的社會流動存在，說明因為科舉競爭嚴酷，並不能保證功名能夠維繫超過數個世代，因此有社會流動的可能；[16]鑑於這些學者極為看重科舉的作用，他們的觀點呼應了所謂「中國大體上是官僚社會」的說法。[17]至於有的學者將中國共產黨的體制視為歷久不衰的官僚政治文化，也可能會在帝制時期找到這種文化的根源。當菁英演變成經久的社會階層、抗拒改變時，便時常被歸類為地主階級，這些人的權力主要是來自財富，而非來自官職；中國許多的馬克思主義史學家支持這種看法，因為馬克思史學在解釋社會支配時，把國家放到了比較次要的地位，如毛澤東（一八九三—一九七六）知名的〈湖南農民運動考察報告〉便反映了這種觀點。而日本以「鄉紳支配」作為研究典範的學者則強調，菁英群體透過與地方官員合作，掌控了地方社會的經濟和政治。[18]

在這個領域中，比較晚近的研究開始挑戰早期研究中這種鐵板一塊的分析方式，並考量中國菁英在歷史發展中的多元樣態。在這類新的敘事中，宋代有雙重的重要性：

首先，自北宋立國後，中古的貴族群體被新形態的菁英取代，菁英群體透過科舉考試來確立自己的地位；而且，因為不像唐代貴族的權柄是以出身而定，故宋代皇帝時常被視為是專制君主，能成功地讓菁英群體屈從自己的意志。當不斷擴編的國家官僚體制能納含大多數的菁英時，北宋那些有權勢的仕宦家族便認為家族後代也能以任官為志，當時的官制擴張以王安石的新政（見本章下文討論）為首，根本基礎是國家集

---

13 這裡對於辯論的內容，摘要自 Richard von Glahn, "Imagining pre-modern China." In: Paul Jakov Smith and Richard von Glahn, eds., *The Song–Yuan–Ming transition in Chinese history*. (Cambridge, MA: Harvard University Asia Center, 2003.

14 Hsiao-tung Fei（費孝通）, *China's gentry: essays in rural–urban relations*. Chicago: University of Chicago Press, 1953.

15 Wolfram Eberhard, *A history of China*. (London: Routledge & Kegan Paul, 1948), 11, 72-74.

16 Chung-li Chang（張仲禮）, *The Chinese gentry: studies on their role in nineteenth-century society*. Seattle: University of Washington Press, 1955.; Ho, Ping-ti（何柄棣）, *The ladder of success in imperial China: aspects of social mobility, 1368–1911*. New York: Columbia University Press, 1962.

17 Etienne Balazs, "China as a permanently bureaucratic society." In: *Chinese civilization and bureaucracy: variations on a theme*. (New Haven: Yale University Press, 1964), 13-27.

18 Shigeta Atsushi（重田德）, "The origin and structure of gentry rule." In: Linda Grove and Christian Daniels, eds., *State and society in China: Japanese perspectives on Ming–Qing socioeconomic history*. (Tokyo: Tokyo University Press, 1984), 335-385.

權、中央集權的理念，這種看法是將帝王的朝廷視為權柄的核心根源，賦予皇帝為政治下最終裁斷的權力。

在北方和西方的邊界地區，有一系列非中國的國家崛起、難以對付，造成宋代強大的財政壓力，常常要花費巨額成本戍衛邊疆，要討伐契丹、女真和蒙古，也時常得向這些政權付出鉅資作為歲幣、賠款，「一〇六五年，國防開支佔了政府歲入的百分之八十三」。[19]為了向在北方邊境作戰的軍隊支付薪餉，北宋神宗（一〇四八—一〇八五，一〇六七即位）和身為宰相的王安石（在任時間一〇七〇—一〇七三、一〇七五—一〇七六）展開了大規模的改革，史稱王安石新政；雖然新政加遽了朝中的黨爭，但它的影響力至少持續到一〇八六年為止。根據新政的看法，國家應該要積極地滲透進地方經濟，以此增加宮中歲入；王安石想要由中央選派地方官員，以此加強政府直接統治、深入地方社群的能力，因此他改革官僚體系，不只設制了像茶馬司等新的機構、擴大了官員的編制，而且試著將所有的政府僱員——包括地方行政單位裡的胥吏——納入支薪的範圍中。至於要想擔任官員的人，則需要要具備治國的技藝，譬如財政管理的能力等；要想升上高位的話，不再僅僅只看德性或文采，而是以才幹為基礎。這些政策替國家建設制度的力量增添新的動能，比起中國過往的任何政府而言，此時的國家能更深入控制地方社會。為了在思想上證成改革的合理性，王安石重新解釋經典，建立官方的教育體系來教導他設計的課程，將他的詮釋列為科舉的基礎，最終的目標是塑造一群意識形態統一的官僚菁英，能夠忠實地踐行他的政策。

因為王安石支持大有為的政府努力經營，也可說王安石是支持國家集權。要是沒有國家的干預，農民既無法擺脫地方土豪的爪牙，也無法向政府納稅；在王安石的眼中，鄉間那些有土地、有權勢的大家族是政府的敵手。在北宋於一一二七年潰敗之後，南宋的思想家開始尋找北宋戰敗的原因，而王安石新政成效不彰，令人印象非常深刻，即便當初有些道學家也參與了新政，但現在便找到了理由，將王安石定調為北宋滅亡的禍首，透過把新政和宋代的國恥聯結，讓新政的名譽完全掃地。

其次，以南宋而言，菁英群體的組成有了非常深遠的改變，郝若貝（Robert Hartwell）[20]和其他觀點類似的學者曾提出主張，表示南宋與北宋的菁英群體行徑大不相同，當北宋的菁英致力於投身在國家的層級上活動時，南宋的菁英卻著重在地方層級的活動，如居住地或是姻親關係等等。[21]在如此面向轉變的背後，有項重要因素是人才與官位的數量不均；人口的長期增長對菁英群體形成阻礙，無法將後代永久地保持在官場中，當官職的員額以及相應的身分地位不加增長時，要通過科舉也越來越難。由於官僚體制裡沒有足夠的官位和職銜，不足以吸納為數龐大的考生，因此創造了龐大的人力儲備，充斥著教育良好的失敗者，他們需要尋求發洩政治精力的所在，卻沒能取得一官半職。因此，南宋便見證了一場時人有意進行的改變，由以往國家為主的體制改革和政治革新，變成了對地方事務主動、積極地參與。在南宋之後，即便歷經了改朝換代，因為考生與官職的不對等狀況依舊，多數菁英繼續展現強烈的地方性格，大致穩定沒什麼變化。根據估算，科舉中取得低階功名的考生從一四〇〇年的四萬人開始，到一七〇〇年變為六十萬人，再一個世紀後甚至超

19 Valerie Hansen, *The open empire: a history of China to 1800*. (New York: W.W. Norton & Company, 2015), 248.

20 郝若貝的相關論點見：Robert Hartwell, "Demographic, political, and social transformations of China, 750–1550." *Harvard Journal of Asiatic Studies*, 42, no.2 (1982), 365-442.

21 Conrad Schirokauer and Robert Hymes, "Introduction", In: Conrad Schirokauer and Robert Hymes, eds., *Ordering the world*. (Berkeley; Los Angeles: University of California Press, 1993), 4.

過了一百萬人，[22]這種情勢令菁英群體不得不思考自己的策略，許多人便將政治精力投入在地方社群中。在帝制晚期的中國，國家需要仰賴地方菁英的幫助，才能完成各種公私協力的任務，諸如管理地方的公共計劃（譬如賑災、修補灌溉系統、土地開墾以及建立學校）、參與國家主祭的儀式、調解紛爭避免爭訟，以及領導自衛的鄉勇等等；最重要的是，要是沒有地方菁英，可靠的徵稅體系也無法建立。此外，要避免地方動亂的關鍵，便是將地方的管理防衛交到士紳階層手上，他們既可以信賴託付，而且又遍布全國各地。簡單來說，要是不將菁英群體的利益納入考量，便無法解釋為什麼這樣的帝國體系可以長久存續下來。

雖然學界對於北宋菁英族群的身分有共識，但對於南宋的部分則爭執不下，問題也由此而生。菁英群體在多大程度上覺得自己跟國家是一體的？有多大程度採取了中央政府的觀點？現有研究的分析中，分裂成兩種不同的立場：一方面，有派學者認為南宋有所謂的地方轉向，據他們所說，以中央為核心的政治文化在北宋末年開始消退，而南宋大多數的菁英採取深耕地方的策略，以此鞏固自身在社會中的地位，是以多數人固守在地的利益；許多日本學者也從親族網路、經濟交換促成的社會關係、文化霸權等面向，討論了帝國晚期地方社會的異質結構。[23]而在英語學界中，過去張仲禮與何柄棣認為，地方菁英是因為身分地位而集合而成，由他們與國家的關係所定義；相較之下，現在對地方菁英的研究則拋開了這個說法。有一群研究者在探討地方菁英的支配模式後，強調地方統治在不同時間、空間中有多元歧異的樣態，為了要解釋地方菁英的身分地位何以能有效應對各種政治、社會挑戰，這些學者並不看重土地持有和國家權力，而是把重點放在權勢網路、親族體制以及文化霸權。根據這些針對帝制晚期中國的研究，那些以儀式團結起來、自給自足的地方社群，有時候甚至也不必應付正式的國家組織，地方菁英不僅僅頂替官員的存在，而且還扮演關鍵角色；至於以南宋而言，像韓明士（Robert Hymes）、包弼德等學者則主張，南宋的政治文化與北宋主流的思想傾向有深刻的衝突，代表的是菁英族群自我認同的典範轉移，隨著道學的影響，當士人思考自己如何身為地方菁英的一員時，也開始有新觀念出現，道學的實踐者不再將朝廷想像成是道德權威或政治權柄的至高來源，認為政治權柄不能限縮於中央政府。

然而另一方面，如余英時（一九三〇—二〇二一）等學者則主張，南宋的政治觀及意識形態和北宋別無二致。余英時在探討宋代思想的兩冊鉅著中，駁斥了南宋有地方轉向的論點，主張許多南宋的士紳仍然參與或心繫國家的行政職務。對余英時而言，即便這些文人菁英日益關心地方社會，他們仍然視整個帝國皇權以及中央政府為核心，治理世界的行動仍然由此而出、由此產生了動能和方向，而因為南宋菁英對於中央朝廷以及官僚職位非常重視，結果看來與北宋其實是趨於一致的。[24]這種觀點與其他的論點形成極端衝突，主張帝制晚期的中國菁英帶有地方特質的學者，舉例而言，可能會說典型的菁英「緊密依附自己的鄉里，越往外到縣、府、省，情感則層層遞減。在他的自我形象中，歷史、經濟和親族的紐帶都融鑄了強烈的地方特質；

22 William Rowe, *China's last empire: the great Qing*. (Cambridge, MA: Belknap Press of Harvard University Press, 2009), 151.

23 相關研究的細節見：Richard von Glahn, "Imagining pre-modern China." In: Paul Jakov Smith and Richard von Glahn, eds., *The Song–Yuan–Ming transition in Chinese history*. Cambridge, MA: Harvard University Asia Center, 2003.

24 余英時，《朱熹的歷史世界：宋代士大夫政治文化的研究》。臺北：允晨文化實業，二〇〇三。

是家鄉的安定繁榮、乃至比較抽象的地方榮耀和情感，是這些動機驅策著他扮演地方人士的角色」。[25]

雖然大多數的中國菁英都主動參與地方事務、建設鄉里，我們仍然需要說明，他們如何從地方的觀點來思考自身的存在。在接下來的段落中，我所提出的主張是，因為絕大多數帝制晚期的中國菁英都信奉道學，因此他們能夠從自身找到意識形態的合法性及政治權威，毋需得到王朝國家（dynastic polity）的認可；但同時，我們也應注意到，雖然他們將權柄的最終來源與王朝國家脫勾，但這並不必然表示有地方權威的興起，他們所認知的社會共善既不全然由國家的利益來定義，也不全然繫於在地連結。

其實，有許多例子處於中央與地方的二元對立之外。首先，我們可以想一想道學在地方書院所設立的祠堂，其中祭祀了道學家們覺得值得崇敬的賢者。在南宋時，這種祠堂越來越常納含那些為了保持德性、拒絕進入政府當官的人；[26]但同時，中國各地的書院也都會敬拜聖賢，即便有的地方與逝者全然沒有直接關係，人們依然替這些賢人建廟。換句話說，地方祠堂供奉的賢者所具有的美德，並不能化約成「功在政府」或「功在鄉里」這麼簡單，這些人不只向上對皇權效忠，對左鄰右舍也是有情有義。

其次，道學的實踐者自認投身於「為己之學」，最終目標是透過修身進而成聖，明確地將自己的志業與一般的學者區隔開來，而（照他們的說法）一般人不過是為了科舉功名而學習罷了。[27]雖然有時候他們也會將為準備科舉的學習與真正的學習結合在一起，但在理想中，學習是為己而學這點是不變的。要注意的是，他們並不主張以在地的利益對抗國家的利益，而是追求自我的完滿。根據「為己而學」這種說法，成為偉大的人並非朝廷中人的專利，人類偉大情操最終的決斷標準在於道德的全美全善。

第三，雖然大多數的菁英投入地方層級的社會，開拓了許多新的領域，但他們本身並沒有明擺著要挑戰國家的權威，只是不那麼看重任官與否，而不是對國家權威直接提出質疑。他們追求的理想是重視對地方的責任和貢獻，與利用官方職權在國家的層級行政相比，認為兩者同等重要，在朝中擔任要職不過是眾多選項之一而已。以朱熹為例，他更多是擔任地方官員的角色，而不是朝中要角，身為地方菁英的一分子，他並不把這當作是走不上理想中成功的政治生涯而不得已選擇的安慰獎。

這些例子可以說明，多數的地方菁英不是目光短淺的地方豪強，不只是為了滿足地方需求而活。雖然自南宋之後，有大量的菁英向地方社會移動——比起在中央政府中尋找一官半職，他們追求以其他的方式活出自己的生命。但還有一種可能是，他們身處在中央政府和地方根基之間的某種中間地帶，並不自認為完全屬於任何一方。實際上，早在南宋以及帝制中國晚期之前，地方豪強就已經出現了。那麼，究竟是什麼特質，讓帝制晚期的地方菁英與先前這些人有所不同呢？答案就是這些菁英在他們的地方活動中所帶出來的重要意義。要能理解這種重要意涵，我們需要檢視在背後支撐這些活動的哲學理念，也就是道學。

---

25 Philip Kuhn, *Rebellion and its enemies in late imperial China: militarization and social structure, 1796–1864*. (Cambridge, MA: Harvard University Press, 1970), 210.

26 Valerie Hansen, *The open empire: a history of China to 1800*. (New York: W.W. Norton & Company, 2015), 268.

27 「為己而學」語出《論語・憲問》第二十四。（子曰：「古之學者為己，今之學者為人。」）

道學與形上共和國

對研究中國思想史的人來說，唐宋的思想鼎革最重要的一點，便是佛教的沒落和道學的興起，後者成為主流的政治思想。在道學成形之時，這種看待事物的新方式曾令時人多有不滿，在南宋時，卻逐漸在菁英群體間傳布開來。確實，當道學在帝制時代晚期越來越受認同時，中國社會也歷經顯著的改變，不只影響了統治菁英，也影響了社會中的其他成員。譬如，在諸多影響中，道學成了科舉的一部分，只要是通過了入門級別科舉考試的菁英，基本上可以認定他們已經將道學內化於心。

就理論來看，像王安石這位新政的推手相信，人類天性本身並無所謂善惡可言；相比之下，道學則提供了一種不同的政治主體性。雖然道學的支持者主張行善的能力根植於所有人的心中，但與孟子的觀點不同之處在於，他們相信人類並不是只有道德的種子，而是具有完整的聖賢之心。[28]與這種具革命性的特色相呼應的是，道學對人類天性的看法與其他諸多論點也大不相同，而這些差異也造成深遠的影響。首先，與所有其他論點都不同的是，道學對人性懷抱著「絕對」的論點：揚雄（約前五三—前一八）說「人之性也善惡混」，王充（二七—九七）說「性有善惡也」，而荀悅（一四八—二〇九）及韓愈則說「性之品有上中下三」，這些說法都保留了空間，可以依情況、個人秉性來定義人類的天性；相反地，在諸多人類的性情中，道學選擇把道德感定義為「人類天性」，宣稱他們百分之百了解人之所以為人的意義，對自我的認知提供了一種強度深刻的體驗。其次，人類天性有內在的善，意味著對人類的道德、精神力量有高度的評價，期望人類道德能至臻完美，這種樂觀態度替個人帶來了新的動力。當我們認為人類的本性最初來自於上天，而完滿的境界是人類努力可以達到的目標，或許這種看法確實能勸人向善、激勵人心；然而，這樣卻也換來了一項缺點——因為道德的完滿意味著巨大的責任，因此實際上，這便是要求人得要無窮無盡地精進自我才行。

在現實中，道學最重要的一點是代表著對個人道德的重視。在此，「重視個人道德」指的並不只是看重道德勝於法律制度和文學創作，也指說相對社會的道德而言，更重視個人的道德。這並不表示我們在道學裡找不到對法律制度、對文學的關懷，也不表示道學的實踐者犧牲了社會的道德以強調個人的德性，而是說道學對法律、文學和社會道德有獨特的看法，以此突出了個人道德的重要性。例如道學家相信，要完滿社會道德，最好的方式是將專注力放在個人的道德上，而非反過來（我們之後也會再度討論這點）；同理，文學的終極價值在於彰顯個人的德性，而不在於透過豐富的語彙、音樂般的韻律所塑造的文彩。

確實，對個人道德的關注，在中國思想史中並非沒有前例，但像道學如此申明個人道德的重要性，有它自身特殊的思想脈絡，因此也有著自己的特色。要能清楚理解道學自身獨特的立場，最好的方式或許是看他們對王安石變法的批判態度。如先前所述，王安石的新政懷抱著激進的願望，試圖將政治中心的脈動轉化，以此重塑整個社會，這些政策訴諸大型、國家層級體制所能帶來的效益。如先前也談過，當北宋崩潰時，許

28 有關王安石的人性論，見他的論文〈原性〉。

多思想家將滅國的原因歸咎於王安石新政所引發的災難後果，因此當大型體制改革的熱忱褪去之時，思想家便希望著重於個人的德性，這種發展也是情有可原。雖然道學並沒有完全排斥在體制中實踐行動的可能，但南宋無疑歷經了一場變化，從激進的政治改革轉向強調個人德性的再造，而這便是我們所稱的道學運動。

有了道學對於個人道德的看重，繼之而來的便是強調對自我心靈狀態的內省。然而，我們不該只是簡單地將道學看作一場內心轉向，道學也並沒有為了極其有限的自我，而摒棄個人對世界的責任。我們應該注意的是，從道學初興以降，治世的需求一直在驅策著道學的實踐者，因此這種哲學主張該理解為，把個人德性的養成，當成是對社會再造最根本、且最終極有效的手段。

若宣稱人類有能力至臻道德至善，則意味著人類在達成這個目標的過程中，能戰勝所遇到的任何困難，也就是說，人為了成為自身品格的建築師、開拓者，可以運用自身的意志力。以此而言，道學代表的是種培養主體的自我工程，目標是修養德性、成為聖人；之所以不是外來的強迫，而是自發的行為，在於道學追求的是在自我中找到支點，由此掌控自己的人生，雖然人因此得要時時警惕，不過終極目標是達成超然的境界。在道學的願景中，人並不需要外人的眼光審視，因為內在的我便已經提供了規範指引，自我並不需要受到外在力量強加控制。

在道學看來，自我蘊涵了轉化事物的潛能，這種看法與帝制早期的自我觀有根本差異：對大多數帝制早期的中國思想家來說，他們並不認為人類能用自身力量替自我和世界帶來根本的改變，多半相信人的才能品性在出生時便有定數，天賦對人的角色有關鍵作用，性格頑劣的部分應該設法壓抑，而不是進行轉化；為了要規訓自我、組織社會，他們追求的並不是讓內心至臻超然境界，而是要順從外在的規範、標準和做法。對宋代以前的觀點，我們可以在劉劭（一六八？—二四九？）的《人物志》中找到代表性的說法：「教育可以強化內在的性情，但永遠無法反轉性格、徹底改變個性。」[29]簡單來說，在帝制早期對「政治我」的主流看法中，認為政治行動者的首要目標是控管外在的行為模式，而非自我的轉化。

這種對於主體性的新理解，在道學對情欲的論述中最為可見。當道學在討論人類天性時，區分了原初的「本然之性」（指人類天性中最原初、精純、完美的狀態），以及物質界的「氣質之性」（指出生之後的人類天性，有可能受到邪惡的影響），在這種二元的架構中，因為氣質之性有可能為惡，面對與氣質之性有關的情欲，人類理應相對抗，進而回復內在的本然之性。以此，道學既可以繼續相信人類天性有根本的善，也仍可以解釋為什麼在人類的行為能力中有惡的存在。[30]

雖然人們常常認為道學對情欲採取禁慾的立場，但道學並不視情欲為惡，而是視其為天性的一部分，因此在人類生命中也不可或缺。確實，面對情欲裡那些可能引發道德瑕疵的根源，要是人不處理的話，便永遠無法成為道德完滿的聖人，而只要內在因素會致使道德脆弱、進而阻止人完備德性，則成聖之路就算理論上可以實現，也不可能會輕鬆愉快。然而，道學的理想並不是消除誘惑，而是達到某種境界，消弭性格與職責

29 Mark Lewis, *China's cosmopolitan empire: the Tang dynasty.* (Cambridge, MA: Belknap Press of Harvard University Press, 2009), 40. 譯者註：這句話並非劉劭所寫，而是陸威儀對下引的劉劭這段話引申、詮釋：「《人物志・卷中》：夫能出於材，材不同量；材能既殊，任政亦異。是故：自任之能，清節之材也，故在朝也，則冢宰之任；為國，則矯直之政。」

30 有關道學對欲望的討論細節見：Youngmin Kim, "Luo Qinshun (1465–1547) and his intellectual context." *T'oung Pao*, 89, no.4 (2003), 367-441.

間的落差，意即不再需要謹小慎微、不再需要外在規範，也不再需要有意識地自我克制。換句話說，個人可以有自己合理正當的情欲；如果要讓人生活得有任何意義的話，這些情欲必定得要有適當的處理才行，道學的聖人並不是佛教主張的那種棄絕情欲的存在，而是不為情所困。

每種思想都會創造新的情境，而新情境在理論上又會衍生新的難題，道學也是如此。一旦把社會責任的熱忱轉嫁到自我的高牆裡，這種做法也創造了自己的理論難題。如果真的全心全意地投入於個人的道德修養，這怎麼會不是棄絕於世、也不算是自我陷溺，而竟然是實踐社會責任的方法呢？道學對大一統（unity）的討論，正是完成了這項理論工作，而對世界大一統的看法，便體現在「理」（理路、原理）的概念中。確切地說，道學對「理」的看法，便是其與早期的中國政治思想間最顯著的區辨特徵。道學家視宇宙有其結構，在所有的層次上都因為「理路」或「原理」而統一起來，在這個一統的世界圖像中，人世與自然界維持整合的狀態；他們也相信，人是有可能可以看透事物背後的根本秩序。在道學家眼中，雖然大一統可以有多元的表述形式，但它本身卻能包容萬物、美好偉大；他們不認為世界上有多重理路的存在，而是認為這個大一統就是整體所有事物的總合了，這樣的論點通常便以「理一分殊」（世間只有單一原理，但個別的再現多元紛陳）來稱呼。

這種對「理」別具特色的理解，對個人的德性來說有重大影響，因為在自我當中，「理」便是人類天性，而這種將人類天性與「理」相等同的看法，最具代表性的便是所謂的「性即理」。因為道學家將性等同於理，因此發展出一種有趣的哲學人類學，焦點放在人類共性之上，因為只有那些能夠以大一統來理解的實體才能與「理」相連在一起，因此道學的提倡者相信，所有人類都因為相同的道德天性而統一起來。當然，他們知道表面上每個人都不一樣，但他們相信終極來看每個人都是相同的。同理，不只是有些人、而是每一個人都可以實現一統的道德天性，也就是說，不只是有些人、而是每一個人的道德都可以至臻完滿，因為每個人都擁有同樣的道德天性，因此「每一個人」都可以成聖。

從這個角度來看，人類從來都不是獨特的個人，對人類普遍天性的這種看法，恰恰預設了人類本身追求同樣的根本目標，不論何人、何時、何地，都完全相同。這種對人類共性的說法，反映了道學家所相信的觀點，認為社會的共享價值在存有的層次上（ontological）有其根基存在，意思也就是，就算在表面的層次我們都各不相同，但因為我們都分受了同樣的道德天性，最終我們都代表同樣的共享價值。也因為如此，個人德性與社會道德便是同義詞了。

上述的討論顯示出，在道學的理念中，個人並不被視為一個孤立的自我（ego），並不僅僅是群體的一部分，而是足以代表整個群體的存在；換句話說，從理的角度來看，單一個人便等於於人類全體。據艾文賀所言，與佛教出現以前的思想家相比，道學中「理」的概念之所以有不同之處，在於理不只是某種宏大的、交相連結的理路秩序，而是反映了由佛教啟發的事理圓融（universal identity）觀，就像漢傳佛教經典的說法，自身（事）與宇宙（理）之間根本上是相同（圓融）的。[31]也就是說，道學談論的大一統，並不是指整體是由部分連結之後產生而成，而是指萬物中的任一部分都蘊含了整體宇宙的精粹。如果我們以月映萬川來比喻，月亮的每個倒影並不只顯示月亮的一部分；就算天上的圓月映照在超過百條河流中，反映出來的倒影仍然是滿月的圖像，而不只是月相的一部分。簡而言之，世界的各個萬物都是小宇宙，而不僅僅是宇宙的一部分；同理，「性」（人類天性）也不只是天地變幻模式的一個部分，它本身就是「理」。

這種認為自我在根本上與世界一同的看法，最重要之處便是緩解了自我與世界之間令人棘手的關聯，開始將自我修行作為實現社會責任的根本手段；至此，自我不再是個獨立的、部分的、孤立的個人，而是一種偉大存在，世間所有的事物完完全全建築在自我之上。既然天地將規範性的理賦予在所有事物當中，而性與理別無而致，則世界與個人構成了單一的連續體；而且，因為自我中的人類天性並不只是分受了理，而是完完整整的理，因此自我不是宇宙的部分，它「就是」小宇宙本身。

這種說法的主要影響是，要想涵攝這個世界，可能性恰恰便蘊藏在自我的構造裡；要想實現自己真實的天性，便要實現天理。以此，個人的自我受到重新定義，成了道德的行動者，有龐大力量可以改變整個世界，透過這種方式，道學便能繼續插手廣大世界的事務，而不限於個人自我非常有限的空間裡。

朱熹為了強調這一點，曾對孟子知名的思想實驗（即將掉入井中的小孩，見第二章）提出了自己的觀點。在他的評注中有非常特別的解讀，認為所有人都可以扮演同情小孩的那個統治者，所有人都可以統治世界（見朱熹《四書章句集注》對《孟子．公孫丑上》第六的評注）；不過，這並不盡然表示，一個缺乏體制力量為基礎的普通人，只要心有所想便能改變世界。可以思考下列這段對話中，有群帝制晚期的道學家正在進行討論：

> 如果有個人完滿了自己天生的德性，便可以實現天地秩序、滋養萬物，透過學習，是可能達到這種境界的；達到這種境界之後，人便可以加入天地一同創造、演化。要達到這樣完滿的程度，只能依靠理、不能依靠事；如果是從事的角度出發，怎麼可能到達如此的境界呢？除非是聖人當了皇帝，才有可能。[32]
>
> （《湛甘泉先生文集》：「致之而天地位、萬物育，益以學問，到這等去處，上下與天地同流，造化在我矣。方是極功的效驗，只以理言，非專以事言；如果以事言也，是位育豈學者能得？必聖人在天子之位，而後可然。」）

在上引段落中顯示，帝制晚期中國的菁英是複雜的政治動物，在他們的政治活動中，所處的世界有兩個層次：形而下的現象界（事）以及形而上界（理）；道學透過將人類經驗放到以世間大原則（理）組織的形而上界，為形而下、現象界的真實（事）添增了新的深度。隨著觀點不同，對上下兩界的關係也可能有不同的定義。

---

31 Philip Ivanhoe, *Ethics in the Confucian tradition*. Atlanta, GA: The American Academy of Religion, 1990.

32（明）湛若水，《湛甘泉先生文集》卷十一，濟南：齊魯書社，一九九七。

現在，世界有了兩個層次：在一方面有著階級儼然的政治秩序，要做成政治決定的話，形式上來說，權柄集中在皇帝的位置上，每個人都被看作是某種行政機器的齒輪，從中發揮功用，好讓秩序得以維持；在世界的這個層次中，整體是各個部分的總合，要是任何人從自己該待的位置逃走，則這個整合而成的體系可能會陷入混亂。從這個角度來看，對想要治理世界的人來說，將中央政府的重要職位牢牢握在手中仍然是主要目標，畢竟在階層體制的限制中，位高權重才能有強大的制度實力；同理，這些人也直接向帝國政府負責。

另一方面而言，一個修養德性的人可以看穿事物表面，理解形而上界的大原則是如何在支撐著表象。在這個形而上的層次中，人們摒棄了原本的整體觀，替「整體」和「部分」兩者發展出了新的關係，因此產生了新的思考方式，將整個領域看成一個整體。據道學所論，在形上界中，每個部分都有機會能涵攝整體，這樣的大一統，決定的並不是每個人的「外在」關係，而是「內在」的天性。道學給出的承諾是，不管每個人所處的社會地位為何，都有機會成為聖人，進入形而上的領域。

從形上界的角度來看，儘管道學家強調要在地深耕，而且他們的活動乍看之下也屬於地方，但其重要性卻不限於「在地」而已，因此即便他們設想、採行的制度，完完全全只適用於地方的條件，但這些人也絕非眼界狹小的小鎮居民，單單只為了滿足地方需求而生，而是英雄般的人物，具有強烈的宇宙方向感，獨立於政府權力之外、擁有相對高度的道德權威。理想上而言，道學從來不會讓地方的實踐者感到褊狹、偏遠帶來的不適，就算他們並不身處於現象界的核心也沒有關係。

形上共和國：人人平等，菁英群體可施展政治抱負

從這個觀點來看，道學的不同尋常處在於它將兩種看似對反的活動結合一體，雖然思考從人類共性出發，但行為卻依循社會階序；雖然行走鄉里之間，但是心懷全球宇宙。在接下來的部分中，我將以「形上共和國」的概念，來稱呼道學這些不同尋常的特點。

我所謂的「形上共和國」一詞，指的是某種群體聯繫，它存在於形而上界「理」的層次，是個人人平等的社群，當中的每個人都有同樣的潛能可以參與，而每個人互相也以平等之心看待。透過形而下的現象界（事）與形而上界（理）兩個層次的區分，一個人既可以是完完全全平等的公民，同時也繼續保有階級社會的特徵。在形上共和國的願景中，即便每個人在帝國階序嚴明的結構中，彼此的殊相（the particular）各不相同，然而任何人都可以透過實踐形而上的理來分受普遍人性，成為共相（the universal）中的存在之一；換句話說，形上共和國是種同儕關係，每個成員都是努力修行者，希望能成為聖人、能實踐「仁」，也就是普遍人性（co-humanity）。要是沒有這種共和面向的話，形而下現象界的政治體不可能是普世的，也因此不可能宣稱事物體現了宇宙的秩序；這種觀點讓道學的提倡者能駁斥過去的想法，人從此不再需要身處官僚帝國的政治中心，也能夠積極參與建設世界的秩序。

與唐代的貴族社會相比，形上共和國的願景大相逕庭。在唐代人的視野中，人只有在階級秩序裡才有容

身之處，而皇帝便保障了這種階級秩序的存在；道學則透過「所有人內在都是平等的」這種激進的說法，提出了一種人人平等的方案，取代階級僵固的貴族社會中，那種以貴族自身血脈為榮、吹捧先祖世系的做法。就道學而言，真正的高貴無他，惟品行高潔而已；就算有的人繼承了世族大姓，要是無法實踐人類天性、無法發揚德性奉獻鄉里，那也無所謂高貴可言。這種論證的結論是，高貴品格理應是個人的修養成就，而不是擁有科舉功名；而其中清楚蘊涵的觀點便是說，要是完全排除了任何人受教育的機會，便侵犯了人類天性。不過同時，如果想要在形而上界的平等之外，在社會上也想保障實現平等的話，不能只有普遍的人類天性，還需更多手段，這也是之所以我們有必要去理清所謂「透過學習成為聖人」，到底實際的細節是什麼。在現實中，對於學習歷程如何設定，決定了誰可以成為聖人。例如，如果像朱熹所說，學習成聖必須透過研究典籍的話，那不識字者便被排除在學習歷程的邊緣，平等的公民身分大概也僅限於有機會能學習經典的人群了。事實上，究竟什麼形式的學習才能讓人超凡入聖，自從南宋以降這個問題便備受爭論；很大的程度上，普遍人性（仁）的談法保留了空間，讓後繼者能將其認定的「公民」範圍擴大，例如王陽明及其門人淡化了學習典籍的重要，認為可以因此將道學傳播到更廣泛的社會大眾之間，透過這個方法將道學的共和層面向推到了邏輯上的極致（更多討論見第八章）。

當然，即便這些菁英熟習道學，他們對於帝制晚期中國內部嚴酷的現實也非一無所知。在形而下現象界的真實中，他們的政治體並不是缺乏領袖的共和國，要下決定約束眾人時，也不是由平等的公民加入同儕辯論，而是屬於君主政體，透過自上而下的權柄決斷世事，皇帝仍然在自己的領土上伸張至高的君權。當由上而下的權柄遇到了百姓的公民行動力時，皇帝的任務是諮詢菁英的意見，以此廣納民意，即便他仍然將最高主權根本掌握在手中。這不必然表示道學的實踐者認為百姓的輿論與君主的命令一樣重要；就他們看來，政治世界是兩個方面的合作關係：一方面是階序嚴明的官僚體系，另一方面是每個人都努力成聖的形上共和國。但問題在於，在實際的政治歷程中，這種複雜的觀點是否能扮演任何角色，是否能將心力導向巨大的公眾利益，是否能建立起經得起考驗的論述。如之前所說，道學家開始將人民組織成象徵的、水平的路網，延伸的範圍超過自身的土地和身分歸屬，能夠將人暫時與既存的聯繫脫勾，這種形而上的觀點，使人際水平的紐帶能夠超越宮廷之外獨立運作；此外，這些道學家在相互組織時，確實也不直接涉入政治場域，而是處在政治中立的狀態，因此即便他們對於官員的治理不當多有批評，也鮮少對皇權構成挑戰。[33]

談到這裡，我們難免會忍不住想問，就算公民意識和公民行動有這種新的模式出現，為什麼帝制晚期的中國沒有發展出抗爭式民主（contentious democracy）以及代議民主，也／或者沒有發展出共和國意義中、所謂「公民與君主強力對抗」的那種公民身分？在問這個問題的同時，我們可能也會有所擔憂，是不是用這個方式提問，就已把自己強加進歐洲中心的史學觀點裡。如果要為這個問題賦予一個更具歷史學理的框架，我們不妨問：一邊是人人平等的形而上觀點，另一邊是不平等的社會政治結構，南宋以降的中國菁英究竟要如何維繫這種明顯的矛盾呢？這個問題也間接地連繫到另一個更冒昧的問題：為什麼帝制時代的中國無法創造

33 有個可能的例外便是東林運動，相關細節見：John Dardess, *Blood and history in China: the Donglin faction and its repression, 1620–1627*. Honolulu: University of Hawai'i Press, 2002。

類似歐洲布爾喬亞（bourgeoisie，中產階級）那樣的階級，不像他們能積極活躍地參與政治、促使社會發展出現代的民主共和國？

要想對歷史有更清楚的理解，或許該問的問題是，南宋以降的菁英集體做出了哪些選擇？在北宋時期，科舉員額的擴增成功地取代了原本非貴族不用的體制，讓科舉成為帝國體制任用官員的主要手段；然而，到了南宋時，帝國的官職數量追不上有資格任官的人數時，面對這種情勢的菁英群體逐漸改變了自己的生存策略。例如，出身同鄉的菁英家族會相互聯姻，而不會四處通婚，透過這種方式在地方社會中鞏固自己的菁英地位。顯而易見地，當菁英群體無法加入帝國中央的政治空間時，便開始投身、支配自己的原生地域，避免自己向下流動；當北宋由朝廷主導的高雅文化視地方不過為中央的附庸時，南宋菁英這種新的傾向可謂截然相反。

因此，當我們這樣看事情時，問題則變成是：這些菁英集體的地方轉向，以及隨之發展的形上共和國，要怎麼樣解釋才算得上是政治行動的一種選項？在那個情境中，菁英群體意識到，自己要想在帝國官僚體制內實踐政治抱負，機會可說是微乎其微，畢竟有企圖心的人遠比可以擔任的職位還多得多。一般說來，當人的重大利益受到挑戰時，主要的選擇有兩種：可以逃跑叛離（exit），也可以發聲抗議（voice）。[34]要不選擇逃離令人厭惡的事態——所謂的叛離；要不然就是向造成自己不利處境的人直接表達不滿、要求改革——即所謂的抗議。抗議與叛離是相悖的選項，要是選擇抗議、而不是叛離，便要試著改變不利局面。一個理性的行動者，會在可行的選擇中偏好代價較低的做法。

現在不妨設想一下南宋菁英會面臨的典型狀況：對他們來說，叛離這個選項，相當於離開這個可以求得官位的國家，而抗議這個選項，則意味著要求帝國體制有根本的結構重整，好讓他們能謀得一官半職、實現抱負。看起來這兩種選項都代價高昂：要是選擇叛離，不但會違法，要面臨嚴重的處罰，而且對他們來說，根本不可能想像自己離開中國，畢竟這等於要拋棄「中華」這個身分認同，成為野蠻人政治體下的臣民。那麼，剩下的另一個選項便是表達自身的不滿，以某種方式讓自己的聲音能被聽見。相較於叛離的選項而言，抗議的選項包括了各式各樣的行動，從小聲地抱怨一直到集體上書，甚至是動員輿論、暴力抗爭等等，統治者為了回應這些意見，或許會尋求可行的解方。若是將不滿以強硬的方式表達出來，通常會付出非常巨大的代價，因此在大多數時候，不滿更可能以溫和的形式發聲；但是，要是想轉型為高度發展的共和國，政治能量得要有卓越的魄力和精力，非得要有激進的批判意見才行，更別說追求共和很可能會被打上叛變的標籤。不論是要離開國家，或是要根本地重整基本的政治配置，所需的時間和精力大概都遠超過了個人預期可以獲得的利益；簡單地說，選擇抗議的代價可能跟選擇叛離一樣高昂。因此，在成為國家官員之外，若是還有其他既存的、令人滿意的替代方案，只有在這種狀況下，菁英群體才比較可能去尋找叛離和抗議以外的選擇；要是沒有替代方案存在的話，不論國家或是菁英群體都不得不去找尋方法和手段，得要補正錯誤，以免整體系統招致可能出現的崩潰。

34 關於逃跑叛離和發聲抗議的理論框架見：Albert Hirschman, *Exit, voice, and loyalty: responses to decline in firms, organizations, and states*. Cambridge, MA: Harvard University Press, 1970.

不論是好是壞，中國總是擁有大量的地方區域，能為菁英群體的政治抱負所用。如此龐大的國土加上相對精簡的官僚體系，使得中國人比起其他許多族群而言，擁有更多空間可以思考地方轉向，用這種方式來解決問題，而毋需與中央政府的既得利益相抗衡。這樣的做法，或許可看作協商或妥協，好好當個地方菁英，在形上界有重要影響，總好過淪落為教育良好的失敗者，連一官半職都沒有。但與此同時，鑑於政治核心與各區域距離遙遠等等各項因素，眾所周知，地方菁英的聲音總是難以上達天聽，使得他們沒有回饋機制可以使用，要想刺激國家發展成完全的共和國，也失去了可能性。雖然科舉確實有地域配額，但在整個帝國時代，並不存在類似國會那樣的代議體制。

從這個角度來看，嚴格來說，地方轉向既不是選擇叛離，也不是選擇抗議，畢竟過於高昂的代價強烈地削減了做出這兩種選擇的可能；或許也因為相同的理由，菁英就算是抗議，通常也極富建設性，「因為激進抗議造成破壞」的可能從而也受到排除。因此，帝制晚期中國的菁英群體之所以沒能成功發展出精密規劃的社會歷程，不能發展出代議民主政治，也不能創造發展完備的共和國，原因在於他們沒有這個需要。我們可以試想，假如他們沒有將政治抱負轉移到別的領域（地方社會），假如他們用盡其他手段後，仍然無法成功勸說國家注意他們的訴求，則這群人勢必會有強大的動機，成為國家尖銳的批評者。換句話說，如果他們困陷其中、無處可走，則勢必會對君主施壓，以此改善政治的根本結構；與那些可以叛離的人不同，這群人會有最高強度的動力，聚集各種潛在力量，以此驅策國家回應他們的政治抱負。要是叛離的選項不存在的話，這些人達成根本社會政治變革的可能性應該會高得多。

一旦有了地方作為選擇，中國便有了可觀的能力，在其他地方或許會出現的不滿和革命力量，在中國都能加以輸導。從君主的角度來看，這種能力大概算得上是資產，畢竟他能以極低的代價將廣土眾民完整維繫一塊，在追求成為霸權的路上、在跨國關係中，這給了中國極大的優勢；但同時，在現代民主共和來看，這則變成了一種包袱。在整個帝制時代的晚期中，中國一貫地偏好將力量導向地方，而不是處理激進言論複雜的方方面面。一如我們之後在第八章會有所討論，帝制國家就廣義而言的治理框架中，替菁英群體指派了「有建設性的異議者」這個角色，只要這些異議者能夠和國家站在同一隊、一起參與治理，他們便能提出建言、伸張自己的觀點。在這種理念中，人們事先就被迫要放棄激進的觀點，例如不可以訴求要重塑整個政治體系等等，而是得要學著怎麼與國家合作打團體賽才行。很有趣的是，這種將中央與地方在共同體中鑲嵌成一體的做法，必然的結果之一便是沒能提出代議制度的概念，沒有組織會自視站在中央政府的極端對立面；同理，中國的體制也因此遠離了亞里斯多德式的城邦（polis），並沒有成為「公民依照多元的個人意見參與社群」的那種政治體。

第六章

混一天下——中國人在蒙古帝國中的身分認同

這個稱作「元」的政權，其實不僅僅是中國的朝代，而是整個大型全球政治體裡的中國成分。元朝為蒙古世界帝國的一部分，而不是中國的朝代。蒙古人建立的元代既不豢養本土中國士人，也不尋求漢化，而是打造廣袤的大整體，中國性不過其中之一而已。在這種情況下，會感到要重新思考政治認同的並不是蒙古人，而是中國人。在元代，有些士人對敗亡的宋朝忠心耿耿，有些則在蒙古政府中服務，不論這些人如何選擇，都需要設法合理化自己的決定。

在十三世紀初，蒙古人從草原故土奔騰而出，征服了歐亞大陸大半江山，結果中國諸鄰國所形成的網路都受到了蒙古帝國的佔領。蒙古人建立了元代，在一二七九年征服南宋，此為異族首度攻下南北中國；當然，相較先前如遼國和金國等其他的「征服王朝」來說，十三、十四世紀的蒙古帝國遠遠要大上了許多，既然蒙古人征服了中國所有的土地，中國性（Chineseness）自然也難以再使用地理因素來定義了。

雖然傳統上都把元代當作中國的朝代，但要釐清元代的性質，就要有系統地談論整個蒙古世界帝國，其境域的延伸遠遠超過了所謂的「中國」本身。在領袖蒙哥汗（一二〇九—一二五九，一二五一即位）逝世之後，蒙古世界帝國歷經了繼承鬥爭，最終分裂成四塊，其中一部分便成了元朝。不過，這並不表示元代是個孤立的政治實體，沒有跟帝國其他部分保持特定聯繫；這個在地方上稱作「元」的政權，其實不僅僅是中國的朝代，而是整個大型全球政治體裡的中國成分。簡單來說，並不是蒙古人被吸納進中國，而是中國被吸納進蒙古人的世界帝國。在目前元史主流的研究取徑中，追求的既不是歐洲中心觀，也不是中國中心（sinocentric）觀，而是一種歐亞視角，試圖找出在歐洲一五〇〇年起擴張之前，存在著哪種世界體系。例如杉山正明主張，要討論宋代以後的中國史，便不能不考察中央歐亞的歷史，對於創造一統的世界秩序這點來說，蒙古帝國就跟歐洲的海洋擴張一樣關鍵。[1] 即便忽必烈（一二一五—一二九四，一二六〇即位，一二七一建立元朝）確實曾下旨修纂國史，將自己放進中國自西元前二二一年以來漫長的統治帝王世系中，然而近年來在金浩東（김호동）提出的論點裡，與中國人普遍的觀點相反，主張元朝為蒙古世界帝國的一部分，而不是中國的朝代。[2] 簡而言知，元代是所謂「混一天下」（大整合世界）的一部分。

雖然蒙古人的文化淵源與宋朝天差地遠，但是他們建立的元代既不豢養本土中國士人，也不尋求漢化，而是打造廣袤的大整體，中國性不過其中之一而已。因此，當忽必烈宣告元朝肇建之時，他希望消弭長久以來中國與游牧民之間的差異，採行了更具包容的「一統」觀，而不是天子之說。[3]同理，忽必烈及他的策士並不追求抹除族群差異，並不以此打造有機的統一整體，而是將人民分成四個種族，包括蒙古人、色目人（「各色名目」之人，即中亞人）、漢人（北方中國人，包括今日所認定的非漢族群，如女真、党項等）以及南人（南方中國人），然後將家家戶戶都分派到不同的職業類別中。這種類型的多民族國家是設計給彼此隔離的群體，各自待在自己的生活圈中。元代與唐代的不同之處在於，即便在現實中文化混合與異族通婚難以完全禁絕，但元代仍然明文禁止蒙古人與中國人通婚，根據內亞史家狄宇宙所言，元代整合中國的方法「就根本上來說是有問題的，因為種族區隔深入體制，因此民族相互衝突」。[4]

在這種情況下，會感到要重新思考政治認同的並不是蒙古人，而是中國人。就蒙古人的角度來看，他們的身分沒有什麼需要重新塑造的地方；反之，中國人需要設法接受冷冰冰的現實，接受自己在整個世界帝國中地位比較卑微低下。這項挑戰既有現實面、也有理論面的問題：在元代，有些士人對敗亡的宋朝忠心耿

---

1 杉山正明，〈中央ユーラシアの歴史構図——世界史をつないだもの——〉，收於樺山紘一等編，《岩波講座・世界歴史11：中央ユーラシアの統合》，東京：岩波書店，一九九七。

2 金浩東，〈몽골제국과 '大元'〉（蒙古帝國和「大元」），《歷史學報》（역사학보）第一九二期（二〇〇六，首爾），頁二二一～二五三；《몽골 제국 과 세계사의 탄생》（蒙古帝國和世界史的誕生），坡州：石枕，二〇一〇。

3 Timothy Brook, *The troubled empire: China in the Yuan and Ming dynasties*. (Cambridge, MA: Belknap Press of Harvard University Press, 2010), 27.

4 Nicola Di Cosmo, "State formation and periodization in inner Asian history." *Journal of World History*, 10, no.1 (1999), 34.

恥，有些則為蒙古政府服務，不論這些人如何選擇，都需要設法合理化自己的決定。與金朝相比，元朝想要通過科舉的中國士人遠遠要少上許多，[5]這種集體的行為模式表示士人的政治歸屬感有所弱化。

這種弱化的政治歸屬感，令人不得不改變所謂的「元朝專制說」。牟復禮（Frederick Mote, 1922-2005）在追溯中國專制統治的起源時，把帝制晚期的專制統治歸諸於蒙古人的「暴行」（brutalization）。據他所說，元代的皇權從根本結構上而言，禁止任何對獨裁權力的制衡。[6]但是，就算蒙古的大汗對臣子有無上權力，他的能力卻也無法深度侵入地方層級，蒙古人為了管理各個地方，不過是在州的層級之上建立了行省制度，以利方便徵稅罷了，除此之外沒有更多作為；事實上，打敗元朝的朱元璋還曾經評論道，元代皇帝的問題不在於濫權，而在於軟弱。[7]至於元代統治中國對於政治思想的影響，蕭公權認為其造成了：

> 人民備受異族之期凌荼毒，儒家之仁義禮樂，法家之尊君重國，明法飭令，道家之知白守黑，任天無為，以及一切中國固有之政理治術，均經……證明，不足以保民族之自存。[8]

在這一章中，我希望說明的是，當我們要討論元代政治思想時，需要討論所謂的中國國族認同為何、國家權力強弱與否，以及政治思想有什麼角色，是這些說法構築了蕭公權、牟復禮等人學說的基礎，而蒙古征服尤其能促使我們對中國中心觀進行反思，重新思考以這種方式定義的中國身分認同；在前現代世界，這種觀點是中國世界秩序的典型特徵。考察中國中心觀這個概念與歷史現實有哪些不同，光是這件事本身便很有意思，對於中國國際政治思想的複雜內涵，我們也可以由此窺見一斑。在諸多議題中，我們尤其想要知道，當中國人在面對如蒙古統治這種嚴酷的外來挑戰時，會如何重新塑造自己作為文明中心的自我形象。為了理解在蒙古治下，中國的政治行動者如何替自己打造特殊的自我形象，我會考察諸多形式的語言、藝術史料，例如政治思想文獻等，希望可以呈現出，在非外交史料中同樣能發現有國際政治思想的存在。

朝貢貿易體制

一直到相當晚近時期，歷史學者和社會學者對東亞傳統國際關係的理解，大多圍繞著中國中心的朝貢貿易體系建構而成；在朝貢模式中，一統的中華帝國處在中央，是世界唯一的、最重要的文明重心。儘管中國中心觀的起源時間難以確切定位，但設想有個文明發散光輝照耀著周遭國家，光芒隨距離而遞減，這種想法最早可以追溯到周代早期；不過，基於中國中心觀所建立的朝貢體系，要直到漢代才完整成形。

在《中國的世界秩序》（*The Chinese World Order*, 1968）一書中，費正清（John King Fairbank, 1907-1991）及其他合著作者為朝貢體系提出了學術的闡釋。在這一派的理解架構中，認為傳統以來有所謂的文化中心觀（culturalism），設想了文化優越的中國與「野蠻」的世界形成二元對立。在這種觀點中，中國的對外關係並

5 Valerie Hansen, *The open empire: a history of China to 1800*. (New York: W.W. Norton & Company, 2015), 333.
6 Frederick Mote, "The growth of Chinese despotism: a critique of Wittfogel's theory of Oriental despotism as applied to China." *Oriens Extremus*, 8, no.1 (1961), 1-41.
7 John Dardess, *Confucianism and autocracy: professional elites in the founding of the Ming dynasty*. (Berkeley: University of California Press, 1983), 186.
8 蕭公權，《中國政治思想史》（上海：商務印書館，一九四七），頁五。

非毫無章法，並非各個國家必然得要爭奪權力和稀有資源；相反地，這種觀點肯定了傳統的說法，認為外夷只要受到開明的中華文化照耀之後，必然會受文明所吸引。各個附庸國定期向中國朝廷進獻禮物、土產作為貢品，彰顯他們對中國的臣屬地位；而作為回報，中國皇帝則將禮物賜予給域外的統治者。在此其間，具合法身分的政治行動者便能獲准主持朝貢貿易，隨朝貢使團載運額外的商品出行。長久以來，在大多數時候，人們相信這種做法替中國與多數鄰國創造了穩定的關係，直到進入了現代國際秩序為止。

為了知道朝貢體系究竟有多穩定，我們不妨考察一下，看中國中心的世界是如何整合起來的。首先，就算過去有某種政治整合存在，程度高低也有所不同，考量到工業時代之前的交通條件，要想對偏遠地區維持高強度的管控，困難的程度實在是難以想像；這個情形唯一顯著的例外，只有元代而已。相比於明朝大體上不插手自己周邊國家，讓其隨心所欲自主處理內政，蒙古人則發展出相對強有力的政治結構，意在將整個領域整合一體。為了控制偏遠地區，他們派駐的官員甚至遠達高麗，並且挾持周遭國家的太子作為人質，還發展出前朝都無可比擬的郵驛體系。傳統觀點認為，只要附庸國臣屬中國，他們便能享有自主地位、維持政治獨立，但元代的做法顯然挑戰了這種觀點，鄰進國家完完全全地成為元代的下屬國家。或許就政治整合而言，元朝是屬於「異常」案例，畢竟後繼的朝代對周遭國家的控制都鬆散了許多。

其次，中國中心的世界也有一定程度的經濟整合，就算政治整合力量不夠強勁，也阻止不了貿易品項的流通。雖然／因為政治整合並不存在，但是／所以經濟行動者有較多的遷徙自由，從而使他們能夠積累財富。那麼，經濟整合究竟有多深刻呢？濱下武志曾分析了亞洲的諸多海洋貿易圈，視這些貿易圈為統一的地緣政治體和經濟體；他主張，過去曾有個以中國為基礎的亞洲世界經濟存在，延伸而出的路網和經濟交流一直到現代都不斷地發展、成長。據濱下武志所言，貿易區和朝貢區彼此交疊，是個統一的、有機的、有組織的體系。所謂的「統一」是指，中國和周遭的衛星國家形成了「附庸、朝貢關係的持續鏈結」；所謂的「有機」是指，不論是中國或是衛星國家都非常熱衷於維繫這個體系，以致於雙方彼此契合；而所謂的「有組織」則是指，朝貢區自有一套治理方式，一如帝制晚期中國體制的儀節所示，其中定義了朝貢國的等級階序、地理分區、指定的港埠等等，也有不同的協約議定了固定的朝貢期程。[9]

第三，中國中心的世界同時也有文化整合的現象發生。中國的涉外關係高度仰賴符號體系的作用，以此證成關係的合法性；大多時候中國既不想要、也沒有辦法以其他的方式來維繫自己的涉外關係，畢竟動用武力所費不貲，而若是想在中國周遭的國家派駐足夠的監察機構，想以此確保他們在追求自身利益時不會損害中國的利益，就算現實中做得到，也是不切實際的做法。因此，要想確立中國對鄰近的地理區域佔有支配的地位，最主要的方式便是文化手段。所謂中國中心觀看出去的世界，並不是只有地理區域的定義而已，更是文化的建構，意即國與國之間的秩序在形塑、評斷的過程中，有複雜的慣例、信仰以及例外情況交織其中，理應以這些手段主導所有國與國之間的行為。以禮制上的臣屬關係為例，在中國中心世界中的所有人，到了中國皇帝面前都得要順從地跪拜行禮。此外，在清朝時，朝鮮國王每年都得向中國皇帝請求頒發曆書，因為

9 Takeshi Hamashita（濱下武志），"The tribute trade system and modern Asia." *The Memoirs of the Toyo Bunko*, 46 (1988), 7-24.

曆法具有社會功能，框定了百姓的日常活動，因此共同的曆法象徵了共同文化的存在，等於是認可了中國皇帝作為時間與空間的最高決斷。

在這種共同文化的虛飾背後，其實也有利益算計存在。雖然附庸國理應對中國效忠，但就算是從中國朝廷中收受印章、頭銜，也不代表他在為了加入更大的政治實體、獲得利益的同時，必然放棄了國內的權柄。當附庸主君主要壓制、對抗競爭的對手群體時，授職典禮強化了他們在地方上的聲望，在該國統轄的範圍內替可能的自主性打下基礎。此外，附庸國的統治者通常能透過與中國結盟，以極低的代價便能保護自身邊界；而從中國統治者的角度來看，面對這些隨時可能變成危險敵手的族群，招撫這個選項的代價或許也要小得多。因此，中國政府時常在各個領袖中挑一個出來支持，希望能加以拉攏，建立穩定的朝貢關係。另外，假設加入朝貢體制算是明擺著的恩庇政治，中國政府也能利用朝貢作為手段，以此限制周邊國家的需求，例如準噶爾的領袖噶爾丹策零（一六九五—一七四五）曾獲得允諾，只要他同意與清朝協定邊界，便能定期派出朝貢貿易使團。[10]

雖然在許多課本和社會科學文獻中，費正清這一派的理解框架仍然佔主流，但晚近的歷史研究早已開始挑戰這種說法裡的粗糙預設；相較只按照朝貢體制框架所推衍出的樣貌，當歷史學者檢視現實中的事物究竟如何開展時，浮現的圖像大不相同。首先，雖然中國中心觀認為中國註定要成為一統的帝國，但現實卻與之相反——在中國歷史中，大一統帝國存在的時間還不到一半。其次，就算在中國統一時，這些朝代也不見得有足夠的實力來維持與鄰國之間的朝貢體制。例如，從唐末至元初期間，一如前一章所見，東亞的地緣政治算得上是多極世界，因此持續地競逐霸權是政治生存的必要手段。從秦朝到明朝之間的一千八百年中，朝貢體制存在的時間不超過六百或七百年；[11]在中國的涉外貿易中，朝貢貿易佔不過非常小的一部分罷了。

至於以清朝來說，這個議題則更為複雜。根據像西嶋定生（一九一九－一九九八）等支持朝貢貿易體制這個解釋框架的學者所言，因為清代時多數亞洲國家成為朝貢國，故而這個制度是在清代到達頂點。[12]然而，新一代的清史學者已經指出，朝貢體制的概念有所不足，並無法把握清代中國涉外關係的複雜實像；如夫馬進及岩井茂樹也認為，過去的研究取徑是具有誤導性的泛泛之論，建立在極為薄弱的基礎之上。夫馬進指出，清代的朝貢國不過朝鮮、越南、琉球而已；其中琉球的例子比較複雜，雖然它與清朝維持正式的朝貢關係，但在一六〇九年之後，也與日本展開了複雜的朝貢關係。而許多方面來說，明代也是如此。[13]岩井茂樹則提出證據，說明自十六世紀起便有「互市」這種非屬朝貢的貿易存在，並發展開來。[14]總而言之，這種基於朝貢體制、所謂的「中國世界秩序」，並無法合理說明東亞歷史的大多數情況；而且，歷史學者也曾說明指出，中國與周邊國家在邊境管制所採行的是對等主權國家的模型。此外，當我們不從中國本身的角度、而是從周邊國家的經驗來思考時，在東亞世界發生的事情，更多時候是現實政治（realpolitik）在驅動其發

10 Peter Perdue, *China marches west: the Qing conquest of Central Eurasia*. (Cambridge, MA: London: Belknap Press of Harvard University Press, 2005), 250.
11 丘凡眞（구범진）的文章對現有研究作了評析。丘凡眞，〈大清帝國の朝鮮認識と朝鮮の位相〉，《中國史學》第二二期（二〇一二，東京），頁九一。
12 西嶋定生，《西嶋定生東アジア史論集》第三卷（東京：岩波書店，二〇〇二），頁九五～一〇四。
13 夫馬進，〈一六〇九年、日本の琉球併合以降における中国・朝鮮の対琉球外交—東アジア四国における冊封、通信そして杜絶〉，《朝鮮史研究論文》第四六期（二〇〇八，彥根），頁五～三八。
14 岩井茂樹，〈清代の互市と「沈黙外交」〉，收於夫馬進編，《中国東アジア外交交流史の研究》，京都：京都大学学術出版会，二〇〇七。

展，而不是因為自願與中國文化同化才產生的結果。

這些實證研究的進展通常告訴我們，傳統東亞的世界的秩序「不是怎麼樣」，但並沒有說它「是怎麼樣」，因此有些學者試著提供不同的思考框架，以此理解清代的涉外關係。例如，馬克・曼考爾（Mark Mancall）認為，比起把中國的各種涉外關係都塞進朝貢體制這個單一的類別裡，他傾向把「海洋新月帶」（Maritime Crescent）跟「內亞新月帶」（Inner Asian Crescent）兩種類型區分開來；[15]茂木敏夫則進一步擴展了曼考爾的觀點，以中國中心觀為基礎，提出了同心圓模型作為參考框架。[16]片岡一忠提出了「草原汗王與中原王朝」的二元體系作為替代的思考方案，兩者分別主導了軍事圈和經濟圈；[17]而杉山清彥則批評了茂木敏夫的同心圓模型，進而提出他以清代八旗制度[18]所建構的新框架。[19]

雖然這些取徑各有建樹，不過每一種都很難完全令人滿意，原因有二：首先，中國的核心地位對這些鄰國而言，接受程度高低不一。事實上，以東方邊境更為漢化（sinicized）的國家而言，其經驗和西方、北方邊疆的游牧部族差異極大，例如我們可以思考俄國的例子。根據朝貢體制這個傳統觀點來看，因為附庸國會定期派遣朝貢使團，因此帝制中國並沒有常駐大使的制度；換句話說，在朝貢體制中，外交制度相比歐洲體制而言沒有那麼完善，不像歐洲早在十五世紀末便有常駐大使的設置。然而，單憑俄國的使團在北京有近二百年的歷史來說，便能動搖傳統觀點對朝貢體制的說法；要解釋俄國這個例子，便不得不提及滿人建立的國際帝國模式。[20]其次，要處理漫長時段的涉外關係，很難只使用單一的概念來解釋。例如在宋朝時，周遭國家通常是明顯獨立的，自己處理自身的國內政治，也有獨立的涉外政策；而在元朝時，大多數周遭國家則納入了蒙古的行政網路中；到了明朝時，如朝鮮這樣的周邊國家雖然在國與國之間尋求依附關係，但對內仍保有自治。

這種複雜的情況使得我們在理解中國的涉外關係時，有很大的空間可以開發複雜的理論。乍看之下，可能會讓人以為在前現代中國的世界秩序中，有某種近似於「結構」的東西，不論是中國／外夷二元對立這種相互定義的關係，或是傳統中國中心觀的指引框架可能都可以用結構分析來討論。也確實，在這個領域中，有不少學者採取了中立、客觀的視角，透過檢視法律框架，來突顯中國與周邊國家的關係模式；結構分析通常預設政治行動者必然受結構的框定、擠壓所影響。然而，結構的視角所隱蔽的，就跟它能揭露的一樣多，對於中國歷史的漫長時光，要想在結構裡恰當地把握形形色色的樣態，以及把握周邊國家對中國的核心地位高低不一的接受程度，是非常困難的一件事。

因此，雖然我無意否定結構分析有其重要性，無意否定這種取徑能帶來的洞見，但就我選擇的取徑而言，更受彈性的、立基於行動者的理論所啟發。我之所以要著重在「行動者」（agent）的目的，並不是為了

15 Mark Mancall, *China at the center: 300 years of foreign policy*. (New York: Free Press, 1984), 131-158.

16 茂木敏夫（모테기 도시오），〈국민국가 건설과 내국 식민지 - 중국 변강의 '해방'〉（民族國家建設與國內殖民地：中國邊疆的「解放」），收於宮嶋博史（미야지마 히로시）、임지현、이성시等，《국사의 신화를 넘어서》（超越國史的神話），首爾：휴머니스트（Humanist），二〇〇四。

17 片岡一忠，《中国官印制度研究》（東京：東方書店，二〇〇八），頁三六七～三八四。

18 八旗體系指涉的是清代用於組織滿洲家戶的框架。更詳細的討論見：Mark Elliott, *The Manchu way: the Eight Banners and ethnic identity in late imperial China*. Stanford, CA: Stanford University Press, 2011.。

19 杉山清彥，〈大清帝国の支配構造と八旗制——マンジュ王朝としての国制試論——〉，《中國史學》第一八期（二〇〇九，東京），頁一五九～一八〇。

20 Henrietta Harrison, *China*. (London: Bloomsbury Academic, 2001), 65.

主張行動者的行事孤立於結構之外，而是認為在結構與行動者的交互作用上，來來往往極為複雜，值得以更細緻方式的研究；像中國中心這種藉由符號中介的關係來說，尤其具有可塑性，能以多種方式操縱、解讀，這也是為什麼在接下來的討論中會著重在不同國家裡的不同群體，從皇室一直到基層官員不等。在章結末尾，我將用一個案例——馬致遠的《漢宮秋》——來帶出這個取徑方方面面的厲害之處；馬致遠生活在十三世紀末蒙古人的統治之下。[21]對這齣劇目的考察，將讓我們得以觀察到，中國的思想家為了要滿足行動者的各種目的，究竟多大程度打磨、修整了中國中心觀主流的預設和傳統，有的甚至到了把主流政治思想完全翻轉過來的地步。

對蒙古統治的回應

不同人對蒙古的統治有不同回應方式，要了解馬致遠（約一二五〇—一三二一）的觀點落在何處，最好的方法就是將他的觀點與其他的政治行動者相互比較，包括耶律楚材（一一八九—一二四三）、趙蒼雲（活躍於十三世紀末至十四世紀初）以及趙孟頫（一二五四—一三二二）；此處所選的四種普遍意見中，有三者自述了他們的觀點。[22]

耶律楚材：促使元朝轉型的關鍵人物

最初，蒙古人的生活方式是仰賴著成群的牲畜，隨季節變換逐水草而居。當他們足以構成聯盟、向外征戰時，結盟的基礎是最高領袖的個人魅力，他將戰利品分賞給追隨他的戰士；若是經歷了慘烈的戰敗，因為沒有戰利品可以分發，聯盟可能會因此崩潰。因為這種政治結構建立在君主和臣民之間的個人紐帶，游牧民部族聯盟的軍事力量雖然很強大，但是就體制來說卻是極不穩定。當他們進入人口稠密的區域，例如中國傳統上的核心地區時，便會遭遇諸多限制，軍事領袖沒有辦法以打天下的方式治理整個帝國。因此，蒙古人建立的元朝便出現了轉型，從游牧部族體制變成定居官僚國家。就理性選擇論（rational choice theory）的觀點來說，這是國家構建的過程從盜匪到常住民（banditry become sedentary）的典型案例：[23]在這裡預設掠奪者的領袖足智多謀，能以完全的稅收體制取代公然的劫掠，以此更有效地去除分贓政治。

在說服蒙古人採用文官制度和稅收體系一事上，耶律楚材扮演了關鍵的角色。身為出色的策士、呼風喚雨的政策制定者，他在成吉思汗（約一一六二—一二二七）及其繼承者窩闊台（一一八六—一二四一）在位期間，在中國北方開啟了許多行政改革的工程。他向蒙古統治者解釋，要想統治以定居者為主的政治體，困難點與統治部族社會非常不同，不能像部族社會那樣以世襲的方式徵兵，也不能把社會建立在對攻下的地盤

21 有關各式各樣對王昭君故事的不同詮釋見：Eugene Eoyang, "The Wang Chao-chün legend: configurations of the classic." *Chinese Literature: Essays, Articles, Reviews (CLEAR)*, 4, no.1 (1982), 3-22.；Kimberly Besio, "Gender, loyalty, and reproduction of the Wang Zhaojun legend: some social ramifications of drama in the late Ming." *Journal of the Economic and Social History of the Orient*, 40, no.2 (1997), 251-282.

22 此處的案例選擇，受包弼德在哈佛的一場演講啟發。

23 Mancur Olson, *Power and prosperity: outgrowing communist and capitalist dictatorships*. New York: Basic Books, 2000.

進行劫掠；他提議應該以年度的徵稅取而代之，然後透過科舉招募官員。蒙古的統治者接受了部分的提案，建立起常設框架來管理中國的公眾生活。（元代稍晚才開始採行科舉制度。）要解釋耶律楚材的成功，最好的視角便是所謂的理性選擇論：透過盡可能地擴大蒙古人的利益，以此保障朝代的存續。蒙古人並不信任漢人，但他們之所以接受耶律楚材的某些意見，有部分是因為耶律楚材的族屬是契丹人，家系可以追溯到遼朝立國者耶律阿保機（八七二—九二六）；而且，耶律楚材也曾經為金人俘虜。或許正是因為這種獨特的身分，使得蒙古的領袖能夠信任他。以此，耶律楚材的改革提案能被接受，或許可歸功於他尋找共同利益的能力，能在不同的族群之間居中調停。雖然中國本來便有自己的行政傳統，如對農田課徵稅賦、透過科舉取士，但是蒙古人採行這些體制的做法，並不必然要以漢化來詮釋。耶律楚材的提案之所以有其理由，不是因為這是中國的治理方式，而是因為要向定居者的農業世界攫取財富的話，這是更有效的方法，不會導致課稅基礎的掏空，畢竟據曼瑟爾・奧爾森（Mançur Olson, 1932-1998）所論，要想榨取國家的財富，比起任意地徵收貢賦，徵稅基本上可說是更為理性的方法。同理，要想徵用人力資源的話，透過科舉晉用這些理論上所謂最有天分的個人，也是種更為理性的手段。

趙蒼雲與趙孟頫：用藝術表現政治觀點

面對蒙古征服，宋代皇室分別有兩種不同的回應：趙蒼雲和趙孟頫的觀點恰可作為代表，兩人都才華橫溢，根據自身經驗創作繪畫。我們不難料想，在宋代瓦解之後，孑遺的皇室成員會感到深沉的挫敗。

趙蒼雲體現這種挫敗的方式，便是遁入隱居避世的生活，除了藝術創作外，他對世事毫無興趣可言，既沒有踏入婚姻、也不當官。他回應政治場上江湖險境的方法，便是與世事既存的秩序相抗衡，成為一個藝術家，投身於公共領域以外的活動。或許，當皇室的權力一去不復返時，這種對藝術消遣的熱忱，最好的解釋就是某種給皇室成員的安慰獎。在趙蒼雲最知名的畫作〈劉晨阮肇入天臺山圖〉（圖一）中，描繪了漢代《幽明錄》傳說中的劉晨與阮肇。他們在天臺山上採摘草藥時，邂逅了兩位美麗的女子，帶領他們前去家中饗以宴席，眾人一同飲酒作樂。一天，劉、阮兩人思念起家裡，決定回鄉探望。到家的時候，他們才發現已經過了七代，自己在世上成了孤身一人。這個故事或許正反映了趙蒼雲對黑暗現實的不滿，以及對於失去故土的頹喪，從他的繪畫中可以挖掘出的一項訊息，便是當我們身處像蒙古統治這種亂世時，應該要遠遠地逃離官場。

趙孟頫是宋代統治家族的另一位成員，選擇了相反的做法。一二八七年，當他接受蒙古政府的高官職位時，許多人感到震驚不

圖一　趙蒼雲，〈劉晨阮肇入天臺山圖〉。（圖／取自維基百科，美國大都會博物館提供）

已。他繪製了許多畫作，述說著身陷的處境，一邊是參與公共事務，另一邊則是個人的生死榮辱。這些畫作顯示，對他來說，在蒙古人手下任官是兩難的，不論是過著隱居山林的生活，或是接受公職，兩種做法各有其價值，而〈二羊圖〉便最能看出這種入世與出世的辯證關係（圖二）。據一些詮釋所言，這項難題最終還是傾向了積極入世、參與政治事務的選項。

> 山羊和綿羊分別象徵了漢代的兩位將軍——蘇武和李陵。其中一人拒絕侍奉匈奴人，而選擇了牧羊為生；而山羊則代表另一個人，他選擇了與非中國人的征服者合作……我們不妨如此解讀，兩隻動物都代表趙孟頫自我的兩個面向：綿羊是閒散避世的一面，而山羊則是開心地接受職位的那一面，即便任用他的恰好是蒙古人也一樣。[24]

馬致遠：《漢宮秋》中的王昭君

馬致遠既不是政治上的積極行動者，也沒有在中央政府裡改造社

圖二　趙孟頫，〈二羊圖〉。　（圖／取自維基百科，史密森尼學會提供）

會，更不是位隱士、沒有避世而居，他是在蒙古行政體系中擔任低階官僚的中國人之一。或許他認為，在蒙古的從政體系中擔任低階官員，算不上是太大的道德瑕疵，也或許他覺得自己在官場上反正機會不大，因此所有的選擇大抵都處在道德的模糊地帶裡。雖然他最終辭去了官職，但他仍然創造了某種公眾角色，替更廣大的觀眾創作了一齣戲劇。他的《漢宮秋》既沒有對政治的無動於衷，又不顯得窮酸刻薄，而是蘊釀了一種細緻的、獨特的政治意涵，值得完整地深入討論。

要理解《漢宮秋》便需要知道，如同趙孟頫的畫作一般，漢代的強大敵手匈奴人便是蒙古人的象徵。這齣戲從匈奴的領袖單于開場，他即將進攻漢朝，（令人想起了西元前二〇一年的平城之圍中，漢朝開國君主劉邦的慘敗；請見第四章。）而於此同時，皇帝不得不簽署令人屈辱的條約，明顯將漢代置於政治地位較為卑微的一方。根據這個條約，漢代必須進獻一名公主嫁給匈奴的首領作為交換條件，讓匈奴保證不會再次進犯。根據《漢書》的說法，在西元前三三年，匈奴人已步步相逼、侵佔了漢朝領土，而漢元帝確實曾將名為王昭君的宮女嫁給了匈奴首領，以此確保邊境的安全。單于遵循了「和親」的傳統，與中國恢復了和平協議，此後王昭君為單于誕下一子，在單于死後，又為其繼承人誕下兩女。馬致遠將這些史實加以修改、放進了他的劇作中，以寓言的手法包裝他的政治訊息。[25]

自從漢代開始，王昭君便是最受歡迎的戲劇角色之一，大量鬆散相關聯的材料受一眾作者改寫，轉化為

24 Valerie Hansen, *The open empire: a history of China to 1800*. (New York: W.W. Norton & Company, 2015), 334.
25 Homer Dubs, trans., *The history of the former Han dynasty*, vol. 2. (Baltimore: Waverly Press, 1944), 355.

條理清晰的敘事。對馬致遠等許多作家來說，他們並不照搬《漢書》裡對王昭君的描述；雖然事實證明，這個故事的基礎結構難以改變，但是隨著視角的不同，同樣的一組事件可以構築成悲劇，也可以寫成愛情故事，根據說故事的人對自身時代、情境的想法，不同的敘述和描繪反映了利益和價值的變遷。王昭君這個角色的各種變換又特別值得注意，在不同的敘事中，她的角色再受到重塑、新添意涵。例如，在蔡邕的《琴操》裡便描繪了王昭君誇耀自己有機會能遊歷國外；在其他的故事中，則描繪王昭君拒絕遠嫁匈奴。在敦煌經卷中的版本裡，並沒有後人造作王昭君自盡的部分，但在馬致遠的版本中，這卻是核心的劇情。此外，在許多版本中並沒有提及王昭君跟皇帝、以及跟宮中其他成員的關係；甚至還有個故事描述王昭君生長於富貴之家。

馬致遠的《漢宮秋》與前人之作相比，許多地方都有所不同。[26]《漢宮秋》與《漢書》一樣，也是從漢代中國的危機開場，軍事不振和朝廷的無能促成禍事，而劇中描繪的統治菁英不論是文化上或是道德上，根本就沒有領導的合法性。毛延壽這位漢族的高官便是很好的例子：他為了要得到皇帝的支持，建議皇上以美女充實後宮，並用畫像選拔；雖然王昭君長得極為漂亮，但貧困的她沒有錢賄賂毛延壽，心存歹念的官員便將王昭君畫得很醜，而王昭君也因此一直沒有機會面見皇帝。直到某一天，皇帝聽到她彈琵琶，兩人一見面便墜入愛河。然而，毛延壽怕皇帝發怒，因此逃到匈奴，向單于獻上王昭君的真實畫像，以此勸說單于選擇王昭君作為和親的對象。單于深受畫像中人的美貌吸引，因此提出要求娶王昭君為妻；要是皇帝不依和親之約將她獻上，單于便會入侵漢土。一開始，皇帝不願意將王昭君讓出，但最後卻不得不服從胡人的要求，而王昭君也十分大度，主動同意出行，將自己對皇帝的忠心置於兒女情長之上，由此屈從了命運的安排。在前往國外嫁給單于的路上，到了分隔漢朝國境與胡人領土的交界處時，她便投河自盡；相較於史書中記載王昭君為單于生下小孩的說法，此處她偉大的自我犧牲顯然有非常大的差異。單于心中充滿了悔恨，因此處死了毛延壽、沒有進攻中國；也因為有王昭君的自盡，匈奴和漢代中國才得以議和，正義也得以伸張。

我們該怎麼理解《漢宮秋》呢？現代的學者提出各種不同的詮釋來形容王昭君：一是「灰姑娘般的人物，描繪了貧困家庭的年輕女子登上宮中寵妃的過程」；二是「政治鬥爭的人質，像特洛伊的海倫（Helen of Troy）一樣」；三是「愛國女英雄，像聖女貞德（Joan of Arc）一樣」；四是悲劇中的有情人，是軟弱的漢帝國在面對北方人來犯時，不得已之下的政治犧牲者。[27]在接下來的段落中，我會將《漢宮秋》詮釋為馬致遠國際政治思想的體現；考量到主角王昭君的人設歷經錯綜複雜的變化，我認為他的觀眾應該會欣賞這齣劇的手法。

馬致遠翻轉中國中心論

首先，如這齣劇獨特的結局所示，在馬致遠的眼中，蒙古人是有人性的行動者，能夠為自己的選擇負責任，而不像在其他人眼中的蒙古人等同於野獸，好像只是受貪欲及暴力驅使一樣，無法如文明人一般克制。

26 Eugene Eoyang, "The Wang Chao-chün legend: configurations of the classic." *Chinese Literature: Essays, Articles, Reviews (CLEAR)*, 4, no.1 (1982), 16.

27 Ibid., 5.

因為馬致遠將蒙古人視為平等的同類、有機會成為體面的人，使得他在給整個故事下框架時，反映了孟子的政治思想。如同在第二章所討論過的，孟子相信政治合法性的基礎是具有德性的統治，而原則上具有德性的統治之所以有可能，是因為統治者具有內在的善。相信人性本善的孟子引用了人類的普遍衝動當作他的證明，表示人都會想要拯救溺水的小孩；只要人能夠以行動來貫徹這種面對無助者所產生的道德情感，便能夠開始修養自我，進而成為聖人。在起步的階段中，大多數人需要的便是像孟子這樣的導師予以教誨，一旦他們接受了恰當的指引後，便可以改造自我，成為發展完備的道德行動者。

《漢宮秋》中非常特別的一點是，王昭君同時擔任了導師及無助者的角色。面對命運的無可奈何，她便如同孟子文中所描述的小孩一樣，完完全全地無能為力，而她自盡的那條河流，也可以解釋成放大的井，就像小孩快要落入的那口井一樣。與處在危險之中、要落入井中的小孩相比，王昭君的不同處在於，她非常清楚自己在做什麼，就跟所有的政治行動者一樣；她的自殺代表的是種策略，試圖在原本桀驁不馴的蒙古人心中激起正義的情感，促使他們自我轉化。換句話說，她自願擔任起無助者的角色，激發旁觀者特定的反應；同時，因為她讓單于有機會找到自己的道德發端，因此也擔任了導師的角色。

在整個過程中，王昭君有意識的行動，將自己同時擺放在主體和客體的位置，她必須把自己變成世界中的一件物品讓觀者凝視，以利萌生某種特定的情感；同時，她又代表了一位主體，主動發起這項轉化的過程。在政治世界中，人們通常不會認為女人有能力（或是有責任）做出什麼政治行動，但王昭君卻把自己放置在這個世界中主體、施事者的位置上；與孟子文中的小孩不同，她成為合格的政治行動者，能夠反思、權衡、選擇、起心動念並做出行動，做出她認為良善的選擇。最重要的是，借用約瑟夫・奈伊（Joseph Nye）的話來說，[28]當硬實力（即軍事力量）不可得的時候，她成功創造了軟實力（即以道德、文化方式轉化單于的力量），而單于在她的軟實力之下產生了惻隱之心，從而使他對情況產生恰當的認知判斷——不應該入侵中國。一如孟子在討論道德四端時所說，合於禮的恰當情感與正確的認知判斷，兩者有同樣的根源。

從現代的觀點來看，王昭君看似極度不自由，是忠君愛國這種意識形態的產物；也確實，她選擇的可能性有其侷限，受當時運作的社會體制和意識形態所限制。但是，如果把她在整個事件中當成被動的行動者，則是非常錯誤的說法；最起碼的一點是，她自願離開首都的理由很充分：「妾情願和番，得息刀兵。」以此，她的自殺是自主性、能動性的表徵，而不是像在早先的版本裡是受壓迫、宰制的狀態。顯而易見地，她的動機是出於對高貴、對良善的追求本身，而不是出於恐懼不從之舉可能帶來的羞恥和體罰；她的自殺公開展現了自己至高的德性。

雖然有時候在想像道德行動者時，會想成這個人根據某種理性在思考算計，但劇中描繪的王昭君不是一個理性的個人，並不是冷冰冰地對物質利益進行成本效益分析；相反地，在她的行動背後驅使她的，是對良善以及對社群整體合乎情理的關懷。（至於在早先的版本中，我們可以看到她不受約束的形象，孜孜不倦地追求著狹隘的私利。）於此同時，她確實也在現實非常無奈的情況下，做出了最佳的策略選擇。以此，她最

28 Joseph Nye, Jr., *Soft power: the means to success in world politics*. New York: Public Affairs, 2004.

終成為一位政治行動者，有一貫的價值、堅實的信念以及善於策略的思考。從這個角度來看，她並不只是受到不可控的外力脅迫，同時也不享有純粹的、不受拘束的主體性；在她的行動中，我們可以看到結構的壓力和行動者的戰略，彼此交互作用。

因為女人在軍事方面的柔弱狀態，王昭君確實是個從屬的、社會地位較為低下的人，這是事實；她別無選擇，只能與軍事實力遠勝於她的胡人談條件，協商從來就不是在平等的狀態中進行，她所能做的，不過是動用某些象徵資本罷了。很大的程度上，因為中國的軍事實力遠較蒙古人孱弱，蒙古統治下的中國也是如此，透過王昭君的角色，馬致遠表達了他對道德勸服力量的提倡，這用史考特的話來說，可解讀為弱者的武器。[29]中國當時手上並不具有硬實力，而軟實力雖然不過是弱者的武器，但至少能開啟協商對話，否則一切都不可行、也不可能。首先，就那些相信中國中心觀的漢族知識分子來看，故事的結局可說是從深刻的危機中拯救了中國中心論；同時，中國既然已經吞了敗仗，外交也早就屈服，根本就沒有能力打贏蒙古。漢族菁英曾經自豪為「中華」文明的守護者，如今再也不獲得信任了；有鑑於此，要想宣稱有文化、道德的優越性，可謂難上加難。在這種情況下，中國又怎麼能重新塑造自我，解釋自己對野蠻的鄰居具有優越性呢？《漢宮秋》便主張，一個出身平民的女性公民所具有的軟實力，能夠讓中國維持對蒙古的某種優越地位，當中國不可能統治野蠻人時，至少具有某些權威、能夠對其產生影響。

其次，從蒙古人的角度來看，這齣戲劇的結局也尚可以接受，除了因為它批評被征服的菁英群體外，也因為在它的描述中，外來統治者能對被征服者能產生惻隱之心。在劇中，單于最終並非不文明的野蠻人，也不是只會憑靠軍事力量而已，而是一位令人稱道的統治者。

第三，這齣劇或許也能激發大眾情緒的共鳴，不論是朝廷的敗壞或是官僚的墮落，讀者都舉目可見。在馬致遠的描繪中，皇帝和大臣面對匈奴的進犯感到手足無措，無能將百性組織起來、團結抗敵。當讀者在劇中看不到任何正直的大臣出現，說明這種局面並非單一人的失敗，而是彰顯了社會和政治廣泛的腐敗，也就是說，這並不只是幾個個人的缺陷，而是菁英階層整體出了毛病。相較之下，主角王昭君出身窮困的百性之家，是唯一有能力對真實作出影響的行動者，她與第四章的崔鶯鶯大相逕庭，不像崔鶯鶯代表的那種因其美貌造成國家滅亡的女人。事實上，《漢宮秋》的目標受眾遠超過了一般的政論文章，既然戲曲在舞臺上演出，想必能夠影響更多觀眾，或許能夠觸及菁英階層以外的群體，而這種視野說不定也影響了中國的平民百性以及蒙古人，影響他們看待自己、以及看待彼此的觀點。

如果上述的詮釋還算合理的話，馬致遠其實對當時的中國中心觀進行了大幅改造，使中國的優越地位能夠與受異族統治的政治現實相彌合。在他的理想中，中國從屈辱中再次興起，到達道德高尚的地位，其中一名女子扮演了關鍵角色，帶來了跨國之間的和平、開啟了新時代；在這個想像的新時代中，蒙古人則有可能不再只是野蠻人而已，他們與漢人仍然有可能和平共處。這樣巨大的政治變革之所以可能，並不是任何君主、任何國家官僚的政治力量所影響，而是在統治者與／或國家的權柄之外，單一個人的力量所致。

29 James Scott, *Weapons of the weak: everyday forms of peasant resistance*. New Haven: Yale University Press, 1985.

第七章

獨裁體制

——帝制晚期君主的絕對權力如何產生？

獨裁體制指的是單人的統治，也就是政治權力把握在單一個人的手中。在中國的君主制度中，至高的權力是由上天所授與特定的一位皇帝，透過世襲制度代代相傳，但皇帝並不能把絕對的權威建築在世襲的權利上。因此道學的聖人便能代表某種統治權威，可以創制社會價值，依這些社會價值闡明教理，替現實施加價值判斷，讓事物遵守在自身該有的位置上。

蒙古統治的最後幾年間，充滿了各種動盪和叛亂，明太祖朱元璋在叛軍中興起，並在一三六八年建立了明朝。自北宋在一一二七年初滅亡之後，中國二百五十年來首次統一在出身漢人的君主手中；他宣稱自己已經一掃前朝蒙古時代的混亂，用大漢族主義作為號召詆毀蒙古人，替自己取得合法性。很顯然地，在他的信念中，若想要肇建新的朝代，必須要成功動員中國性所有的論理根源（即族裔、地域、文化，見導論）。朱元璋宣稱，明代的實體疆界與共同文化邊界，以及與中華族裔重合，透過這種方法清楚宣示明朝對自己作為「中國」朝代或「漢人」朝代，具有高度的自我意識。[1]

確實，從族群結構、領土大小和外顯的文化來看，明代與前面的元代有深刻的差異。首先，明朝很直白地放棄了元代的多族群做法，不再將政治場域以族群分割，而是驅逐了蒙古人和中亞人，用這種方式來統一國族的特徵。雖然在現實中，明代的人群究竟有多大程度屬於「漢人」，這個問題學者也還沒有達成共識，但毫無疑問地，明代統治者確實「希望」將明代政治體建築在國族的共同特質之上，捍衛內部秩序、排除外人。至少就統治菁英的族裔而論，明代是二十世紀之前，最後一個統治中國的純粹本土政權。

明代的排外舉措有各式各樣的形式。首先，相較於唐、元、清而言，明代的國土並沒有那麼龐大；雖然明朝的軍隊將蒙古人趕出了傳統中國的核心地帶，但中國人從來沒能成功將其剿滅；在整個明代統治期間，蒙古的部族聯盟對邊境造成的威脅從未停止。例如，在一四四九年，明朝在土木之役遭受致命的慘敗，名為衛拉特的蒙古部族聯盟綁架了中國皇帝。歷經土木之難後，明朝將涉外政策大幅地轉向以防守為主、從而削減了對外聯絡；為了防止外敵進犯也修築各種防禦工事，今日所知的長城便是最終結果，[2]象徵了閉關自守的涉外政策，自視為自給自足的政治體。其次，明代的君主認為，透過禁絕中國與外國的接觸，便可以處理掉來自海洋的威脅。在十五世紀初，明朝政府對自己施行海禁，切斷了中國與整個世界的聯繫，由國家所壟斷的朝貢貿易成為了外貿唯一的選項。明太祖實行以農為本的政策，相應地也對職業選擇和地域遷徙做出嚴酷的限制，在這個體制下，人人都得向官府申報自己的職業。第三，由於道學強調漢文化與游牧文化的差異，明代君主便運用道學作為支撐其政權的意識形態。上述例子說明了在明代的立國宏規中，以狹義的方式定義了自己的地理區域、族屬和文化；在這個閉塞的政治體制中，明太祖試著將大權攬在手裡，以此控制所有的臣民。故而許多學者便宣稱明代是獨裁體制的極致，獨裁也常被視為中國政治中最為歷久不衰的特質。為了衡量這種說法是否有牢靠的基礎，我們得先回顧帝制中國的歷史，看君權的軌跡如何變化。

中國歷史中的君權

帝制早期（例如漢朝與唐朝）的皇帝通常都享有至高無上的政治權力，但這種權力通常沒有完整體制的支持，「大赦」便是個有力的例子。相比宋朝之後的朝代來說，帝國早期更常實施大赦，像唐代曾一百七十

1 《大明太祖高皇帝實錄》卷二十六，〈奉天討蒙元北伐檄文〉。

2 Arthur Waldron, *The Great Wall of China: from history to myth*. Cambridge: Cambridge University Press, 1992.

四次大赦天下[3]便是很好的指標，說明皇帝就算不常介入行政程序，也依然能夠自主伸張權柄，時而獨斷不可測，有能力與強硬的官僚體系相抗衡。理論上皇帝的權柄受之於天，但在現實中，自九世紀開始，因為皇帝日漸需要仰賴宦官在朝中遂行意旨，因此宦官甚至可以操縱皇帝的廢黜。[4]帝制早期的皇帝不論有多非凡、多優秀，他們也無法穩坐大位，有時會遭貴族政敵或宦官密謀取而代之。

那宋代的皇帝又怎麼樣呢？許多學者主張，宋代皇帝用出身寒微的人充實朝政，而這些人依賴皇帝的意志生存，因此有些歷史學者認為宋朝這個政治體獨裁的程度前所未見，也是這個原因。的確，宋朝並沒有強大的、有組織的貴族階級，沒有人能施加限制、克制皇權，但是這並無法表示整個政府是奠基在皇權的任意決斷之上，事實可謂完全相反。一〇四〇年，張方平（一〇〇七—一〇九一）便曾如此大膽地對宋仁宗說道：「天下並非皇上一人的天下；是士大夫與皇上共治天下。」[5]在治國這點上，宋朝士大夫通常自任為皇帝的同儕，勸諫皇帝修養政治德性，意即要求皇帝有所節制，不濫用不可測的、武斷的權力，才能施政得宜。此外，宋儒作為一個群體，常常在君主的意志之外獨立表達自身的政治觀點，這些意見匯聚成一貫自持的原則，加諸朝廷之上、成為根本依據，每個人都有義務遵循所謂的「國是」，即皇帝和臣子都共同接受的治國原理。[6]雖然宋代的皇帝對政策保有最終的裁斷，是臣子議政最終的仲裁人，但依然給了國家的議政者相當可觀的權力。

明代的早期見證了統治作風的改變，從合議、諮議的治理方式演變成明擺著的獨裁體制，在皇帝和大臣之間的權力移轉尤其可觀。首先，明太祖是個工作狂，希望盡可能將各種事務攬在自己手上，對於任何看似要冒出頭的競爭者也迅速出手鎮壓。廢除宰相便是很好的例子；在此之前，相權能夠克制君主的獨斷行為。明代的皇帝為了突破官僚體系的層層包圍，設置、擴展了宦官構成的類官僚體系，這群人既能陪伴皇帝、解孤單之苦，又提供了實際的幫助。此外，為了在帝國全境一統意識形態，明太祖也在全國廣設學校，從初等開始一直到進階研究為止；換句話說，這個政權自己投身於靈魂再造的工程，以此形塑平民百姓的經驗。同時，還有許多事件都彰顯了這種專制作風。例如，對於孟子文中那些可能會危害統治權威的段落，明太祖也下令移除；而即便是老臣也不能免受鞭刑之苦。因為上述原因，許多晚明的思想家或是現代的學者認為，明太祖奠定了明朝和清朝的專制統治。[7]

3 Mark Lewis, *China's cosmopolitan empire: the Tang dynasty*. (Cambridge, MA: Belknap Press of Harvard University Press, 2009), 52.

4 Ibid., 63

5 Dieter Kuhn, *The age of Confucian rule: the Song transformation of China*. (Cambridge, MA: Belknap Press of Harvard University Press, 2009), 121. 譯者註：這句話其實是再次轉引羅文（Winston Wan Lo）的著作：*An Introduction to the Civil Service of Sung China*. (Honolulu: University of Hawai'i Press, 1987), 24. 然而，在羅文原本的注釋中，只說這段文字語出楊萬里《誠齋集》之「Chien-lüeh ts'e」（或為〈千慮策〉之拼寫訛誤），但譯者遍尋不著原文；而在其他地方也並沒有見到出處，無法說明張方平在哪個記載中曾有如此言論。通常要談宋代的君臣共治時，比較常引用的是北宋文彥博（一〇〇六—一〇九七）所謂「為與士大夫治天下」，或是南宋曹彥約（一一五七—一二二八）所謂士大夫為「天下之共治者」。

6 對於「國是」的說法，見余英時，《朱熹的歷史世界：宋代士大夫政治文化的研究》第五章。臺北：允晨文化實業，二〇〇三。

7 關於明太祖與專制統治，施珊珊（Sarah Schneewind）在著作 *Community schools and the state in Ming China* 回顧了現有的各種說法。請見 *Community schools and the state in Ming China*. (Stanford, CA: Stanford University Press, 2006), 6-7.

理解明代專制統治的不同取徑

早期對中國專制統治的研究中，首推魏復古（Karl Wittfogel, 1896-1988）的《東方專制》（*Oriental Despotism*, 1957）。他的說法大致如下：中國因為農業形態和自然環境所需，得要有大型的灌溉體系，而要想維持某種灌溉體系，便需要大型的協作；只有在君主的脅迫威赫之下，這種類型的協作才有可能完成。這種對中國政治傳統的嚴苛評價，可以理解為一九五〇至一九六〇年代間，冷戰時期漢學界主流意識形態所採取的觀點。魏復古並不只是想把東方專制說套用在某個特定朝代，而是想套在所有的中國史上，也就是說，他認為所謂的專制並不是某個皇帝個人的作風而已，而是中國的情境天然如此。

雖然有許多社會學者都曾採用了東方專制的框架來研究，但歷史學者已經慢慢地遠離了這種通論的架構，而是針對特定區域或特定議題，進行細緻的、個案的研究。[8]知名的例子譬如有牟復禮對明代專制統治的討論：牟復禮在論述中並不把專制假說套到所有的中國史上，而是把中國的專制統治源頭追溯到宋代；據他的評價所言，明代是中國歷史中專制統治的頂點，而明代的專制則可理解為蒙古人「暴行」（brutalization）的後果，是他們毀滅了原本帝國根本結構中存在的許多制衡力量。據牟復禮所論，元代的皇權相比於漢人的皇權來說，性質已經發生變異，再也不受根本結構的拘束。例如，蒙古大汗與官僚組織間，皇帝沒有受限於某種同儕關係，並不受到拘束，他們對於被統治者享有無上的權力。這種蒙古暴行論可以解釋為什麼專制作風出現在明朝的早期，而不是晚期，背後的假設是，不論蒙古的遺緒是好是壞，明代早期的統治者都更有機會加以利用。[9]

與牟復禮的取徑不同，范德（Edward Farmer）將明代的專制與個人脫勾，把焦點放在獨裁的體制是如何走到發展完備的地步。對他而言，明代的專制是根植在帝國體制的本質當中，而不在於個人的統治作風；他所討論的點並不是明太祖的性格有多暴戾，而是明初皇帝為了中央集權所創建的帝國體制。[10]范德這種強調體制結構，而不是個人意志的做法，也呼應了黃宗羲（一六一〇—一六九五）的觀點：黃宗羲認為，明初的廢相便是源頭，使權力過度集中在皇帝手裡。[11]

根據卜正民（Timothy Brook）的看法，不論是牟復禮或是范德的取徑都有點問題。雖然蒙古的大汗為接下來的皇帝留下了專制統治的各種手段，但明初的皇帝在建立明代政治體時，並非只是被動的行動者；他們扮演了關鍵角色，轉化了當時既有的做法，並開啟了完全不同的局面。換句話說，我們有必要解釋，為什麼在各種可行的路線方案中，明初的皇帝選擇了專制這條路；而既然明太祖並不認為自己需要受到明代法律的管轄，范德對帝國體制的關注也因此無法提供令人完全滿意的答案。簡單來說，明代的專制統治既不只是制

8 本段和下一段的內容，是基於卜正民的說法，請見：Timothy Brook, *The troubled empire: China in the Yuan and Ming dynasties*. (Cambridge, MA: Belknap Press of Harvard University Press, 2010), 79-105.

9 Frederick Mote, "The growth of Chinese despotism: a critique of Wittfogel's theory of Oriental despotism as applied to China." *Oriens Extremus*, 8, no.1 (1961), 1-41.

10 Edward Farmer, *Zhu Yuanzhang and early Ming legislation: the reordering of Chinese society following the era of Mongol rule*. Leiden; New York: E.J. Brill, 1995.

11 Wm. Theodore de Bary, trans., *Waiting for the dawn: a plan for the prince; Huang Tsung-hsi's Ming-i-tai-fang lu*. (New York: Columbia University Press, 1993), 91-96.

度演進的歷程，也不只是個人統治作風的遺緒而已；卜正民建議的是，我們應該把明代的宮廷政治當作討價還價的結果，而不是某種悲劇般的錯誤。這種觀點的改變極為審慎明智，可以解釋明代的複雜歷史，在其中我們既找得到施展專制權力的案例，也找得到諮議群臣、集體決斷的案例。[12]

如果我們想要替帝國晚期的政治找到某種組織原則，以便納含進形形色色的歷史事件，該怎麼辦呢？在這種情況中，我們需要找到在晚期帝制中國裡、政治行動者所集體指涉的參照框架；要是能探找出這樣的參照框架，解釋起各式各樣的歷史案例時也會簡單得多，而這也是「共同的政治意識形態」這個議題之所以重要的原因。如韋伯、S・N・艾森施塔特、狄培理（William Theodore de Bary, 1919-2017）等人認為，在解釋中國政治時，「儒家」是個重要的獨立變項；然而，竇德士（John W. Dardess, 1937-2020）不僅僅止步於「儒家」的空泛特徵，而是更仔細考察明初政治與「儒學」思想之間的關聯。竇德士指出，明太祖招募了許多儒生，替這個新的朝代建設基本架構。據他所言，金華學派的士人扮演了關鍵的角色，替明朝的獨裁體制找到意識形態的理想基礎，幫助這個新興朝代取得了政治的合法性；也就是說，明代的獨裁體制，其實是君主和士人聯手所促成。[13]

不論竇德士的論點正確與否，明朝的統治者確實是熱切地擁抱道學，視其為國家的正統，這點毫無疑問；道學也成了接下來所有朝代的國家正統教義。當明代立國者在一三八四年重開科舉之時，採用了朱熹對《四書》的注釋作為考試內容——雖然到了明初之時，道學享有官方的認可確實已經超過了一百年之久，但要直到這個時候才真正地變成體制。除了科舉取士之外，明太祖幾乎沒有留下任何其他入仕為官的方法，因此中國士人必須得要學習朱熹的道學才能夠通過考試。以此，如果說要考察明代的統治作風與道學之間的關聯，應該也是很合理的。

另闢研究明朝的取徑

在帝制中國裡，除了君主制度以外，我們找不到任何其他的政治安排方式；要組成穩定的政府體制，世襲君主制度是唯一的方法。作為獨一無二的「天子」，皇帝代表了政治核心的頂點，要是沒有了皇帝，整個體制都將失去重心；就像多數人一樣，道學家也認為忠君是重要的政治德性。世人普遍視君主制度理所當然，擁抱忠君作為重要的德性，這些特徵都令皇帝能免受「激烈」的批評；在這種政治秩序的安排下，如果皇帝拿捏著體制的力量、清楚知道自己要做什麼，獨裁體制便會步步升級；若是皇帝不知道要做什麼，獨裁體制便會有所消退。然而，得要注意的是，運作失調的君主制度並不等於民主政體，當君主制度運作不良時，由於忠君思想之故，大臣的勸諫有其限度，辭官成了比較受青睞的選項，於是當無能的皇帝在位時——現實中絕大多數的時候皆是如此——不當的治理便成了常態，要是繼續惡化，朝代便會崩解滅亡。

那麼，政治行動者是如何解決帝國政治原生的這種問題呢？因為皇帝站在整個政治階序頂點，其中一種

12 Timothy Brook, *The troubled empire: China in the Yuan and Ming dynasties*. Cambridge, MA: Belknap Press of Harvard University Press, 2010.

13 John Dardess, *Confucianism and autocracy: professional elites in the founding of the Ming dynasty*. Berkeley: University of California Press, 1983.

選擇便是讓皇帝成為聖人，就算這個皇帝的思想和行為不受根本框架的約束，依然會得到正面的結果，畢竟皇帝有著聖人品格，可以幫助他做出正確的決定。這種情況可以說是良性的獨裁或是開明的獨裁，然而整個帝國的命運仍然仰賴皇帝本身的審慎明斷，因此依然是獨裁體制。另一種選擇，便是將政治秩序的安排由獨裁體制轉變為民主體制；不過，帝制晚期的中國人民尚且沒有達到可以自己登上皇位的程度，原因很多，以歷史的後見之明而論，我們可以主張，想實現第二種選項，需等到西方的民主思想傳進中國才行，因此帝制晚期的思想家只好死守著第一個選擇了，這也是為什麼一直到二十世紀初之前，對聖王的論述極為盛行。於此同時，帝制晚期的中國菁英似乎也有意識到，成就聖人之位實在是難以實現的目標，在現實中更像是鏡花水月，而不是合理的期待，因此菁英族群的政治思想不能只為了替獨裁體制證成合法性而已，得要有更複雜的內涵才行。

要認識這樣的複雜內涵，得先打磨好我們的觀念工具：像專制統治（despotism）以及獨裁體制（autocracy）兩個概念，都曾經被拿來解釋中國政治，因為這些語彙的意義極不穩定，我並不預期所有人都會同意我的用法——姑且讓我先下臨時的定義以便區分不同概念，讓我們能繼續考察中國政治的特質。[14]就最簡單的意義來說，獨裁體制指的是單人的統治，也就是說，政治權力把握在單一個人的手中。雖然許多人會覺得獨裁聽起來很刺耳，但在接下來的段落中，我所使用的「獨裁」是上述的這種基本定義，並不帶有褒義或貶義；反之，我用「專制」一詞來表達負面的意涵，其中必然包含了某個人對權力的極端濫用。[15]在上述的定義之下，「仁厚專制」（benevolent despotism）之類的語彙便形了自我背反，但「仁厚獨裁」（benevolent autocracy）

在邏輯上是說得通的。想像要是有個人恰好是聖人，透過完美的道德知識施行統治，在我的定義中，這樣的統治可以歸類為獨裁的一種，不過卻並不是專制政權。在這樣的架構下，如果有人出於任何理由想支持專制統治的話，便有必要解釋，為什麼讓人極度濫用權力會好過於以法律、道德手段節制權力？而如果有人想支持獨裁體制的話，需要證明的便是，為什麼將所有權力或領導地位集中在一個人手上會好過於把權力分散在多人手中？

只要道學仍然偏好君主制度勝過其他政治安排，道學便無法避免被批評為是替中國不斷增強的獨裁體制立下了意識形態的基礎。也或許是因為這樣，許多研究中國政治傳統的學者會再製特定的政治統御形象，表示獨裁的君主是國家的化身，令人相信他的絕對君權，而這種形象導致的必然結果是，順服的臣民因此沒有能力將自己組織起來，不能變成強有力的、有體制的行動者，無法起身與統治者抗衡——這種形象其實比較接近專制統治，而不是獨裁體制。然而，道學從來就沒有支持過專制權力的施行，也沒有主張要以共和取代君主統治等其他種類的替代方案；就道學的角度來看，需要證成合理性的並不是對權力的極端濫用（畢竟從來沒有做這種主張），而是為什麼要將權力集中在一個人或少數人手中。

14 在討論專制與獨裁的不同之處時，我依照邁克爾・曼的做法，對國家權力有專制（despotic）和制度（infrastructural）兩個面向的區分，也就是說，在討論專制和獨裁時候，我（討論的是前者，）並沒有要討論國家介入社會的能力等相關議題。有關邁克爾・曼的概念區分見：Michael Mann, "The autonomous power of the state: its origins, mechanisms, and results." *European Sociology Archives*, 25, no.2 (1984), 185-213.

15 確實，因為英文的專制（despotism）來自希臘文的「*despotes*」，指的是「擁有權力的個人」，因此這個詞同樣有「由一人統治」的意涵；但是，相較於英文的獨裁（autocracy）來說，專制一詞似乎更常有負面意涵，指涉對權力的極度濫用。

談到這裡，或許值得提一下亞里斯多德的論證。據他所言，在任何形式的政府中，要是將特定群體或特定個人的善當成了對所有人的善，這樣的政府便是專制政權，專制政府便是少數人對所有人的專斷之權，而擁有專制權力的人，最終他的善也會慢慢墮落[16]。[17]在這種定義下，原則上來說，任何群體都有可能施行專制統治，就連在民主政體當中，專制統治也一樣可能出現。要是大多數人只追求特定的善，而不是普遍共善，便淪落為專制統治。同理，即便是單人的統治，也不必然會走向專制；如果那個人追求的善是所有人的共善，那就不是專制政權。從這個角度來看，世界上甚至可能存在著專制的民主國家以及非專制的獨裁國家，取決於特定的群體或個人是否追求整體的共善。這種思考方式便說明了亞里斯多德之所以對民主政治持負面觀感的原因，畢竟他所談的民主政治，指的並不只是某種普遍分享權力的體制，而是指在那種體制中雖然權力廣泛分散，但卻以專制的方式施行；在亞里斯多德的眼中，民主政治代表的是某種偏好，其重視窮人和底層人群的利益，而不是整體的利益。總而言之，真正重要的事情並不是參與政治歷程的人是多是寡，而是參與者是否能將社會共善作為自己的追求，正是對於實現普遍共善的關懷，才證成了政治權力的合理性。在道學的說法中，能將自身所求完全等同於社會共善的人即是聖人；只要聖人依然是可以觸及、卻難以到達的境界，則即便人人都具有成聖的可能性，但依然只有少數人（意即皇帝和他身邊幾個重要的政治家）能真正達到聖人的品格，這種想法還比較實際些。以此，我們便可以理解，道學的實踐者之所以認為君主制度有其優勢的原因。

然而，這並無法改變一項事實：在中國的君主制度中，至高的權力是由上天所授與特定的一位皇帝，透過世襲制度代代相傳；即便擁有世襲的權利，也不可能保證皇帝會將自己的利益與社會共善劃上等號。換句話說，世襲的權利在現實中並不能作為政治權柄的至高來源——過去也從未有人否定這點；皇帝不能把自己的權威建築在世襲的權利之上。只要君主的權力依然是妥協的產物，涉及了權力的來源以及不同政治勢力的角逐，我們便無法說中國政治思想支持了專制統治。當道學興起之後，對於權柄的至高來源為何、以及皇帝和權力之間的關係是什麼，這些議題都有了新的觀點出現。例如，我們不妨看一看幾項關鍵的史料，經過仔細的解讀之後，會發現相較刻板印象給人的感覺來說，中國的政治傳統其實更為細緻複雜。

> 王孫賈問道，「有句話說，『與其敬拜屋角之神，不如敬拜灶神。』您怎麼看呢？」孔子回答道：「不是這樣的。要是招致上天的怒火，便沒有人可以禱告求救了。」[18]
>
> （《論語．八佾》第十三：「王孫賈問曰：『與其媚於奧，寧媚於灶，何謂也？』子曰：『不然。獲罪於天，無所禱也。』」）

《論語》這個段落的注釋傳統便反映了從上古到南宋之間，宗教權柄及政治權力發生了什麼樣的轉變。表面上來看，這個段落是關於人與超自然力量之間的侍從關係，關乎人如何有效地尋求超自然力量的保護。

---

16 Ernest Barker, *Aristotle, the Politics*. London: Oxford University Press, 1946.

17 相關討論見 J. G. A. Pocock, *The Machiavellian moment: Florentine political thought and the Atlantic republican tradition*. (Princeton: Princeton University Press, 2003), 72.

18 Edward Slingerland, trans., *Analects: with selections from traditional commentaries*. (Indianapolis: Hackett, 2003), 22.

當爭論圍繞在灶神和屋角神哪個比較好時，孔子則提出了上天作為新的選擇；然而，孔子所說的天並不是某個神的名稱，不需要時時獻祭，也不用擔心祂們會因為感到受冷落而對人類降下災禍；上天更像是人類處境的某種理論再現，表示人類處境有其他外力加以形塑。無論如何，孔子精簡的回覆為日後的詮釋開啟了大門，經注傳統日後所發展出的理論中，認定這段話的上天是種譬喻，而南宋以後的注釋與宋代以前的不同之處，則反映了中國政治思想的知識轉向。漢代的儒學家孔安國（前一五六—前七四）認為，天指的便是君主；而南宋的儒學家朱熹則認為，天指的是「理」。換句話說，道學將君主的至高地位換掉，以理取而代之。

為了理解這種替換有什麼影響，我們得要仔細檢視朱熹在《近思錄》中的一段話；這本書在東亞流傳甚廣，是道學的啟蒙教材。

只要世界上有事物存在，那它們必然有特定的原理。作父親的應該要遵守慈愛，作兒子的應該要遵守孝順，作君主的應該要遵守仁慈，作臣子的應該要遵守尊敬，萬事萬物都有自己該在的位置。要是人可以成功遵守自己該在的位置，便會感到快樂、滿足；要是做不到的話，便會有所悖逆。聖人之所以可以順利治理天下，並不是因為他為事物發明了原理；他不過是讓事物遵守自身該在的位置罷了。[19]

（〈治體〉：「夫有物必有則。父止於慈，子止於孝。君止於仁，臣止於敬。萬物庶事，莫不各有其所。得其所則安，失其所則悖。聖人所以能使天下順治，非能為物作則也。惟止之各於其所而已。」）

或許我們會忍不住想解釋這段話強調在君臣、父子等人倫關係之間，具有永恆不變的自然階序，而既然這些關係具有類似法律的性質，我們便得要堅守不移，也因為這樣，君主的絕對權力顯然受到了這種法律意象的保證。如果這種傳統解讀是正確的話，我們便很難在這個段落中找到任何顛覆的成分，不斷重複的「遵守」一詞也強化了這種感受。但是，有沒有可能這種傳統解讀只是一種障眼法呢？有沒有可能作者在其中埋下了某種危險的政治訊息呢？若是更仔細地閱讀這個段落便會發現，雖然它並沒有直白地挑戰君主的政治權力，但卻將君主的位階放在了聖人之下。

首先，良好的政治秩序在定義來說，從屬於某種更大的理想，事物各有其合宜的秩序，一如所謂「萬事萬物都有自己要遵守的原則」。在談論事物的最佳秩序時，作者首先定義了事物的單元以及各單元之間的關係：要設想政治秩序，最基本的單元是原理、聖人以及萬物；要注意的是，在這個願景中，君主並不具有特權，不過是歸併為萬物之一而已。這段話並沒有完全否認在社會政治的場域內，存在著天生命定的、繼承而來的、具階級差異的人倫關係，一如君臣、父子等等；但是，它帶入了另一個重要的面向——聖人。聖人並無法化約、歸併到既有的政治範疇（如統治者、被統治者等等）；這個段落的前半段處理了父子、君臣等例子，卻對聖人不談隻字片語，要到了後半段以聖人為核心，討論起誰能真正肩負責任、管理世界秩序時，這個概念才確立為某種更為深刻的事物。透過這種安排，這個段落在政治結構的理論中，把聖人與政治權力脫

19 此處引用的譯文為陳榮捷的版本，不過在原文中，他跳過了「君止於仁」一句沒有譯出。Wing-tsit Chan, trans., *Reflections on things at hand.* (New York: Columbia University Press, 1967), 209.

勾。理論上來說，每個人都能成聖，真正重要的上下階序不在君臣之間，而在聖人與非聖人之間。既然社會中的政治要角常常偏離自己「該在的位置」，聖人對維持事物的合宜秩序來說，便扮演了關鍵角色，而這便是聖人不可或缺的原因，只有聖人才能背負這項任務，依據如法律般的「原理」（「則」，通常與「理」同義），提供萬事萬物適當的指導。事物的原理並不是人類意志可以創造的，君主也不能制定這些法律般的原理，而是受到原理的拘束，至於聖人因為可以更佳善用事物的原理，因此地位高於君主。

如果事物都遵守自己該有的位置，因為這就是事物最終「本質」（being）的樣子，因此事態就會處在本真的境界；但同時，因為事物通常達不到這種境界，得要努力追上它，因此本真的境界也是一種「價值」（value）。譬如，如果說道德天性是一種「本質」，是因為我們就是天生如此；但我們時常無法實踐道德，因此道德也是一種「價值」。在道學的理念中，我們之所以無法實現理想價值，並不是因為我們的本質中不蘊含那些價值，而是因為出於某些原因，我們會看不清自己真正的本質為何，因此無法活出自身的潛能。換句話說，道學的道德價值是由存在的狀態本身推衍而來，不像契約是人類的發明；因為道學相信價值是真實存在的，規範便以自我實現的形式出現。也就是說，我們之所以該具備道德，並不是因為我們簽了什麼社會契約，也不是因為這樣做會替社會帶來益處，而是因為我們的本質就是如此。對於規範的相關問題而言，這是種很有意思的解方，一旦我們理解了規範的原由，便很自然地會想彌合當前境界與終極（是以真實）的境界之間的鴻溝；不論要彌合兩者需要付出多大的努力，在過程中我們也都能找到意義和滿足。要是能達到終極真實的境界，便能讓個別自我可以意識到世界是個大整體，在遵守中道（impartiality，「公」）的同時，也不抹殺自我的真實存在，如此我們便成為了真正的道德行動者。一旦經歷了終極真實的境界後，我們便能理解到真我並不僅限於自私自利的自我（ego）而已，而是那個與整個世界統合為一的自我，這便是真正的真實世界。要實現世間的福祉，唯一的方法便是意識到這一境界的真實，然後將這層認知化作行動；同理，社會的根本問題在於，人們既缺乏這種認知、也沒有將這樣的認識變成實際的作為。

要實現聖人品格，現實中通常被賦予這種責任的往往是社會菁英，其他的人並沒有思想、文化和物質資源，無法投入聖人境界的追求，因此菁英群體自視為社會政治秩序的守護者，警惕地要求人們遵守自己該在的位置，就連君主也不例外。面對憑藉出身而世襲大位的君主，這些努力成聖的人理當修正統治者異想天開的行為，強調政府的道德準則，對專制權力的危害加以訓誡，並堅持要君主服從道學的道德標準。這些行為能幫忙保證，這個政治體並非由世襲的統治者統治，而是聖人所統治；如果菁英群體能恪守本分，維持這種君主制度，便能實現統治的最佳形態，讓人人都能成功發展。合宜的政治秩序與社會其他人的想法無關，而是要仰賴這些人，他們宣稱自己對社會共善有更清晰地理解；而統治者最重要的德性之一，便是能否聽取道德勸諫者的意見。這種君主與道德勸諫者之間的關係所構成的正式體制稱作「經筵」，道學家和群臣教導君主，解釋「理」與當前世事有何關聯。[20]隨著情勢不同、統治者的性情差異，經筵這項體制有時會廢棄不用，有時又會短暫恢復；但整體而言，它成為了道學在朝中的重要實踐。

20 有關經筵的討論見：Wm. Theodore de Bary, *Neo-Confucian orthodoxy and the Learning of the Mind-and-Heart*, (New York: Columbia University Press, 1981), 29.

王廷相的唯物哲學

為了更全面地考察是哪種政治理論提供了思想基礎、支持著君主的至高權力，我們接下來得要把眼光移到王廷相（一四七四－一五四四）身上。王廷相是士大夫、哲學家、軍事戰略家、音樂理論家、道學活躍的批判者，也是明代中葉的「前七子」之一，[21]雖然他的政治思想是替君主制度辯護，這是毫無疑問的，然而在他去世後，中國史學者多多少少都忽略了這個人，直到中國的馬克思主義學者重新發掘了王廷相，把他稱作「唯物哲學家」。

王廷相的思想在許多議題上都與道學大相逕庭，就「維持合宜的政治秩序究竟是要仰賴個人道德，還是體制安排」這個議題來說，兩者尤其不同。因為雙方在帝制晚期中國的思想光譜上是對立的理念，當我們要比較、分析獨裁體制這個議題時，政治思想的兩種不同進路有異有同，因此他們是理想的對照組合。在王廷相的理念中，政治秩序圍繞著統治者成立，統治者是所有權柄的根源，因此他的理論將權力由士人移向君主個人，君主身負施行秩序的能力。下引段落便呈現了王廷相如何在世間秩序的大框架中發展他的政治理論。

> 元氣（primordial vital energy，元初的生命能量）自我變化，形成了萬物，世間的萬物都分受了元氣而出現、存在。因此，事物有美的、醜的，有完滿的、不均衡的，有人的、不是人的，有大的、小的，所有的事情都各不相同。以此，可以說是每項事物都擁有太極分出的一縷氣；但不能說是每項事物都擁有

一股太極。太極便是元初之氣完整、毫無分別的狀態，世間萬物不過分別是元氣的一支而已。[22]

（《雅述》：「元氣化為萬物，萬物各受元氣而生，有美惡，有偏全，或人或物，或大或小，萬萬不齊，謂之各得太極一氣則可，謂之各具一太極則不可。太極，元氣混全之稱，萬物不過各具一支耳。」）

這裡尤其需要注意的一點是，雖然在道學的理念建構中，「理」（理路、原理）的概念扮演了關鍵的角色，但在這裡卻以「氣」（生命能量）的概念取而代之。要想理解帝制晚期的思想世界，這項觀念轉換的重要之處是再怎麼強調也不為過，「理」和「氣」各自規範、形成了思考現實的不同模式，也因此回頭產生了不同的政治理論。與「理」（原理）不同的是，「氣」（生命能量）幾乎是以量的形式構想出來的某種實體，是類似乙太一樣的物質。因此，當氣開展出來化為萬物時，萬物內在都分受了氣的一部分；當生命到達終點時，構成生命的氣也由此消散，回到原本精純的狀態。在這種情況下，宇宙中沒有任何東西可以超越自身的限制，不可能涵攝整體宇宙，因為萬物都只擁有自己的一縷氣而已。以此，個人自我永遠也不可能完完全全地涵攝整個宇宙；而道學家希望能涵攝宇宙，這種志向在理論上從一開始就註定是不可能的。為了充分理解王廷相的政治思想，不妨讓我先仔細地解釋一下他的世界觀。首先，他並不相信整個宇宙有什麼根本大一統的結構，認為「萬事有萬事之理」，[23]否定世界具有大一統的原則；這並不代表他也否定了世間的所有秩

21 我對王廷相的哲學有更仔細地探討，請見：Youngmin Kim, "Cosmogony as political philosophy," *Philosophy East & West*, 58, no.1 (2008), 108-125.

22 （明）王廷相著、王孝魚點校，《王廷相集》（北京：中華書局，一九八九），頁八四九～八五〇。

23 同上註，頁八八九。

序，他所拒斥的是，所謂「世間有什麼大一統原則能貫通世間（萬物的理）」的這種看法。換句話說，他所駁斥的便是道家對「理」的提法中，隱含的那種貫通宇宙的抱負。其次，即便我們考察世間的歷史，也找不到什麼永久的大原則，世事都在不斷變化中。他說：「天下大勢不斷變化，是絕不會走回頭路、不會回到先前的狀態的。道並沒有固定的所在。」[24]（《雅述》：「天下之勢，變而不可返之道也。道無定在。」）雖然這似乎在表示，世間唯一的大道就是不斷的變化，但在現實中，不斷變動的大道，也不過就是隨著時代不同而存在的各種道罷了。第三，王廷相對一統大原則的裂解，最明顯可見的地方便在於他對道學人性論的駁斥，據他所說，並沒有所謂人性本善可言。不過我們得留意，王廷相也並不認為人性本惡，而是認為善惡的傾向都存在於人類天性中，且每個人的本性不同，取決於他具體的天資。這也意味著，王廷相的哲學人類學中所蘊涵最重要的主張，並不在於他解構了道德天性的觀念，而在於他解構了人類共性，不認為有道德天性能支撐著人類共性這種東西存在。

我們不妨整理一下王廷相人性論的幾項主張。首先，他拋棄了道學人性本善的說法，揚棄了那種積極樂觀的態度。其次，他拒斥人類共性的說法，不認為有道德本性能支撐這種東西存在；是以在人性的層次上，也沒有什麼基礎能支撐共同價值。第三，因為王廷相並不認為人類有完美天性存在，因此學習的過程也不再等同於自我實現的過程，相應地，在他的理念中，道德行動者的規範並沒有任何內在根源；相反地，在他眼中，人類是性質各異的原始素材，有待教養形塑。綜合來看，上述的所有要點都在表明道學的理想是無法成立的。與其固守道學的本心，王廷相主張，我們不妨以他認為正確的方式理解現實，認清在我們生存的世界中，每個個人和每個社群都選擇了不同的道德要求，都選擇以不同的方式來想像什麼叫做美好人生，將世界圖像從統一的整體加以裂解。這種做法再度激起政治思想的根本大問：是什麼原則或哪些原則，規範了人與人之間、人與世界之間的關係？要透過哪些歷程或程序，才能產生整體的社會秩序？

王廷相提出的替代說法如下：他的理念與道學最明顯的差異在於想造就社會福祉一事上，他強調了法律制度的角色，相應地也減低了個人道德的重要性。也確實，他對道德和法律給出了差不多的重要性：「聖人之道是同時使用大道、德性、禮儀、音樂以及刑法。」[25]（《雅述》：「聖人之道為天下國家，故道德、仁義、禮樂、刑法並用。」）在這裡特別值得注意的是，當道學偏好使用道德勸誘、比較不重視刑法時，王廷相卻認為刑法是統治的基本面向；只要想一想他對人類心理的解讀，看到他會如此強調要同時運用禮儀、刑罰等外在體制的力量，便也很容易理解了。

然而，要想更深刻地理解王廷相這種新的理念，我們還得要理解他的道德觀。事實上，他也對道德的概念加以重新定義，與道學的基本假設不同，他認為道德並不是發自於內心，而是由外在力量所創造。某種方面來說，道德是體制框架的一部分，而不是體制的對立面：「人性有善有惡，而道也因此有是有非。如果每個人都照天性行事的話，那就無法讓世間有秩序存在了。聖人擔心這種情況，於是修養大道以立下教誨，為

24（明）王廷相著、王孝魚點校，《王廷相集》（北京：中華書局，一九八九），頁七八二。譯者註：本處引自《雅述・御民篇》，不過事實上「道無定在」四個字，出自同書的〈作聖篇〉，請見同上註，頁七六二。

25 同上註，頁八五六。譯者註：英語的原文即省略了「天下國家」及「仁義」兩詞。

人民制定了標準。」[26]（《雅述》：「性有善否，道有是非，各任其性行之，不足以平治天下，故聖人憂之，修道以立教，而為生民準。」）這個段落顯示出，在王廷相的理念中，人性需要有外在的規訓。首先，天性中有善也有惡；其次，人性的善惡僅僅只是原始的性向而已，為了要讓這些性向能夠成為道德，讓人可以替生活帶來秩序，聖人便將這些性質發展成了堅實、完整的道德觀念。因此，道德標準並非設想成僅僅是自我實現而已，也不是人類天性自然發展的結果，而是必須由聖人創制。在聖人以道德來定義這些原始性向之前，沒有人知道哪些性向是好、哪些是壞；聖人將那些能幫社群帶來秩序的特質挑選出來，在這個基礎上定義了什麼叫作善。以此，王廷相一次次寫道：「要直到聖人建立了教誨，善和惡才有了標準。」[27]（《雅述》：「聖人取其性之善者以立教，而後善惡準焉。」）在這種理念中，要想成為有道德的人，需得仰賴規則的創制才行。

相應而言，王廷相對聖人的觀念與道學的觀念也大不相同，他的聖人並不追求永恆的、內在的、無可置疑的「心」或「理」：「世道的沉沉浮浮，時光的流轉變化，沒有停止的一天呀！因此，聖人和賢者可不是得要汲汲營營、不停地調適於時代才行嗎！」[28]（《雅述》：「世道之高下，時事之變，不容已者乎！聖賢汲汲，隨時以道救之，又惡能已乎？」）從王廷相的角度來看，聖人最大的德性便是他應對複雜世界的能力，同住在世上的人們有多元的利益和不同限制，周遭環境也不斷改變，在這樣碎裂的世界中要想建立、修正共同的規範，是令人望而生畏的任務、永無止境，但這對人類社群的根本結構而言又不可或缺。人們無可避免地要持續接收各種相互衝突的觀點，要不斷比較、要保持彈性、在不同立場中不斷周旋，然後在面對困難現勢時，要思考的最佳方案是什麼。王廷相否定了「人人皆有聖人資格」的說法，認為只有特定的人才有資格完成如此難鉅的任務。

對王廷相而言，世界沒有大一統的原則，也沒有規範的一面存在，真正的現實沒有價值判斷可言，必須從外部強加上去才行。王廷相設想的聖人代表是某種統治權威，替現實施加價值判斷；就他看來，實踐道德並不等於自我實現，而是滿足外在權威所施加的義務。義務與自我實現之間有一項非常重要的差異，當我們追求自我實現時，價值感對我們施加的力量是吸引人的、是自願的；但當我們是受義務而做某件事時，這個力量則是強迫性的。當然，義務的概念與法律相連繫，而不是與道德有關，因此我們在王廷相的政治思想中可以看見從道德到法律的這層轉移。

同樣地，王廷相與孟子不同，他鼓勵人面對複雜的情勢，認為單憑「人把惻隱之心推己及人出去」的話，並沒有辦法成就公共的道德原則。

問：「試著設想，如果人看到小孩快要掉進井裡了，必然會有惻隱之心吧？這種心理是什麼心理呢？」

答：「人類的心理本來就是如此呀。」

問：「那如果是自己的小孩掉進井裡，跟鄰居的小孩掉進井裡，人對哪種狀況的惻隱之心會更加強

26（明）王廷相著、王孝魚點校，《王廷相集》（北京：中華書局，一九八九），頁八五〇。
27 同上註，頁七六五。
28 同上註，頁七九五。

烈？會比較急著想要救誰呢？」

答：「自己的小孩。」

問：「那麼，這不就表示這個人將會忽視鄰居的小孩嗎？」[29]

（《性辨》：「『見孺子入井，必有怵惕之心，此何心耶？』曰：『仁心之自然也。』曰：『己之子與隣人之子入井，怵惕將孰切？』曰：『切子。』『救將孰急？』曰：『急子。』曰：「不亦忘鄰人之子耶？』」）

王廷相為了證明自己的論點，討論了孟子「小孩快要掉進井裡」這個著名的思想實驗，說明在那種情況中，我們（天性未加雕琢）的善並不足以達成社會正義，在我們直觀的道德情感（例如對家庭之愛）與社會正義之間，兩者有所扞格。道學家面對這些困難的情境時，得要彌合道德情感與社會正義之間的落差；而王廷相則指出，兩者的緊張對立不可能消除，我們不該選擇一方、犧牲另一方；他指出，我們原始的道德情感有時會趕不上社會正義的要求。

根據這個改編自孟子的思想實驗，在我們對自己子女的愛（道德情感）與我們對鄰人的感受之間，要彌合兩者並不容易。王廷相這種蘇格拉底式的詰問法展現出，要是自己的小孩和鄰人的小孩同時掉到井裡了，問題便絕望地無解。在這個情境中，當「意見分歧」（plurality）的眾人生活在一起時，單憑把自己的小愛延伸到社會領域上是不可行的做法。換句話說，覺得把惻隱之心延伸出去，可以作為普世的道德原理，這種談法不過是迷思罷了。我們身處不同的家庭，世界由各種層次的群體所組成，而每個層次上都有各自的原則支撐其運作，光是我們身處多種層次的群體這點來說，就無可避免會導致衝突。對社會來講，要想解決這種衝突、創制可行的社會規範，相比於對自己小孩的惻隱之心來說，應該要把對鄰人小孩的惻隱之心（即更為公共的情感）看作更重要的原則。這並不表示我們不能先救自己的小孩，要先救鄰居的小孩，而是表示社會規範應該建立在我們對鄰人小孩的惻隱之心，而不是對自己小孩的惻隱之心上。當道學主張兩種情感是同一種時，王廷相則相信兩者並不相同，而我們有必要對其仔細分辨。要塑造政治秩序，便需要解析人類生活中相互衝突的元素，需要建構道德價值以解決這些元素之間的衝突，也需要根據這些價值闡明教理，最後則是向人灌輸這些教訓。在這樣的理解中，規範便不再衍生自「道德生活即自我實現」的這種信念。道學主張，因為我們會自然地受道德吸引，最終每個人都會採行道德的行為；王廷相則認為，我們之所以實踐道德的行動，是因為我們透過教育內化、學習了這些慣習／規範。那麼，誰能肩負起這項責任，要創制社會價值，要依這些社會價值闡明教理呢？那個人就是作為聖人的君王（聖王）。

29 （明）王廷相著、王孝魚點校，《王廷相集》（北京：中華書局，一九八九），頁六〇九～六一〇。

第八章

是公民社會還是政治有機體？——帝制晚期的政治角色思辨

帝制晚期的中國政治，不能將國家與社會視為對立的二方。在國家與非官僚組織之間、在國家和宗親組織之間，彼此的關係更多是合作而非衝突。大致上來說，帝制晚期的國家得倚靠社會力量來完成治理的工作，而不是靠強硬地介入地方事務，這種發展完全不能表示公民社會取得了更大的自主性，侵蝕了國家的權力，反而代表國家職能受到增強、擴散出去，從此之後由各式各樣的非官僚組織加以落實國家的功能。

從秦始皇的觀點來看，中國這個國家似乎在穩定地走下坡路。在他統治之時，國家的制度力量顯得相對強而有力，據說皇帝建造了大型馳道，統一了度量衡，漢代的官修史書說：「後代子孫連可以踏足的彎曲小路都沒有。」[1]（《漢書．賈山傳》：「使其後世曾不得邪徑而託足焉。」）然而，在元代之後，就帝國尺度而言，中央政府似乎再也沒那麼積極投入基礎建設，諸如道路或是官方銀行體系等等。到晚清時，許多曾經的帝國馳道早已不復存在，也早就沒有維持住統一的度量衡。

但是，中華帝國並不純粹只是陷入混亂那麼簡單，人們仍然透過各種方法打理著自己的生活：水道運輸補足了陸路廢弛造成的不便，而遠程貿易也因此能繁榮發展；當井田制沒落廢棄時，人們也不再倚賴國家固定分發土地，而是尋求其他社會力量幫忙，諸如親族紐帶、信眾組織及大地主等等。雖然度量衡乍看之下標準混亂，但在整個帝制晚期，市價仍然維持著一定程度的穩定，在十八世紀早期尤其如此。藉重私人銀行體系的幫忙，清代政府及商人能夠進行跨區域的金融交易。[2]總而言之，許多社會部門蓬勃發展，彌補了國家制度力量的衰頹。

在治理龐大的中華帝國時，社會力量扮演了如此鮮明的角色；為了要理解這個現象，許多學者都曾努力運用社會科學的框架加以分析，尤其是討論所謂的「公民社會」（civil society）。他們開始問出了類似這樣的問題：「就什麼程度而言，中國算得上有發展出公民社會呢？」有的觀點說，中國社會大多數人是原子化的、孤立的，對國家無比順從，大致上也沒有能力以公民社會的方式形塑集體的行動；而提倡公民社會及公共領域（public sphere）論述的人在建構他們的論證時，有部分、或是絕大多數都在批判這種觀點，解釋在帝制晚期的中國裡，有許多非國家的治理方式。

其實，如果我們把公民社會的概念延伸到廣義的（半）公共空間的話，在中國歷史的任何時空中，我們可以套用在無數的例子上。因為國家要介入社會的力量有限，因此留出了很大的空間可以自主結成社群生活，從宗教組織到文學圈，一直到祕密會社、或是異端的地下網路等等，這些不同的行動組織和體制之間，顯然有非常多元複雜的關係，而且也會隨時間流逝有所變遷。就拿最明顯的例子來說，園林、廟宇通當作公共空間來使用，[3]有時候能讓各行各業的人相對自由地組織結社。在文學傳統中，與朝廷脫節的士人常常否定自身的主流地位，然後與其他志同道合的知識分子結成網路；參與社群生活的人通常都會陶冶另類的生活方式、拒絕出仕，無視那種千篇一律強調帝國中心重要性的說法。因此，單憑他們的活動得以存在，便恰恰反駁了黑格爾一派說「中國的國家無所不包」這種俗濫的講法。然而，儘管這些人表面上看似獨立自主，我們仍然需要探討他們是否有足夠的思想、組織和經濟資源，算不算得上是「公民社會」。

可以注意到，在所有中國歷史中，帝國通常都能成功地將不同的宗教納入官方自身的勢力之下，一如在第四章中，我們在討論唐代的貴族文化時，便能見到這個現象；如果宗教的領袖從屬於政治勢力，有沒有不服從的可能性便不是很清楚，如此幾乎算不上是「政治」組織了。韋伯的知名論點主張，中國的士人因為注

---

1 Karl Wittfogel, *Oriental despotism: a comparative study of total power*. (New Haven: Yale University Press, 1957), 38.
2 Lloyd Eastman, *Family, fields, and ancestors: constancy and change in China's social and economic history, 1550–1949*. (New York: Oxford University Press, 1988), 110-114.
3 Mark Lewis, *China between empires: the Northern and Southern dynasties*. (Cambridge, MA: Belknap Press of Harvard University Press, 2009), 102-113.

重塵世，因此缺乏超驗（transcendental，超越經驗的、形而上的）的手段，無法對既存秩序提出嚴厲的批判；[4]然而，實際上有許多反例存在。不論是漢末的「清議」或是魏晉的「清談」，這些人在政治上顯然都是具有強烈自我意識的群體，[5]很明顯要冒著被處死的風險，對抗被宦官把持的朝廷，變成一股與掌權者相抗衡的力量。不過，這些人究竟是否有形成足夠的組織力量、是否因此稱得上是「公民社會」？這個問題仍然沒有解決。大多數時候，政治異議者都選擇歸隱山林、逃避政治，甚至到了不再相信政治的程度。這些隱士很少以「公共事物」替自己的活動證成合理性；當他們主張從政以外的生活方式更為優越時，常常宣稱自己是超脫世事。同樣地，那些參與「清談」的人將自己的理念置於美學之上，認為自己比朝廷更為崇高，就他們看來，朝政非常粗野下流，充斥著赤裸裸的金錢和權力。[6]

因此，即便是像艾森施塔特這種新韋伯派的學者修正了韋伯對傳統中國的描述，認為中國有所謂的「現世超驗論」（this-worldly transcendentalism），具有潛在的變革力量，他也不得不承認，要定義社會的邊界和性質時，中國並沒有明顯的文化、宗教中心可以和政治中心相抗衡。[7]也就是說，雖然中國的士人有獨特的思想資源，提供了他們顛覆的潛能，但他們並沒有組織起來，沒有為實現這種超驗潛能提供基礎。據艾森施塔特所說，雖然許多的社會部門和空間實際上有高度的自主性，但意識形態的重心以及國家的體制力量鮮少受到挑戰。如果這樣的評估是正確的，那中國的傳統與西歐適成對反：在西歐，天主教會以及中產階級的組織都是完完全全的競爭對手，爭搶公共權柄的各種形式，有能力對原本組織混亂的社會進行改造。

最多人研究的例子，大概就是私人的書院了。這些書院散布全國，構成了水平鏈，將地方菁英連結起來，他們在中央政府的權柄之外獨立運作，參與了地方的政治行動；這種體制與垂直的向上服從相反，不像後者效忠於中央政府的權威。有項備受爭論的問題是，書院到底是完全自立、自主的組織，又或者是在國家的許可之下行動；而且，書院會固定從朝廷獲得財政支援，有時候也是準備科舉考試的場所，這些都讓問題變得更為複雜。當書院被視為政治派系鬥爭的溫床時，朝廷便予以打壓；當書院作為中介、傳播政府的訊息時，朝廷便大力扶植。[8]對許多人而言，這些不同的體制力量之間，既有職能上的關聯，又有深刻的緊張關係；此外，與基督宗教中那種龐大的體制網路相比，道學書院的制度力量實在是難以望其項背。我們並不該以為士人與國家之間只有純粹的對立關係；大多數的時候，士紳與君主是合作盟友。

明朝的立國宏規，並不完全能控制日後開展出來的局面。從明代中葉開始，市場經濟便穩定發展，甚至連經濟史家都將此稱作中國的第二次商業革命；農耕、印刷方面的科技進步，使得農產品以及思想產出的規模到達前所未有的水準。因為人們能夠大量長途旅行、販售商品，生產者和消費者的經濟圈也有了驚人的拓展，新的財源使得菁英不用那麼依賴國家，有餘裕進行文化創造；整體而言，道學反對國家介入私人經濟。[9]明代以白銀徵收土地稅更擴展了市場網路，加速了經濟成長，而自十六世紀晚期開始，白銀便從日本

4 Max Weber, *The religion of China: Confucianism and Taoism*. Glencoe, IL: Free Press, 1951.
5 Mark Lewis, *China between empires: the Northern and Southern dynasties*. (Cambridge, MA: Belknap Press of Harvard University Press, 2009), 47.
6 Ibid., 20, 53.
7 S. N. Eisenstadt, *Japanese civilization: a comparative view*. (Chicago; London: University of Chicago Press, 1996), 418-419.
8 William Rowe, *China's last empire: the great Qing*. (Cambridge, MA: Belknap Press of Harvard University Press, 2009), 159.
9 Richard von Glahn, *The economic history of China: from antiquity to the nineteenth century*. (Cambridge: Cambridge University Press, 2016), 10.

和祕魯穩定流入中國，更進一步刺激了明代經濟。由於經濟蓬勃發展，中國的人口暴增，在二百五十年間超過了兩倍。人口增長、高度商業化的社會、大型的都市商業階級等指標，都清楚說明了明初政府那種靜態的、根本上極為保守的願景，至此再也不可能維持了。但是即便如此，在整個帝制晚期之間，中國的商人也無法對國家構成挑戰，這點仍然沒有改變；商人往往熱切追求菁英文化，與國家攜手合作。在辯論中國是否有公民社會時，是上述所有的複雜面向構成了討論的背景。

中國的公民社會之辯

許多人都斷言中國歷史上的公民社會存在時間很短，就體制層面也相對發展不全。如孫文（一八六六—一九二五）對中國的譴責便極為著名：他稱中國社會呈原子化的狀態，說中國人是「一盤散沙」。同意孫文這種診斷的人夙夜匪懈，想將雜亂無章的大眾社會轉化成完完全全的公民社會；對他們而言，社會的病徵如下：在國家勢力的範圍之外，有明確政治主張的群體於二十世紀末以前鮮有能形成定制；例如，要到了二十世紀晚期，執政黨以外的獨立政黨在中國大陸和臺灣才合法化。

與上述這種由來已久的觀點不同，有另一群學者不但試著從近代早期歐洲找到與中國平行的現象，而且也認可，不同地方要走向現代世界，會有各自不同的歷史軌跡。他們的研究指出，受教育菁英由水平方向組織而成的各類社群（諸如行會和商團），以及自願的、非政府的、自治的活動等等，水準都有顯著的提升。

從晚明到清代的許多案例中，例如城市中心裡這些紳商一體的菁英群體，便從國家的手中謀求了高度的自主性。羅威廉（William Rowe）對漢口的研究便是很知名的例子：他試著呈現在帝制晚期的中國裡，有著早期現代性的各種特徵，例如外於國家的政治自主性、都會意識、公共行政的理性改革等等。[10]雖然羅威廉的目的只是要進行審慎的、中等幅度的概括歸納，不過許多學者在建構概念、思考這類社群生活時，認為在晚清和民國早期（十九世紀及二十世紀早期）時，這樣的社會整合便代表著「公共領域」，近似於歐洲的「公民社會」，因此認為帝制晚期的中國屬於「近代早期」（early modern）。

然而，即便這些例子確實落在帝國的指揮體系之外，享有高度的自主性，但中國與歐洲的經驗相似、平行之處，仍只是部分情況而已。奇怪的是，這些組織並沒有與國家形成對立，反而在國家行政工具通常無力施展的地方，還幫忙增進了國家的效能，因此加強了國家的力量。正是因為有這樣的脈絡，「中國有公民社會」的論點受到王國斌、魏斐德（Frederic Wakeman, 1937-2006）等學者的批評，拒絕使用公民社會這個框架；[11]雖然他們認可，中國有各式各樣的團體組織和體制存在，但他們並不認為團體組織的空間相對於國家來說擁有自主性，是以他們批評羅威廉的看法，強調團體組織的結構破碎，沒有辦法形成哈伯馬斯（Jürgen

10 William Rowe, *Hankow: conflict and community in a Chinese city, 1796–1895.* Stanford, CA: Stanford University Press, 1989.; "The public sphere in modern China." *Modern China,* 16, no.3 (1990), 309-329.

11 對公民社會具有代表性的討論，見《現代中國》期刊（*Modern China*）第十九卷（一九九三）有關公民社會與公共領域的專號；亦見 Philip Huang, "The paradigmatic crisis in modern Chinese studies: paradoxes in social and economic history." *Modern China,* 17, no.3 (1991), 320-321.; Frederic Wakeman, Jr., "The civil society and public sphere debate: Western reflections on Chinese political culture." *Modern China,* 19, no.2 (1993), 108-138.; R. BIN WONG（王國斌）, *China transformed: historical change and the limits of European experience.* (Ithaca, NY: Cornell University Press, 1997), 112-113.

Habermas）所說的「公共領域」。根據這些批評，從一六〇〇年至一九〇〇年間，帝制國家與地方菁英之間達成的關係並不是緊張對立，國家與社會之間的關係（尤其在長江三角洲一帶）特點應該是政治妥協才對。

以此，我們該完全摒棄歐洲經驗衍生出來的概念工具嗎？雖然狄培理並不這麼想，不過他也的確主張，我們不該誤以為能過度強調兩者的可比性。在帝制晚期和民國早期時，雖然公共領域看似有機會能拓展開來、前途無量，但最終這些潛能不夠強大，當益發威權、極權的手段應運亂局而生時，公共領域並沒有辦法克制這種發展。孫文和毛澤東的共同點，便是他們強硬的、威權的領導統御方式。總而言之，那些類似公民社會或公共領域的活動，因為缺乏有效的政治基礎，是以有所缺陷，這也是狄培理之所以對中國的當代政治看法並不樂觀的原因。[12]這並不表示他希望回復傳統觀點，不表示他強調中國沒有「公民社會」；事實上，他在帝制晚期中國裡重建了一種「自由傳統」，即便與近代早期西方並完全相同，至少也差可比擬。[13]但即便如此，他的焦點放在中國歷史中具有先知德性的改革者，而不是那些有組織的政治活動；[14]在他討論的案例中，人們起身與國家對抗，替公眾利益表達聲音。因此，他傾向使用「公民特質」（civility）一詞，而不是「公民社會」（civil society）。[15]同時他也同意，徒具個人高尚情操的魅力影響，並不足以面對國家內嵌於體制當中的暴力，就更不用說要想轉化既存秩序了。

當狄培理要討論宋代中「公民社會」如何成為一股組織力量時，他根據中國歷史的脈絡，為這個詞重新下了定義。對他而言，公民社會並不是與國家壓迫相對抗的社會，而是相對於舊有貴族和新興軍閥的統治，與之對抗的社會。[16]因為重點放在公民與軍事統治的對抗，是以「國家—社會關係」這項議題便不復存在。

當然，狄培理很清楚朱熹便積極奉獻於地方的志願活動中；然而，他在解釋道學家對地方志願活動的投入時，並不使用「公民社會」一詞，[17]因為這類活動「在最佳的狀況下，表露的也不過是一種溫和的家父長心理（paternalism）」；沒有跡象表明他們有什麼先知的角色或聲音」。[18]類似地，墨子刻（Thomas Metzger）將注意力從地方轉移到中央，認為中國傳統與歐洲有顯著差異。[19]中國的公民社會最重要的特徵之一，便是其由上而下的取徑，畢竟絕大多數的中國菁英都希望從中央開始下功夫，而同時這些人也對中央的政治腐敗多有批評。換句話說，帝制晚期的政治行動者即便傾心於改革，但並不是選擇在基層工作，讓平民自主的社群能遍地開花，而是充當中央政府權力的延伸。據墨子刻所言，在當代的中國大陸和臺灣，因為多數人生活的背景仍然深受這種傳統文化慣習的影響，因此並不選擇由下而上的取徑。

或許，因為中國的經驗和西方的概念無法順利彌合，在理論上我們因此便陷入了僵局。在墨子刻的概念使用中，「公民社會」變成一個意義寬泛、無所不包的詞語，連與西歐相差很大的政治現象，這個詞甚至也

12 Wm. Theodore de Bary, *The trouble with Confucianism*. (Cambridge, MA: Harvard University Press, 1991), 87-114.
13 Wm. Theodore de Bary, *The liberal tradition in China*. Hong Kong: Chinese University Press, 1983.
14 Wm. Theodore de Bary, The trouble with Confucianism. (Cambridge, MA: Harvard University Press, 1991), 103.
15 Wm. Theodore de Bary, *Nobility and civility: Asian ideals of leadership and the common good*. Cambridge, MA: Harvard University Press, 2004.
16 Ibid., 122.
17 Ibid., 135.
18 Wm. Theodore de Bary, The trouble with Confucianism. (Cambridge, MA: Harvard University Press, 1991), 96.
19 Thomas Metzger, "The Western concept of the civil society in the context of Chinese history." In: Sudipta Kaviraj and Sunil Khilnani, eds., *Civil society: history and possibilities*. Cambridge: Cambridge University Press, 2001.

擴充到可以包含進來的地步。正是在這個局面中，我們最能夠理解班傑明・艾爾曼（Benjamin Elman）如何在這場辯論中突破重圍，因為他對「公民社會」的適用有所質疑，所以決定用更具歷史的眼光仔細考察這項理念。據艾爾曼所言，對於哈伯馬斯談的公共領域和公民社會究竟能否適用於近代早期的中國史，美國漢學的這場辯論帶給我們的是更多疑問而非解方。[20]於是，他決定把注意力轉移到另一點上，對帝制晚期的知識分子而言，親族組織屬於「公共」的領域，因此與公民社會／公共領域所平行的事物，應該要在親族組織當中尋找，而不在於親族以外的志願團體。[21]也就是說，如果我們想要考察國家與個人之間的公眾領域，必須要把宗親團體擺在核心的位置，以此解釋帝國晚期的社會政治秩序，而不是以歷史錯置的方式，用當代的眼光挑揀歷史證據。確實，帝制晚期中國人的生活鑲嵌在較大的社會結構中，以親族紐帶為中心，例如安徽從明初一直到二十世紀，幾個大家族掌控了地方政治長達四、五百年。[22]

於此同時，我們也應注意到，親族紐帶的公共性質並非中國所獨有，而是早期國家的普遍特徵；[23]此外，在中國史中親族組織也並非一直都有公共的性質，隨時間不同而有所變化。這種公共性質最早可以追溯到南宋的地方轉向，當時的菁英群體偏好用婚姻嫁娶的方式與同鄉的世家大族結盟，而不是與整個帝國各地的菁英相互通婚。在宋代以前，在私人親緣關係與廣義的公共秩序之間，兩者明顯有所衝突。對中國的統治者和世家大族而言，當統治者想要從社會行動者身上榨取資源、以此發動戰爭時，國家的權力高低和宗親團體的發展興旺與否，兩者適成反比，也就是說，中國的國家在發展之時，其政治權威會不斷遭遇宗親團體製造的社會壓力。在戰國時期，因為國家構建等同於打造戰爭機器，為了讓繳稅、徵兵的家庭數量達到最大值，於是改變了家庭結構，至少到秦代滅亡為止，因為強有力的國家不斷製造壓力，周代早期世襲秩序的舊有模式也不斷崩毀，戰國菁英群體存活下來的家族後代引領了反抗、推翻秦國。在秦國滅亡之後，這些家族透過積累大量的財富和權力，逐漸對周圍的百姓產生可觀的勢力，而世家大族的聯盟則又形成地方分權的基礎，即便漢武帝曾試著要根絕這種危險，在他死後，國家的權力仍然開始大幅地裂解分散。至於東漢時，世家大族再度發展出綿密的家系結構，不同的世族相互聯姻；不過，因為當時主要的農業形態猶如園藝一般，[24]因此即便是權傾一時的家族，也沒有意願將小塊農田轉變成大型的莊園。正是因為這個原因，這些家族將土地均分諸子，透過共同的姓氏維繫聯盟關係，並沒有為了保持土地完整而採用長子繼承制。[25]

在漢代的哲學著作《太公陰符》中，將國家與家庭看作衝突對立的關係，反映了帝制早期的主流思想。[26]這本書大聲疾呼，對世家大族提出警告，要是積聚過度的私有財產，組成龐大的姻親聯盟，則可能因為實力勝過國家，從而有毀滅國家的風險。這種說法反映了在現實中世家大族益發地將親緣關係及經濟財富轉化為政治實力，透過參與慈善事業、扶植地方信仰等社群活動，他們獲取、掌握了地方勢力，越是樂善好

20 Benjamin Elman, "The failure of contemporary Chinese intellectual history." *Eighteenth-Century Studies*, 43, no.3 (2010), 371-391.
21 Benjamin Elman, "Imperial politics and Confucian societies in late imperial China." *Modern China*, 15, no.4 (1989), 379-418.
22 Lloyd Eastman, *Family, fields, and ancestors: constancy and change in China's social and economic history, 1550–1949*. (New York: Oxford University Press, 1988), 19.
23 Nicola Di Cosmo, *Ancient China and its enemies: the rise of nomadic power in East Asian history*. (Cambridge: Cambridge University Press, 2002), 98.
24 譯者註：指以勞力密集、精耕細作為主。
25 Mark Lewis, *The early Chinese empires: Qin and Han*. (Cambridge, MA: Belknap Press of Harvard University Press, 2007), 127.
26 Ibid., 117-127.

施，便越能動用地方群眾為己所用。當這些世族雄霸一方時，往往能利用其經濟資本、文化資本和組織資本，動用數千民眾為其服務；事實上，他們還透過姻親紐帶發動了集體叛亂。接下來的朝代如南北朝和唐朝等，都試著透過諸子均分財產的方式，將社會的基本單位控制在個人核心家庭的大小；或許，均田制可說是最後一次系統性的努力，讓農民不需要世家大族的庇護便能夠保有土地。

自從唐代的均田制崩潰、宋代新政的失敗以後，如果要大致歸納中國農村社會的特徵，用農村是幾個同姓家族的親族紐帶結合來形容，應該也離事實相去不遠。親族紐帶（尤其在中國南方）是帝制晚期政府治理的鮮明特徵，框定了很大一部分的政治秩序，在地方層級上有著半政治（quasi-political）的功能。當學者要談論親族紐帶時，指的並不是由一對父母和子女（及一兩位孫子女）構成的核心家庭，而是所謂的「父系家族」（patrilineage）這種廣義的宗親群體，是一群擁有共同先祖的人。這種大型的宗親團體會仔細記錄家族成員名單，有可能多達上百甚至上千人，還會以精細劃分的階級秩序定義每個人的祭祀身分。只要控制了與共同先祖間的親等距離，便可以擴張宗親團體可能的大小，彼此之間相互援助；由於「宗族究竟想認可哪些人為宗親」，採用了彈性的定義，因此成員的生理同源只是表象而已，宗族實際上是為了行使特定職能而精心調配的人造物。世家大族擁有農田和糧倉並加以管理，替宗族子弟設立家塾，建置族墳、宗祠，而在進行大宗投資時，共同持有的財產則成為資本動員的工具，[27]上述所有的活動參與，都一再鞏固宗族合作（corporate）群體的特質。

當帝制晚期的統治者和知識分子大聲疾呼，強烈主張把家庭確立為中國社會的基本單元時，是道學將親族紐帶放在新的思想基礎上，將家庭單元視為整個共同體（commonwealth）的源頭，也是共同體的本質。朱熹的《家禮》尤其如此，這本書在明代中葉流傳開來，書中在理論上再次將家庭的地位抬到新的高度，他強調了父系血脈（宗）的重要性，表示地方社群應該聚合起來，成為單一的、統一的族群（宗法）。這種高舉父系血緣體制的做法，可以看作是對所謂「胡人」風俗慣習的回應——在游牧族群中，男性和女性在家庭事務方面通常都共享領導的地位。

在朱熹的理念中，家庭不再只是政府的工具，也不再只是權力協商的標的，而是善治的理想模型；他將家庭看作是一種政治單元，有著近似政治的功能，並且在許多事物上，能部分代替國家本身的角色，成為權柄的來源。不像先前朝代的家庭般，不同家族凝聚一體並不會導致他們抵抗政府，而是將宗親群體想像成某種社會共善，並不只限於親族的利益本身而已。換句話說，父系家族與黑幫集團並不相同，在公共場域中並不像幫派會為了謀求私利而損害競爭對手的利益，也不像會受到徇私舞弊的指責；在道學的想像中，家庭能幫助強化社會秩序，闡明社會秩序的內涵，而這種配置加強了國家與家庭之間相互倚賴的關係。

在社會科學研究中，中國社會在歷史上的特質常常是拿來與歐洲對照，因此常被描述為，信任關係只存在於宗族群體之間，而不是某種普遍的道德，這樣的評價反映了歐洲的經驗。在歐洲，所謂現代政治的發展，普遍認為是指從親族本位的形式轉型為國家層級的組織。一如勞倫斯・史東（Lawrence Stone, 1919-

27 Teemu Ruskola, *Legal orientalism: China, the United States, and modern law*. (Cambridge, Mass.: Harvard University Press, 2013), 60-107.

1999）所說：「對於宗族、親族，以及上層階級領主與侍從之間的良好關係來說，對他們所信奉的價值而言，現代國家就是天敵，因為在社會、政治的層次來說，國家宣稱人應該優先效忠自己，而這些群體都直接威脅了國家的主張。」[28]換句話說，現代歐洲的許多國家理應體現、或相信自己體現了多數宗親群體的社會共善，否則當各家族追求自己的私利時，彼此會有所衝突。有了這種歷史經驗作為背景，有位社會學者便將國家定義為「以強制力作為手段的組織，與家庭或是宗親團體不同，在相當廣闊的領土內、在許多層面上，都較其他的組織佔有優先地位」。[29]當歐洲的君主試著要動用財源和軍隊時，因為資源掌握在宗親團體的手裡，因此統治者常常要面對各家族的抵抗，是以國與家之間會充滿了緊張關係也是情有可原。

廣義來說，朱熹對家庭的觀點，可以看作是回應了王安石國家集權理想的失敗，是為了要透過積累根本，試圖重塑社會／國家傾頹的大廈。據信當國家衰退時，恰恰是親族紐帶足以作為內在的聯結力量，將政治社群統合起來，譬如在南宋之時，政壇動盪促使族人緊跟著家主的腳步，設想在未來的發展或體制安排中，宗親組織可能會扮演關鍵角色。這裡要說的重點是，我們幾乎不可能將帝制晚期的中國政治單純地以二元的方式思考，不太可能將國家與社會視為陷入永恆鬥爭的對立二方；在國家與非官僚組織之間、以及國家和宗親組織之間，彼此的關係更多是合作而非衝突。大致上來說，帝制晚期的國家得倚靠社會力量來完成治理的工作，而不是靠強硬地介入地方事務，這種發展完全不能表示公民社會取得了更大的自主性，侵蝕了國家的權力，反而代表了國家職能受到增強、擴散出去，從此之後由各式各樣的非官僚組織加以落實國家的功能。在思考社群組織的生活時，比起試著運用西方論述傳統中所謂「公民社會」的概念，我們需要的是以更有建設性的方式進行考察，揚棄「國家—社會」的衝突模式，思考親族紐帶如何在公共治理中扮演重要的角色。在為帝制晚期中國的政治秩序找尋框架時，其中一種替代方案可以在《大學》這部經典裡的「八條目」找到，它從「有機的大整體」這個角度，對個人、家庭和國家的政治角色提出了解析。

《大學》八條目的追求

首先，八條目是什麼？《大學》開篇便描述了一系列的同心圓，說明了個人修養及政治再造的綱領。比較明確地說，八條目包含了（一）考察事物、（二）拓展知識、（三）真誠念想、（四）端正心意、（五）修養德性、（六）管理家庭、（七）治理國家、（八）讓天下太平。（《大學》：「格物、致知、誠意、正心、修身、齊家、治國、平天下。」）在多數人眼中，古代對於治天下這個議題的討論中，八條目是最有深度的說法之一。

然而，八條目確切的本質到底是什麼？其實非常曖昧不明。它有大致反映現實世界嗎？還是說，這是一種理想、一種規範理論？因為政治哲學家通常都從自身所處的現實環境中開始討論，或許八條目的說法既有

28 Lawrence Stone, *The family, sex, and marriage in England, 1500–1800*. (New York: Harper & Row, 1979), 99. 關於例外的狀況見：Julia Adams, *The familial state: ruling families and merchant capitalism in early modern Europe*. Ithaca, NY: Cornell University Press, 2005.

29 Charles Tilly, *Coercion, capital, and European states, AD 990–1990*. (Oxford: Basil Blackwell, 1990), 1.

理想性、也有現實面。八條目究竟在多大程度上試著要描述以前存在過的現實，又或者有多大程度是基於某種理想而提出的規範？不論是哪種情況，其實要下斷言都不太容易。我的主張是，我們應該要將八條目當成中國在帝制晚期的論述提要，說明論述的某些形式要件，而不該誤以為它直白地反映某種現實或某種願景。

理解八條目的不同取徑

杜維明曾試著推敲，看八條目能否啟發某種規範性的政治理論；對於八條目中從個人修養到政治再造，就其綱領而言如何貫通一體，他也重新提出闡釋。在他的分析中，很特別的一點在於，他棄置了公民社會或公共領域的概念，而是把「信賴社群」（fiduciary community）擺在核心的位置。在他規範性的理念中，道德自我、信賴社群、治理良善的國家以及和平的世界，構成一組和諧有序的同心圓，也就是說，只要自我能修養完善，就能變成道德的行動者，然後能創造和諧的家庭，最終能形成有條不紊的政治體，造就井然有序的世界。在解釋各項單元之間的關係時，他使用了「根本」與「枝幹」（本末）這組中國原生的二分概念；在這組概念中，幾乎沒有人會覺得兩者的關係是相互對立的，我們沒有必要切分出公共領域，使其成為定制，以讓國家與社會的衝突能在此發生，而是讓相對小的圈子成為根本，支撐較大的圈子存在。我們所修養的道德自我構成了信賴社群的根本，而信賴社群則構成了自我的枝幹延伸。總而言之，在很大的程度上，人們以修身來理解政治秩序，從內心向外擴展、觸及到整個大整體上。[30]

對狄培理來說，雖然杜維明的理念正確反映了「孔子」的信賴社群觀，但他也指出，杜維明把「社群」

一詞放在家與國之間，可是事實上，原本的八條目並沒有這樣一個詞。在了解帝制晚期中國的政治秩序時，這種論述上的失語能帶給我們什麼啟示呢？據狄培理所言，家與國之間的空白表示，能調合兩者的基礎結構並不存在。雖說如此，他似乎認為八條目亦步亦趨地反映了帝制晚期中國的社會政治結構，也就是說，他似乎假定文本中納含了世間的社會現實。[31]

我對這個議題的看法是，我們有必要更審慎地掌握，世界是如何受到文本存在的影響，而非倒果為因。要更清楚地理解現實和規範理論之間可能具有的關係，我們既不能將八條目看作是對現實的白描，也不能看作是某種獨立的哲學理論建構，而是需要將它看作是論述的形式要件，意思就是說，八條目是種共通的語彙，絕大多數帝制晚期的中國知識分子都共享了這種思想資源，因此他們能將自身的想法化為文字。這種觀點便能解釋，為什麼帝制晚期的中國雖然有各式各樣的非國家領域存在，在八條目中卻沒有與公民社會或公共領域等功能類似的概念。當八條目所使用的語彙初次形成、變成《禮記》的一部分時（《禮記》是漢代談論禮制的論述彙編），而當時不像帝制晚期那樣，尚且還沒有「公共領域」發展出來。那麼，下個問題便是：為什麼帝制晚期的思想家不願意根據體制情形的變遷，調整八條目當中的單元？要回答這個問題，我們可以思考對於語彙的創造性挪用。雖然哲學思考必須仰賴某些論述的形式要件，但要是以為個人主體在哲學思考的過程中只是被動的行為者，便大錯特錯；雖然政治言論會高度受到語言的支配，就好像結構會限制思

30 Tu Wei-ming（杜維明）, *Centrality and commonality: an essay on Confucian religiousness*. Albany: State University of New York Press, 1989.

31 Wm. Theodore de Bary, *The trouble with Confucianism*. (Cambridge, MA: Harvard University Press, 1991), 98.

想一樣，但同時語言也是一種可以運用的資源，一如波考克所論，語言具有多重的結構，讓人能夠說出各式各樣、甚至完全對立的主張。[32]

因為《大學》自從宋代以來便位列《四書》正典，因此它也成為中國政治思想的典範，權威的地位上升到超越了時代的差異，而特別是八條目的影響又極其深遠、歷久不衰，啟發了政治思想家使用這種結構想像來打造政治理念，諸如《大學衍義》、《大學衍義補》等等。在辯論政治行為的合法性時，因為人是根據現有的語言規則用字遣詞，在既存的思想基礎上提出主張，因此論據的形式總是離不開對於「要如何解讀、運用詞語和概念」進行討論。在辯論的過程中，八條目的精煉之處也成了深刻之處，讓人可以發展出許多詮釋；我們在討論王陽明的思想時，便能看出這點。

作為政治語彙與政治綱領的八條目

在檢視王陽明的政治思想之前，我們不妨先想一想，八條目作為政治語彙和政治綱領，有哪些重要的特徵。首先，它的獨特之處在於，八條目主張從個人修養一直到大尺度的政治再造之間，兩者的方法貫通一氣；但兩者之間確切的關聯為何，可以依思想家的不同理念而有不同的定義。有的人可能會想主張，皇帝身處國家官僚的頂點，而其修養便「造就」了國家的順利統治；有的則會主張，尋常個人都能幫助他人，讓善行擴散出去，而國家也因此能夠順利統治；又或者，有的人也可以設想，八條目是種漸進理論，預設對內在個人良心的修煉能開啟下個階段的可能性，慢慢從一個階段擴大到下一個。

其次，它是個非常特別、無所不包的理想，治理的理論尺度比「國家─社會」關係還走得更遠，向內有個人的心理，外向則包含了世界整體；它是一幅理想圖像，當中有個無所不包的世界帝國，連外國人會臣服在帝國的控制之下。

第三，在八條目描繪的圖像中，整個國境是包羅萬象、和諧一體的結構，是個集團般的存在，結合了各個層面、不可分割，與「國家─社會關係」的衝突對抗完全相反。因為它把整個國境的構成單元都想像成共生而非敵對的狀態，因此國家的組成是個單一、巨大的有機體，而不是不同力量之間的對立與平衡；在這種理念中，統治者要得到人民的忠誠，並不能訴諸契約關係，而是要訴諸於團結一體。此外，整個國境並不只存在於現實體制裡，而且也存在於道德當中，八條目的理念使得社會的每個部門都對自己的跨界影響力負有責任，對整體以及對其他部門都會產生影響，要求每個部門（不管是個人、家庭、還是國家）都持續不懈地克服自己的混亂情況，以維持正面、長期的影響力；這種理念並不把每個部門之間的關係當作競爭場，並不是好像各部門都與道德無涉、爭相強加自己的意願一樣。簡而言之，八條目代表一組語彙，適合用來把整個帝國想像成一個道德有機體，每個單位彼此既有分別，卻又相互作用、一起合作。

用八條目的語彙來看，帝制晚期中國的國家便未必顯得十分貧弱。相較於傳統的說法令我們產生的印象來說，八條目讓我們可以從不同的角度理解「國家─社會」這個議題，發現權力其實是更為複雜的實體。在

32 J. G. A. Pocock, *Virtue, commerce, and history.* (Cambridge: Cambridge University Press, 1985), 9.

傳統的觀點來看，中央政府是主要的政治行動者，對社會施展權力；在這種理解下，如果力量能有效集中在強有力的君主或中央政府手中的話，則國家的權力便達到了頂峰；也就是說，如果統治者要能產生威勢，則讓渡給地方群體的權力要越小越好，而相對地，地方群體也認為自己的權力受統治者威脅。採取這種傳統觀點的學者，大多將注意力集中在中央政府的體制上，視地方治理的基礎建設不過是中央政府的工具而已。歷史上來看，不論是戰國時代、近代早期的歐洲國家，又或是清代早期的領土擴張，三者國家形成的過程都與這種解釋框架相當契合。在國家形成過程中，至高的君主為了敵人競爭，追求增加利潤、擴大軍隊；在這個脈絡裡，權力最典型的形式便是脅迫，在辦事的過程中，通常需要明示或暗示背後有武力威脅。要想清楚理解統治者的政治行為，必須把權力想成一種獨立的實體，貯存在中央手上，而中央則向外延伸進不同的場域；一旦權力集中起來，要投射出去也相對容易。在這種設想模式中，如果相互競爭的各個群體想要馴服統治者的話，權力的制衡便有所必要。相反地，上述對中國帝制晚期的分析顯示，我們必須揚棄這種對中央體制的偏執迷戀，需要考量更大尺度的整體才行。在這個有機體的看法中，要衡量國家的力量並不需要看中央政府有多少能力能影響社會，也不是看社會有多少能力能限制政府操縱的空間；在這種設想模式中，重要的是國家有多大的程度上與社會鑲嵌一體，使得「國家—社會」能產生協同作用，在每個臣屬的領域中都維持著帝國的存在。

從這個角度來看待政治配置的話，會令我們不得不反思權力的本質。在此，權力可以想成是鑲嵌在某種結構中，有橫跨各部門的團結力量、綿密的社會網路、以及相互關聯的結構作為基礎，相互倚賴的關係才得以運作。

即便中央集權的程度有所下降，但仍然可以說國家的權力極為強盛，因為這種權力為許多部分共同分享；當權力是共享的狀態時，不論統治者和被統治者都認為自己握有權力，因此權力要下放地方或收回中央，也就能毫無阻礙。即便當權力下放到地方的行動者時，統治者並不覺得自己權力受到威脅；而當中央官僚將地方行動者排除在外時，地方行動者也沒有理由覺得受到疏遠。於此同時，若是要發起集體行動來對抗中央政府，這種組織力量會受到阻撓，因為這樣做會傷害整個政治體的有機結構；相反地，團體組織和各種中介群體獲得合作機會，替帝國理念執行政治行動。從這個角度來看，權力除了有脅迫人的一面之外，顯然也有增能、合作的一面，也就不令人意外了；除非把這種有機體的理念換成了無機體的理念，要不然異議者鮮少會聚合成大型的群眾反抗運動。因此，我們不該把那麼多心力花在討論國家和社會的界線該劃在哪裡，而是該看公私體制如何參與了群眾治理（popular governance）的任務。

若是這種政治理念要想落實，維持有機的結構，或是維持這種結構的想像，便極為關鍵。換句話說，我們最好是將國家想像成鑲嵌在社會裡，而不是與社會隔絕開來；這裡所討論的國家權力並不只有榨取資源、脅迫社會這種功能，而是包括了規範社會的能力，意即將這種有機體的想像投射到社會上的能力。因此，統治者理應不斷發展新的方法，讓大多數群眾參與到更廣泛的聯盟體系中，因為每個部門都對維持規範共享了責任感，因此能黏合在一塊；要是統治者在現實中或在想像裡沒能打造出社會有機體，國家的權力便會大受削弱。這便是為什麼對中國在帝制晚期的治理來說，教育會這麼重要，因為它是投射象徵權力的主要手段。

在打造、重塑社會結構的同時，要是能透過教育在行動者的心中複製這種觀點，將社會視為有機體，有機會能達成的社會和諧就越被視為理所當然，只要到了這種程度，既存的政治秩序便越不像是任意生成的結果（也就是說，不再只是諸多可能的選項之一），而是不證自明、理所當然、不可質疑的政治秩序。以此，在眾人的眼中，權力仍然取決於群眾的服從意願；在這種將政治秩序視為有機體的觀點中，脅迫的力量只會自我毀滅。要是有人施加脅迫的力量，便表示這種關係不再處於有機的狀態，也就是說，統治者會陷入危險，嘗到濫用脅迫力量的苦果。

政治有機體的兩種理念

只要八條目和政治有機體（body politics）[33]的理念仍然屬於政治語彙，政治的行動者便可將其挪為己用。雖然語言為帝制晚期中國的政治論述框定了界線，但既然這樣的語彙橫跨了好幾個世紀，也曾經用在千變萬化的思想脈絡中，我們應該要預見，各種挪用詮釋之間會有衝突和變化。為了避免繁冗，我選擇討論兩種對立的挪用方式。

對君主的勸諫：集合政治體的各部門團結合作

首先，有的人想的可能是由上而下控制的有機體。在這種想像中，統治者的功能像個指揮塔一樣，又或者像是生物的送血中樞。在大多數屬勸諫書的典籍中，都是用這種等級高低的排序方式，來解釋統治者個人要怎麼樣創造、維繫一個以道德統合而成的社群。在他們的討論中，常常以有機體作譬喻點綴其間，想像家庭、國家和自我就像互相依賴的器官，不論就意識形態或是組織上，都同屬一個單一、穩定的身體。[34]有個值得一提的例子，便是政治有機體的比喻，描述四肢是怎樣與軀幹連結在一起，從這種以統治者為核心的觀點來看，君主代表身體的頭，然後有不同的階級排序而下，每個成員都賦予如肚子或四肢等角色。肢體在與頭齊心行動時，應該提倡社會團結，而不是站在頭的對立面；不論是頭或是肢體，兩者都有天生的義務，要保護整個身體的福祉安康。[35]就算頭部受到損傷了，其他的部位要想補正缺陷，最基本的方法不是集體的抵抗，而是予以規勸，以免損傷擴大到身體上。從這種由上而下的視角來看，因為最終的目標是在所有部門之間達到合諧一致，每個部門的道德完滿不過是手段，而不是目的。

中國的思想傳統如歐洲一樣，在勸諫書的文類中，可以找到許多政治有機體的相關類比，從《貞觀政要》到《大學衍義》等，許多勸諫書都使用了父親的角色來象徵統治，並發展出複雜的身體譬喻。就連明太

33 譯者註：一如本節論，政治有機體（body politics）指的是將政治體（polity）以身體或有機體為譬喻所闡述的理念，也有人譯為「政治身體論」，或是譯為「身體政治」。然而，漢語學術圈中的「身體政治」也可以翻譯英文的「politics of body」一詞，討論社會和政治如何規範、控制人的身體，尤其是因為性別產生的差別對待，而人的身體及性別又如何作為政治權力鬥爭的場域、標的。為了避免誤會，本書不使用「身體政治」的譯法。

34 有關上古中國的身體譬喻見：Yuri Pines, *Foundations of Confucian thought: intellectual life in the Chunqiu period, 722–453 BCE.,* (Honolulu: University of Hawai'i Press, 2002), 159.

35 相關的重要段落引述見：Wing-tsit Chan, trans., *Instructions for practical living and other neo-Confucian writings by Wang Yang-ming.* (New York: Columbia University Press, 1963), 222-223.

祖和他的策士，也運用了有機體當作類比概念。[36]明太祖不只欣賞《大學衍義》這樣的著作，甚至還將自己視為統治蜂巢的蜂王，認為理想的臣民應辛勤勞作，在整個大型、環環相扣的有機系統中僅守該在的位置，扮演明確、固定的角色。當然，在他發現領土捲入衝突、可能會破壞整個有機體的結構時，便會將暴力手段當作國家的工具使用；他有時極為殘暴，就像帶刺的蜜蜂，彷彿是為了那些被統治者而螫人一樣。

對多數的中國皇帝來說，整個政治體中各部門並不是彼此孤立、相互抗衡，每個部門並不能為了私利損害他人；相反地，在這個政治體系中，一切的事物之間存在該有的各種關係，彼此連為一體。因此，帝王之術絕非像指揮家一樣，並不是要「編配」各種有可能會相互衝突的利益，而是要將社群的各個部門集合起來，在協合、信任的基礎上整合成信賴社群。只要社會結構的有機性質繼續維持下去，便不太需要官僚來施加規範體系，而國家出手干預的領域也因此有所限制。治理的主要目的比較不在於預防什麼事，而在於保證能量可以自然流動、良好運作，或是在於創造框架，讓各種進程可以自然發展；至於統治者的夢想，則是人人能自視為同一個身體的成員，緊密相連、完全一體，從而能同心同德、完成集體行動。

對平民的建議：王陽明的政治思想[37]

政治有機體表面上看起來是無可改變的修辭，但在表象背後，實際上有更為複雜的理路運作其中，證成統合主義國家（corporatist state）的合理性。有許多其他的思想家也採借了八條目和單一身體的意象，建構他們自己獨特的統合主義理想，將政治體的各個部分編織、連結一體。在這章餘下的內容中，我們將檢視王陽明的政治思想；他對後世的思想家有非常廣泛的影響力。不像先前各種勸諫書的作者那樣迂迴，他直接將自己的理念傳達給平民百姓，影響的範圍超過了菁英階層；在他設想的道德有機體中，人們並不將自己的忠誠或道德情感向上延伸到君主身上，而是水平地延伸出去給自己的同儕。

王陽明在邏輯上，將道學對人類共性的觀點推到了極致，尤其是他將「心」等同為「性」，由此創造了自持的道德行動者，能在自我潛在的善以及當下真實狀態之間，彌合兩者的差異。在王陽明的理念中，「滿街的人都是聖人」，[38]也就是說，因為每個人天生都被賦予了能夠實踐道德的心性，因此都能主動將自己變成有德性的人。既然每個人都有內在的道德秉性，能夠在正確的時間、以正確的方式感受到正確的情感，都擁有意志力能與不當的私欲對抗，因此我們就不需要有規定繁瑣的典籍來告訴我們該不該做什麼事情。雖然這種「自持的道德行動者」的談法非常激勵人心，但同時卻也可能隱含了某些問題。因為理想境界和現實境界之間存在著緊張，因此人類世界有社會規範，而這種緊張感源自於兩種境界之間的微妙差異。如果理想和現實差距太小、在性質上沒有差異的話，那現實世界也沒有什麼理想可嚮往，緊張感也就不存在了；要是社會規範的緊張感並不存在，那麼道德實踐的力度便會遭受某些威脅。因此，批評王陽明的人常說，所謂「自持的道德行動者」，會使道德行為充滿了恣意、主觀的解釋。[39]

36 例如，見劉基（一三一一—一三七五）《郁離子》文集中的〈蜂蟻論〉。
37 有關我對於王陽明思想更深入的討論見：http://www.iep.utm.edu/wangyang/。
38 Wing-tsit Chan, trans., *Instructions for practical living and other neo-Confucian writings by Wang Yang-ming*. (New York: Columbia University Press, 1963), 240.
39 對於具體的批評內容見：Youngmin Kim, "Luo Qinshun (1465–1547) and his intellectual context." *T'oung Pao*, 89, no.4 (2003), 367-441.

然而，在王陽明的理想中，社會規範的緊張感並非完全不存在，對他來說，「心之本體」代表了心理的原始狀態，具有完備的能力下道德判斷，而「人心」則代表受人類私欲影響，有了「障礙」，因此無法實現這樣的能力；既然心理在當下的狀態通常都處在「人心」的這個水準，人們理應要努力復歸心之本體才行。只要王陽明維持對人心與心之本體的區分，則問題並不在於「是否要」設定規範性的理想，而是「如何達成」的問題。最重要的是，在王陽明的思考方式中，他不將規範性的理想看作是獨立於心理功能以外的事物；意思就是說，因為心之本體和人心都代表著我們意識的某些狀態，因此規範性的理想與現實之間，就存有（ontological）的層次而言並沒有差別。心之本體與人心唯一的差別，在於人心是否受到了私欲的屏障遮擋；也就是說，只要我們能摒棄私欲，並不需要學習典籍也能對事物根本的道德特性有著直覺的把握（良知）。王陽明將道德知識簡單等同於提倡個人的良知，我們並不需要出身高貴，甚至也無需進身貴族，也有機會成為聖人。成為聖人的標準不再是出身或排行，而是單看我們能否脫離心理的自利偏私，從褊狹中提升上來。因此，王陽明有不少門人並沒有受過太多的教育。

王陽明「道德內生」（internalist）的主張非常強烈，令人不禁懷疑它對外在世界而言有什麼重要性。這樣說來，他要用什麼理由主張他的學問既專注於內心、又不棄絕外在世界呢？答案就在他對世界重新下的定義：沒有任何東西存在心理之外。

九川很疑惑，於是說：「事物明明就在外面，我們的生命、心理、意志和知識，怎麼可能全部都是同一件事呢？」老師回答道：「耳朵、眼睛、嘴巴、鼻子以及四肢，都是身體的一部分，可是它們沒有心的話，又怎麼能看、能聽、能說、能動呢？同時，要是沒有耳朵、眼睛、嘴巴、鼻子和四肢的話，心也看不到、聽不到、說不出口、也做不到想做的事了。因此，如果心不存在，則身體也不存在；而如果身體不存在，心也就不存在了。佔有空間的東西叫作身體，而主宰的叫作心。當心理運作的時候，便叫做意志；而意志的靈感知覺便叫做知識；意志所觸及的東西則稱為物。這些全都是同一件事，永遠不會存在真空當中，與事物必定相互連結。」[40]

（《傳習錄．門人陳九川錄》：「九川疑曰：『物在外，如何與身、心、意、知是一件？』先生曰：『耳、目、口、鼻、四肢，身也，非心安能視、聽、言、動？心欲視、聽、言、動，無耳、目、口、鼻、四肢亦不能。故無心則無身，無身則無心。但指其充塞處言之謂之身，指其主宰處言之謂之心，指心之發動處謂之意，指意之靈明處謂之知，指意之涉著處謂之物，只是一件。意未有懸空的，必著事物。』」）

在回應學生的問題時，王陽明發展了他自己獨特的認識論；在他對世界的新定義中，這種理解扮演了關鍵的角色。對他來說，外在的世界並非在心理之外、存在於外的東西，而是「意志所觸及的東西」。這種定義外在世界的新方式立基於一項洞見，我們對於世界所知的任何事情，都是由經驗作為中介，而經驗之所以

40 Wing-tsit Chan, trans., *Instructions for practical living and other neo-Confucian writings by Wang Yang-ming.* (New York: Columbia University Press, 1963), 189.

可能，則是因為我們有感官，這些感官的活動又連動著我們的心理，是以我們生命中所見所知的所有事情，都與心理相關聯。在這種設想方式裡，世界不再是外於心理的獨立實體，而是心理不可分割的一部分；在這個圖像中，我們對外在世界的認識，永遠都以自我作為參照點。

這種主張令人不禁想問道，要是我們沒有內心活動的話，是不是外在世界就不復存在了？也確實，王陽明的學生便有人提出了這種可能性：「一位朋友指著崖上開滿花的樹木說道：『你說天底下在心理之外便沒有東西存在。可是這些長花的樹木在山林裡，自己花開花謝，與我的內心又有什麼關聯呢？』」[41]（《傳習錄．門人黃省曾錄》：「一友指巖中花樹問曰：『天下無心外之物，如此花樹，在深山中自開自落，於我心亦何相關？』」）不過，如果以為他像喬治・柏克萊（George Berkeley, 1685-1753）一樣，認為只有心靈和觀念存在的話，那樣就錯了。王陽明並不否定有個外在世界獨立於心靈存在，提供我們可供觀察的證據，作為實證信念的基礎；他的主張是，只有對具有意識的生物來說，才存在著所謂的「生活世界」（life-world）這種東西，[42]因為任何東西之所能分授意義給我們的生活世界，先決條件便是意識的存在。在我們的生命中，意義屬於意識，而不屬於外在的世界。此處所討論的重點並不是「外在有實體存在」，而是在於我們之所以能夠正確理解自己與世界的關係，是因為有（心理）活動存在，因此能產生視角，而最能解釋這種視角的概念，便是約翰・舍爾（John Searle）所說的「第一人稱存有論」（first-persion ontology）。[43]第一人稱存有論是指，心靈現象只有在人類主體經驗到時才會存在；與此相對的是第三人稱存有論，指的是獨立於任何經驗者的一種存在方式。

要是從第一人稱存有論來看，整個世界便成了一種瞬時運動的集合體，在個人的知覺中展開。如果我們同意王陽明的說法，事物是「心理運作所觸及的東西」，則真實世界在我們的生命中則成了經驗的世界。換句話說，世界並非沉默、不動、空白一片，而是受到觸發、受到召喚，在這樣的世界中，借用米榭・德塞爾托（Michel de Certeau, 1925-1986）的話，我們就是不斷移動的行人。[44]也確實，生命的表徵在於吃飯、睡覺、說話等移動的行為中，而非靜止不動的觀看；比較精確地說，因為我們無時無刻都在經驗這個世界，所此在某種程度上，我們連靜止的時候也仍在移動著。透過這些移動，我們時時刻刻都在觸發世界。

對於內心與外物的這種新配置，使得兩者有了相同的延伸範圍。對王陽明來說，因為世界不過就是心理運作所觸及的事物，因此內心與外在世界沒有辦法截然二分。[45]這種新的心物配置讓我們從一開始便能完全地觸及自我，也能完全地觸及外在世界；若我們檢視王陽明對《大學》八條目的觀點時，這種變化便更為明顯。王陽明否定了所謂八條目的說法：「從『考察事物』、『拓展知識』一直到『讓天下太平』之間，不過是『弘揚明朗的德性』（明明德）而已。」[46]（《傳習錄・門人陸澄錄》：「自格物致知至平天下，只是一

41 Wing-tsit Chan, trans., *Instructions for practical living and other neo-Confucian writings by Wang Yang-ming.* (New York: Columbia University Press, 1963), 222.

42 譯者註：生活世界（life-word，*Lebenswelt*），語出哲學家埃德蒙德・胡塞爾（Edmund Husserl, 1859-1938）的用法，廣義指稱透過經驗所感受到的世界；而因為人先天的意識結構是相同的，因此經驗所感受到的世界可以互相溝通、交流。

43 John Searle, *Mind: a brief introduction.* (Oxford; New York: Oxford University Press, 2004), 68-90. 譯者註：存有論（ontology）亦常譯為「本體論」。為了避免與文言中的本體（如上文所說心之本體）相混淆，此處選取了比較符合白話意義的「存有論」這個譯法。

44 Michel de Certeau, *The practice of everyday life.* (Berkeley: University of California Press, 1984), 11.

45 Philip Ivanhoe, *Ethics in the Confucian tradition.* (Atlanta, GA: The American Academy of Religion, 1990), 25.

46 Wing-tsit Chan, trans., *Instructions for practical living and other neo-Confucian writings by Wang Yang-ming.* (New York: Columbia University Press, 1963), 55.

個明明德。」）雖然在狄培理的理解中，將《大學》八條目貫通起來的邏輯是空間，但在王陽明的世界裡，是毫無破綻的共時性將內心與外在世界串連起來：世界的每個領域，皆是自我的領域。我們可以這麼說，因為自我要通往世界，不再有中介存在，而同時在自我的尺度之外也沒有世界存在，因此世界與自我的距離大幅地縮短。

「知行合一」這個理論大概是王陽明思想中最為著名的一個面向，我們不妨在這裡稍作討論，應該會有不少收穫。在討論知與行的關係時，討論的其實是「知道（道德）知識」以及「實踐知識所訴求的東西」之間，有著什麼樣的關聯。傳統來看，中國思想傾向主張，只要我們有獲得知識，便應該要盡力將知識化為實用，這種傳統觀點恰恰是王陽明駁斥的對象。雖然傳統觀點強調將知識化作實用的重要性，但它預設了兩種可能：首先，我們有可能在做出相應的行動之前便可以獲取知識，甚至可以不透過行動來完成；其次，我們有可能即便知道什麼是恰當的行為，卻還是沒有成功達成這樣的行為。因為有這兩種可能，傳統觀點開了大門，讓知與行得以分開，卻還教人要克服這種分裂。

相反地，王陽明否定了這兩種可能，以兩種否定構成了知行合一的理論基礎。首先，據他所說，只有在行動的「同時」我們才能獲取知識；在這個脈絡中，他所指的知識並不是指稱把握外在的資訊，而是知道在給定的情形中要如何行動。我們並不需要花費任何時間來學習這種知識；確切地說，我們根本沒有辦法獲取知識，因為我們是自持的道德行動者，因此早在一開始就擁有這些知識了。從這個意義上，當我們「知道」一件事時，指的並不是從外界得到一件本來沒有的事物，而是在自己生命的具體情境中，經驗到內在知識／

知覺歷程（knowledge/knowing）的運作，傳統所說的取得知識，指的不過是經驗到我們內在本有的知識／知覺歷程罷了（澄明了「理」）。

「行」具體來說，又是什麼呢？在思考道德行動時，王陽明想的並非是起心動念「然後」化作實踐的過程；對他而言，要是真正能認知到某種情形的話，會自動、而且立刻就開始動起來。在認知到某項情況後，因為王陽明強調行為的開始動作，因此他理論講的「行」並不等於我們習慣上會想到的那種行動；對他來說，行的意思是指對於特定情形的所有回應方式。也確實，我們的生命時常會對我們拋出各種情況，有時別無選擇，只能針對某事某物作出行動；當我們把所謂行動大致看成是對某個情況的回應時，我們便很難不做任何舉動，甚至連沉思都算是一種行動，畢竟我們尚且沒有離開身處的「情境」當中。要理解王陽明之所以把行動看作是對給定情況的回應，我們需要記得他對世界的新定義。為了要描述生活的真實構造在王陽明內心是什麼樣子，我將會使用「行走」作為類比，相較其他對經驗比較靜態的想像而言，這種方式提供了另一種男考，不會讓人誤以為好像人是處在真實世界之外一樣；對王陽明來說，我們的生活便是由「活在各個當下」所組成。

在把王陽明對知與行的理解放在心上的同時，我們不妨想像一下，現在發生了某種情況，而我們需要根據擁有的知識做出行動；我們並不會浪費任何時間獲取知識，所需要做的只是回應特定的情況就好。知識並不是固定的知識，而是在面對不斷變化的處境時，各種不斷變化的回應：「內在的知識之於各種處境、各種細節來說，就好像是直尺圓規之於長度和面積一樣：不可能事前預知細節和處境是什麼，就好像世界有無限的面積和長度，不可能用尺規窮盡一樣。」[47]（《傳習錄．答顧東橋書》：「夫良知之於節目時變，猶規矩尺度之於方圓長短也：節目時變之不可預定，猶方圓長短之不可勝窮也。」）在這裡，王陽明訴諸的是「道德判斷會因時制宜的本質，對於細節脈絡極度地敏銳和審慎」。[48]以此，知識是直覺的。將這種對於知和行的思考框架納入考量，我們便能理解前述在王陽明知行合一的理論中兩項特別的論點。首先，只有在「行為」的同時，人能才獲得知識，這是因為人已經擁有了知識，因此看似是習得知識的過程，實際上是觸發既存的內在知識而已；知識要透過與情況處境的接觸才能觸發，這個過程便叫作「行」。其次，知道必然／本來便會導向行動，對王陽明來說，「知」指的是知道如何回應特定情況，而「行」指的是對特定情況的回應。而且，我們別無選擇，必定會對世界有所回應，因為我們無時無刻都「行走」於世，因此「行」不只是在形成對世界的知識之後才接續進行的活動，而是人類生活的根本模式。既然人的內在就已經知道在各種狀況中要如何行動，而且人會不得不做出反應，那麼知便必然會導向行了；而知與行看似有所別，是因為我們還沒有觸發心中的真知，這是因為私欲和偽學的幻象所致：「有所知的人，沒有不做出行動者；所謂知道卻沒有做出行動的人，其實只是還不知道而已。」[49]（《傳習錄．徐愛引言》：「未有知而不行者，知而不行，只是未知。」）

據王陽明所論，在宇宙的規範理念中，道德主體以知行合一的方式，在生活中實踐他們內在的道德知識。在這個情景中，社會進步端賴自我以道德回應世界的能力。王陽明在〈《大學》問〉裡，清楚描述了心與物如何透過感官接觸，將兩者的相遇轉化為所謂「自我與萬物共感認同」的境界。當自我把屬於人的悟性延伸到了宇宙萬物之上，這個境界便能用「人性」（仁）來解釋：

> 偉大的人之所以能把天地萬物看成一個整體，並不是因為他刻意要這樣想，而是因為他心中的人類天性自然如此……因此，當他看到小孩快要掉到井裡時，不免會有所警覺、會有惻隱之心，這表示他的「人性」（仁）與小孩合而為一。[50]
>
> （〈《大學》問〉：「大人之能以天地萬物為一體也，非意之也，其心之仁本若是……故見孺子之入井，而必有怵惕惻隱之心焉，是其仁之與孺子而為一體也。」）

以此，王陽明將世界看作有機體的觀點，代表了一種共感認同，是道德的個人透過將道德的共情延伸出去，與整體外在世界產生共感；也就是說，他所謂的理想政治體是個認知契合的共同體（epistemic community），其中的成員人人道德發展完備，都有同樣的能力可以遵循道德觀念，而道德自然早已銘刻在他們的心中。

為了要呈現更完整的圖象，我們有必要補充，王陽明本身也是一位傑出的將領，曾經在民族背景各異的南方率兵攻打盜匪。乍看之下可能會覺得有點矛盾，既然他相信道德治理有可能自持自立，為什麼還要動用國家暴力出手；然而，不論是地方武裝暴亂的存在，或是軍事征服的需要，兩者都顯示出，在現況中國家沒

47 Wing-tsit Chan, trans., *Instructions for practical living and other neo-Confucian writings by Wang Yang-ming*. (New York: Columbia University Press, 1963), 109.
48 Philip vanhoe, *Ethics in the Confucian tradition*. (Atlanta, GA: The American Academy of Religion, 1990), 183.
49 Wing-tsit Chan, trans., *Instructions for practical living and other neo-Confucian writings by Wang Yang-ming*. (New York: Columbia University Press, 1963), 10.
50 Ibid., 272.

有太多能力能介入地方衝突。[51]當王陽明在征討之後，想要回復舊有秩序的模樣時，便仰賴了鄉約作為手段。鄉約反映了他特徵鮮明的理念，在自給自足的社群生活中，反映了人性以及道德勸誘所扮演的功能。[52]他不仰賴國家官僚體系，提倡鄉約的做法，也再次承認了國家的手有所侷限；在明代中葉以後，國家便很難再深入縣級以下那些毫無法紀的區域。雖然中國馬克思主義史學者認為，王陽明是帝國意識形態的代言人，代表了吃人的獨裁體制，但是從上述角度看，他實在算不上是威權或專制的擁護者。[53]

---

51 George Israel, *Doing good and ridding evil in Ming China: the political career of Wang Yangming*. (Leiden: Brill, 2014), 112.

52 王陽明鄉約的英文譯文見：Wing-tsit Chan, trans., *Instructions for practical living and other neo-Confucian writings by Wang Yang-ming*. (New York: Columbia University Press, 1963), 298-306.

53 有關中國馬克思主義史家的論點見：侯外廬主編，《中國思想通史》第四卷下冊，《南宋元明思想》（北京：人民出版社，一九六〇），頁八七五～九〇四。George Israel, *Doing good and ridding evil in Ming China: the political career of Wang Yangming*. (Leiden: Brill, 2014), 107.

第九章

帝國——多元族群國家的統治者與人民

滿人建立清朝，而且還新納入了許多前所未有的族群。如果政治社群過去毫無疑問地接受了集體自我的定義，而在新的歷史情境中卻發現這樣的定義不再能接受時，則身分認同危機就註定會由此而生。清朝的興起便造成了這種挑戰，迫使統治菁英得要重新定義自己是誰，定義這群人與其他的政治社群差異又在哪裡。

當明朝在西北疆與蒙古交涉，不斷試著想簽下和約穩定邊防時，滿人在十七世紀的早期開始崛起，成為強大的帝制國家，所建立的清朝最終導致明朝滅亡，進而在一六四四年征服中國。清朝與之前朝代大相逕庭的一點，在於它的帝國版圖更加擴張，納含進各式各樣的族群。如果我們以領土大小和族群的複雜程度來定義「帝國」的話，帝國遠早在清朝以前就已經出現了，尤其像唐代或元代都有「帝國的」（imperial）或是「具帝國特色的」（imperialistic）結構框架；然而，相較於先前的明朝來說，清代形似帝國的特徵遠遠要多出許多，在幅度驚人的領土擴張下，光是清代的領土就是明代的兩倍，而且還新納入了許多前所未有的族群，包括藏人、維吾爾穆斯林、緬甸人以及傣人等等。一如白魯恂（Lucian W. Pye, 1921-2008）所言，如果政治社群過去毫無疑問地接受了集體自我的定義，而在新的歷史情境中卻發現這樣的定義不再能接受時，則身分認同危機就註定會由此而生。[1]清朝的興起恰恰便造成了這種挑戰，迫使統治菁英得要重新定義自己是誰，定義這群人與其他的政治社群差異又在哪裡。問題是：清朝的統治者要怎麼樣才能重新創造集體的政治身分，才能把不同的政治體和族群包含進來，變成包羅萬象的實體，才能施展權力、成功吸納不同族群？另一個相關但不一樣的問題是：面對清朝統治者試著融鑄所有人為協合一致的大整體，漢族知識分子又怎麼回應呢？要恰當地回答這些問題，我們需要思考傳統上如何描述清代的國家。

過去的研究假設清朝承繼了明朝的體制，因此學界通常將清朝的特徵歸結為威權統治、官僚政治，表示本朝國力強盛、高度融合。[2]但是基於各種理由，我們應該要反思這種描述：雖然清代能擴張領土，將意志強加在不同族群之上，能力前所未見，但這種能力究竟到多大程度上能維持、貫穿整個清史，並非毫無疑問。首先，一直到十七世紀晚期之前，清代仍有三個藩王屬地授予給叛明降清的三位將軍：吳三桂掌雲南、尚可喜掌廣東，而耿繼茂掌福建。藩王領地沒有納入清代的官僚行政中，而是擁有相當程度的自主權，能管理自己的地方行政，他們也試圖將藩王職位世襲下去。

此外，異族統治的事實，也造成了滿洲統治菁英與漢人之間日益增強的嫌隙。雖然清廷透過科舉招納了漢族菁英，這是政府能深入地方社會的手段，但地方菁英和中央官僚結盟的方式卻與前朝並不相同，只要看明代與清代的立國君主如何與既存菁英群體為權力分配而周旋，便可見一斑。明朝曾經如此強大，甚至可以將菁英的私有土地重新分配給小家戶的農民，而清朝卻尊重既有的土地產權，若是有因為暴亂而流離失所的漢人地主，還幫助他們取回地產。[3]清朝一統的政治秩序並不穩固，因為既存的各族群並非完全合作，秩序需要建立在與這些族群的妥協之上，是而難免遭受叛變的危險。

當國家官僚日益萎縮時，雍正皇帝曾試著想要反轉頹勢、增強國家榨取資源的能力，這是事實；然而，在一七四五年時，乾隆皇帝（一七一一—一七九九，一七三五即位）卻大幅度地降低了土地稅，以此終結他父親大有為政府的政策。這項決定代表了國家體制的轉型：從國家作為戰爭機器、追求帝國擴張，變成了前一章討論過所謂的國家有機體；清代的中央政府樂見國家的歲入不斷縮減，讓帝國的財富大半不入簿記當

1 Lucian Pye, "Identity and the political culture." In: Leonard Binder and Joseph La Palombara, eds., *Crises and sequences in political development*. (Princeton; London: Princeton University Press, 1974), 110-111.

2 Wm. Theodore de Bary, *Nobility and civility: Asian ideals of leadership and the common good*. (Cambridge, MA: Harvard University Press, 2004), 144.

3 William Rowe, *China's last empire: the great Qing*. (Cambridge, MA: Belknap Press of Harvard University Press, 2009), 29.

中。此外，十八世紀也有人口的急遽擴張：「學界的共識估計，一七〇〇年人口落在約一億五千萬，與一個世紀前明朝統治時相差無幾；到了一八〇〇年時，人口達到了三億、甚至超過，而且在一八五〇年左右、太平天國叛亂暴發時，甚至可能還上升到超過了四億五千萬。」[4]但是，國家的官僚體系卻沒有相應地擴張，因此清代統治相較於前朝而言，統治遠遠沒有那麼直接，也沒那麼多管控。

從這個方式來看，清代的國家要想施展權力、維持秩序、為某項公共事業動員群眾的話，能力理所當然會比較貧弱；當清朝要面對白蓮教亂（一七九四—一八〇五）、中英鴉片戰爭（一八四〇—一八四二）以及太平天國叛亂（一八五一—一八六四）時，這種情況顯然是致命傷，地方士紳不得已要組織民兵、捍衛自己的鄉里。在太平天國之後的重建中，整個帝國的地方分權更甚，因為清朝中央已經沒有強大、統一的領導體系，因此地方的領袖得利用在地手段處理行政事務，如徵稅、立法、軍備等等。正是在這種處境中，清朝還得要與日本和西方其他帝國競爭，因此清廷在面對外來挑戰時才顯得手足無措，最終與其他帝國勢力簽定了各種屈辱的條約、割地賠款，瓦解成各個區域、由軍閥統治。

在思想層面來說，清代中國出現了一種探索思想的新方法——考證學，著重以實證的基礎考察抽象知識。在這種思考方式所立基的設想中，世界根本是裂解的，並沒有無所不包的「理」；以此，做學問的恰當方式，便是以一系列的手法來理解破碎的現實，為其帶來秩序，而不追求找到什麼一統的根基。畢竟，如果世界的本質是統一的，那何必要在乎抽象層次的各種考察呢？鑑於世界顯然日趨分裂，想在碎片之間建立有意義的模式、維繫關聯，以此替現實世界建立可行的理念，便是學者和思想家的工作了。

綜合來看，不論是建立新的政治身分、將社會想像成地方分權的帝國，還是在道學以外建立替代的思想框架，這些都是為了建立秩序所做的努力，要不然世界就會破碎裂成一地。在接下來的段落中，我們將會探討清朝統治者的政治身分，既然他們與多族群的社會基礎有些疏離，我們因此會看他們的身分認同由哪些元素所構成；也會討論當許多漢族菁英在追隨實學浪潮時，眼見社會與國家如此疏離、人民與國家權力也如此疏離，他們又會如何回應。最終，這種疏離感培養出了反滿意識，成為漢族的重要特質。

清代統治者的政治身分認同

歷史學者過去很長一段時間中，以漢化論（sinicization）討論清朝的性質，假設中國大多數（或甚至全部）的野蠻征服者，都採取了漢人的統治方式，實際上變成了中國人。漢化論這個取徑的主張是，清朝的滿洲統治者熟習了中國過往朝代不同的文化遺產，成為所謂中華文化的提倡者，因此在過程中自己也變成了「中國人」；[5]某種程度上來說，這種態度讓明清之間的關係不再是兩極對立，而是延續一體、提倡中華文

4 William Rowe, *China's last empire: the great Qing*. (Cambridge, MA: Belknap Press of Harvard University Press, 2009), 91.

5 此理論的例子可見：Mary Clabaugh Wright, *The last stand of Chinese conservatism*. Stanford, CA: Stanford University Press, 1957.; Ho, Ping-ti, "In defense of sinicization: a rebuttal of Evelyn Rawski's 'Reenvisioning the Qing'." *Journal of Asian Studies*, 57, no.1 (1998), 123-155. 對這個理論的批評見：Pamela Kyle Crossley, "Thinking about ethnicity." *Late Imperial China*, 11, no.1 (1990), 1-35.

化，據信保全了清朝的政治合法性。[6] 確實，自從清人在十七世紀征服明代開始，便一直獎掖漢族士人、資助他們的文化發展，程度相當可觀。一方面來說，康熙皇帝（一六五四－一七二二，一六六一即位）對「孔子」的道德觀作出總結，自他在位的期間以降，這項總結成為科舉考生的必讀教材；[7] 此外，雍正皇帝的《大義覺迷錄》乍看之下，似乎也證實了漢化論的主張。例如，試想一下這個段落的內容：「這些叛逆的賊人主張，我們原是滿洲的國君，之後才進入中國、成為了統治者；他們對地域區隔有所偏見，因此產生了那些卑鄙的誹謗和謊言。」[8]（《大義覺迷錄》：「在逆賊等之意，徒謂本朝以滿洲之君，入為中國之主，妄生此疆彼界之私，遂故為訕謗詆譏之說耳。」）雍正皇帝還特別訴諸文化論，說「沒有人不尊敬他們的父母、不服從君主的統治」。[9]（「莫不尊親。奉以為主。」）這段話顯示，既然一般人相信中國的內涵由歷史悠久的特質和習俗來定義，那麼他便訴諸這種中國性的文化核心，用這些特質來證成清朝統治的合法性。然而，我提出的主張是，在仔細檢視《大義覺迷錄》中的論證後，我們會發現它只是虛飾，並不反映真實。

晚近對清代中國的研究以滿洲為中心，歸納了清代政治體的特徵，包括大幅擴張的領土、更加異質的人民，以及更為多變的地方風俗和慣習，這種說法頗具說服力。[10] 結果，清代身分意識的根基表面上看起來有共同基礎，但實際上就如何理解政治體本身以及理解其成員來說，不同的說法形成了強烈衝突。所謂「中（央風）華」的說法，如果把它定義成有固定內涵的話，並沒有辦法包含清代性質的方方面面；但同時，清朝還是需要「中華」的概念，才能宣稱其具有作為「中國」的資格。當清朝需要協調帝國之內千頭萬緒的文化差異時，「中華」又會發生什麼事呢？

以下的例子顯示出，清朝的統治者使用各種方式面對其日益複雜的政治情境：首先，清朝以其他的非漢征服王朝為藍圖，維持著形式各異的資本，如契丹人的遼國、女真人的金國、以及蒙古人的元國。其次，帝國的宮廷禮儀融鑄了不同的信仰體系，兼容並蓄；這些儀式反映出，清代君主為漢人提倡儒學、為滿人提倡薩滿信仰、為蒙古人提倡藏傳佛教、為中亞說突厥語的穆斯林提倡伊斯蘭。第三，清朝的皇帝能說多種語言，特別像是乾隆皇帝學了漢語、滿語和蒙語，有時還兼修藏語和維吾爾語，並下旨製作多語言的字典，石刻也兼用了五種語言。第四，宮中拔擢用人有各種背景，從藏人到維吾爾人，乃至於歐洲的耶穌會士等；乾隆皇帝將這些人當作雙眼可見的明證，說明清代統治多元包容的本質。[11]

這些多族群、多文化的做法，圍繞著清代的政治體以及其統治者的身分性質打轉；清朝兼採複雜的世系，連結過去各式各樣的政治實體。我們已經知道，滿人取了「清」這個中國的朝代名稱，在明代的模式上組織科舉，因此將自己定位成明代的繼承者；然而，這並不是事情的全貌。清朝皇帝對於自己的非漢傳統相

6 雖然漢化論相關的學術討論推進了我們對中國史的理解，不過在清史研究中，以滿洲為中心的新取徑——通常稱為新清史——主張漢化論太過強調同化、涵化的作用，是以扭曲了清代國家身分意識的複雜性。有鑑於此，新清史學者以清朝自身的歷史脈絡來處理他們身分意識的問題。我對清代的身分認同更仔細的討論請見：Youngmin Kim, "Centrality contested: an interpretive approach to 'Chinese' identity." In: Leigh Jenco, Murad Idris, Megan Thomas, eds., *The Oxford Handbook of Comparative Political Theory*. Oxford: Oxford University Press, 2019.

7 譯者註：指的是康熙九年（一六七〇）頒布的〈聖諭十六條〉。

8 Lydia H. Liu（劉禾），*The clash of empires: the invention of China in modern world making*. (Cambridge, MA: Harvard University Press, 2004), 84.

9 Ibid., 85-86.

10 Mark Elliott, *The Manchu way: the Eight Banners and ethnic identity in late imperial China*. Stanford, CA: Stanford University Press, 2001.

11 Evelyn Rawski, *The last emperors: a social history of Qing imperial institutions*. (Berkeley: University of California Press, 1988), 17-58.

當自豪，把自己塑造成滿洲帝國的統治者，對不同的臣民公正不阿。例如，乾隆在提倡中國藝術與文學時，也結合了對滿洲傳統的頌讚；此外，清朝的統治者也融合金朝歷史和金朝的諸多體制先例，譬如替科舉開設拔擢平民的科目，並以國家力量發起計劃、限制貴族的特權及影響力。對清朝皇帝來說，與蒙古的聯繫也很重要，早期的清朝皇帝宣稱其繼承的統治權利自成吉思汗肇建統治開始，歷經諸蒙古政權，最後傳承給滿人。[12]最後也很重要的一點是，滿洲身分既不基於世襲血統，也不關乎個人說的「母語」是漢語還是滿語；[13]這種身分並不是「自古便有」，而是隨著清帝國在一六三〇年肇建時，同時創造出來的。創建清朝的皇太極塑造了「滿洲」身分，以此覆蓋在女真的部族以及其他東北部族的身分之上；就族裔而言，在清朝這個政治體建立之前，並沒有所謂滿洲的存在。[14]總之，非漢族群統治了傳統中國的核心區域，而且即便像滿洲這樣的非漢統治族群中，也比一般人想像地更加異質多變。

對於清代性質的這種理解，應該足以幫助我們重新思考《大義覺迷錄》。如之前所說，乍看之下，《大義覺迷錄》好像充滿了所謂「漢化論」對中國性的文化解讀，而現在我們則了解到，對漢文化的提倡不過是這個朝代身分的多重面貌之一，因此如果說漢化不過是清朝統治者在有需要時所採用的人格表象（persona），應該也是很合理的想法。[15]表象就像面具一樣，是外在與內在的交界處，《大義覺迷錄》便是面具朝外的一面，而要想看穿這副面具，我們不能對字面上所說的東西照單全收，需要採取不同的方式研究其意識形態的立場。

在《大義覺迷錄》這類正式官方書籍中，我們可不能期待看到清朝統治者是有意識地在扮演某種角色，不可能去公開宣稱、暴露自己是基於怎樣的定點能支撐著清代中國作為多族群、多文化的帝國，而清朝皇帝又如何認同這樣的定點；這種事情只能透過推論才能知道，因此需要比較細緻的詮釋。這便是為什麼我們需要改成使用其他史料，例如非正式的畫作等等，而不能使用公開的聲明及正式的宮廷繪畫。

首先，我們看一下這本十四開的〈雍正行樂圖〉（圖三），雍正皇帝在其中不斷變換穿著，扮成了不同的民族以及角色，有波斯戰士、突厥王公、道教術士、藏族僧侶、蒙古貴族等各種裝束，有的甚至還戴著歐式的假髮、穿著背心和半長馬褲（breech）。巫鴻將這套圖冊介紹給國際的讀者；據他所說，此前沒有任何皇帝以這種方式呈現自己的形象。[16]羅友枝（Evelyn Rawski）則曾主張，像乾隆與雍正這樣的君主「統治性質各異的族群，『採用』了不同的文化裝扮、用不同的文化框架呈現自我，他們只有透過這種方式，才能以帝國中心的名義行動，整合眾人一體」。[17]如此便有了一個縈繞不去的問題：作為帝國統治者的雍正，到底是什麼樣的人呢？在他的內心深處認為自己是誰？事實上，在討論這個問題時，更多時候集中在乾隆身上；身為雍正的繼位者，他一樣也穿戴了許多人格面具：「為了吸引群眾中民族各異的臣民，乾隆透過服飾裝扮來納含多重的身分，這點是世所公認的。但是，在他的多重身分之間——包括皇帝、滿人、藏族菩薩、儒家

12 Pamela Kyle Crossley, *The Manchus*. 2nd edition. (Cambridge, MA: Blackwell Publishers, 2002), 3, 97.
13 Evelyn Rawski, *The last emperors: a social history of Qing imperial institutions*. (Berkeley: University of California Press, 1998), 4.
14 Pamela Kyle Crossley, *The Manchus*. 2nd edition. (Cambridge, MA: Blackwell Publishers, 2002), 6.
15 Ibid.
16 Wu Hung（巫鴻）, "Emperor's masquerade-'costume portraits' of Yongzheng and Qianlong." *Orientations*, 26, no.7 (1995), 25-41.
17 Evelyn Rawski, *The last emperors: a social history of Qing imperial institutions*. (Berkeley: University of California Press, 1998), 55.

圖三　十四開〈雍正行樂圖〉圖例。　　　　　　（圖／北京故宮博物院授權）

士人等等，究竟他『真正』的、或甚至只是『主要』的身分是哪一個，也是眾說紛紜」。[18]

漢化論的支持者會主張，清代統治者既然已經漢化，他們真正的身分自然是漢人；但有許多證據顯示，清朝君主非常努力地維持別種身分，例如滿人以及其他族群的身分等等。強調愛新覺羅從東北起源的學者則會主張，皇室的主要身分是滿人；但清代文化政策的特徵便是文化區隔（compartmentalization），統治者不會將同樣的政策一貫地施用在所有臣民身上，而是在面對不同族群的臣民時，根據他們的傳統採取不同的規範。換句話說，因為清朝君主希望能將文化身分認同持續區隔開來，不論漢人身分或滿人身分，都不會拿來當作大一統的原則；要想構成大一統的原則，並不能拿特定宗教或族群觀點作為參照。因此，柯嬌燕（Pamela Kyle Crossley）強調清朝皇帝的普世面向，[19]是非常正確的說法。

那麼，當中國已經變成極度多元的世界，廣大領土前所未見、族群的複雜也前所未有的時候，統治者要透過怎麼樣大一統的機制，才能將清朝定義成中國呢？以之前討論過的〈雍正行樂圖〉來說，如果這些畫作的目的，恰恰就在於呈現多彩多變、形態萬千這一點，那去問清朝統治者真正的身分是哪一個，可能就沒有問到關鍵上；要問的反而是，為什麼這種千變萬化有機會出現？對支持漢化論的人而言，這個問題無關緊

18 Kristina Kleutghen, "*One or Two*, repictured." *Archives of Asian Art*, 62, no.1 (2012), 33. 另，有關對乾隆的不同詮釋見：Harold Kahn, *Monarchy in the emperor's eyes: image and reality in the Ch'ien-lung reign*. Cambridge, MA: Harvard University Press, 1971. ; Pamela Kyle Crossley, *A translucent mirror: history and identity in Qing imperial ideology*. Berkeley: University of California Press, 1999. ; Patricia Berger, *Empire of emptiness: Buddhist art and political authority in Qing China*. Honolulu: University of Hawai'i Press, 2003.; Mark Elliott, *Emperor Qianlong: Son of Heaven, man of the world*. New York: Longman, 2009.

19 Pamela Kyle Crossley, "The rulerships of China." *American Historical Review*, 97, no.5 (1992), 1468-1483.

要，只要相信統治者已經漢化了，則在人格表象以及表象背後的真實自我之間，差距也就不復存在。然而，只要我們不接受滿人身分真的全然不復，則清朝多文化、多族群的特色便帶出了一個問題：清朝是運用什麼理論才有辦法接受各式各樣的帝國臣民，同時還能將整個帝國維繫一體、不陷入分裂中？畢竟在清朝的統治期間，國土廣袤、普世合一卻又包羅萬象，這些特徵是再怎麼強調也不為過。這便帶出一個問題：清朝的統治者怎麼有辦法戴上如此多重的面具？是什麼東西在支撐著這麼多變的面具？

要回答這個問題，我們不妨看一看〈是一是二圖〉，這是乾隆非正式的帝王畫像（圖四）。[20]如果像羅友枝所說，雍

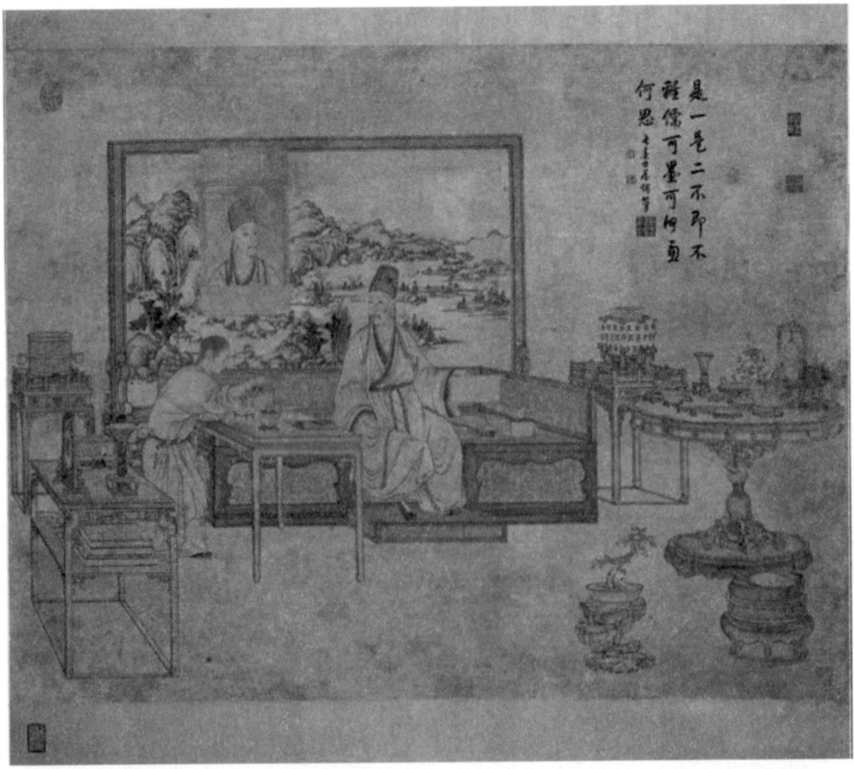

圖四　宮廷畫師所作〈是一是二圖〉。　（圖／北京故宮博物院授權）

正的畫像預見了多元文化政策在乾隆年間會達到頂點，則將〈是一是二圖〉放在上述的討論脈絡中，應該也是非常合理。[21]這幅圖因為乾隆的自我指涉而為人所知：他望向了右方，那裡掛了他自己的半身像。雍正在自己十四開的行樂圖上沒有任何題字，但乾隆在〈是一是二圖〉上題了一首有趣的十六字小詩：

是一是二，
不即不離。
儒可墨可，
何慮何思？

這首詩中最重要的訊息，便是乾隆具有自覺，很強烈地意識到，他要戴上被征服臣民的人格表象。如此，當現實處境要求他收集各種人格表象時，背後主導他的思想是什麼呢？巫鴻主張，答案是自我隱祕。據他所論，詩中這種自我隱祕的訊息，呼應了韓非子的教導；[22]傳統上認為，韓非子是中國專制統治最重要的理論家。

20 此外，「乾隆的繼承者嘉慶皇帝（一七六〇—一八二〇，一七九六即位）似乎也下旨繪製了自己的〈是一是二圖〉」。引自 Kristina Kleutghen, "*One or Two, repictured.*" *Archives of Asian Art*, 62, no.1 (2012), 41.
21 Evelyn Rawski, *The last emperors: a social history of Qing imperial institutions*. (Berkeley: University of California Press, 1998), 53-55. 另，乾隆與雍正的關係緊密，在郎世寧（Giuseppe Castiglione, 1688-1766）的《平安春信圖》中可見一斑。
22 Wu Hung, "Emperor's masquerade-'costume portraits' of Yongzheng and Qianlong." *Orientations*, 26, no.7 (1995), 35.

乍看之下，整體說來，畫上題的這首詩似乎展現了韓非子的思想，畢竟韓非子確實曾主張統治者應該要保持神祕感。然而，在韓非子的思想脈絡中，要處理的並不是多族群、多文化的臣民，而是要如何管控官僚、不被官員操縱，因此之所以統治者要保持神祕，是為了要讓法家政治體可以體現標準、不假人手操作。如果統治者的心思透明可見、心意能夠為人理解，則追求私利的官員便能用花言巧語加以誤導；如果要讓官僚體制負起責任的話，統治者便應該隱藏自己的喜好，要不然官員有可能為了贏取統治者的青睞而搬弄文字、圖謀不軌。

簡單來說，在韓非子的理想中，統治者應該對臣民保持神祕，而不是對自己保持神祕；韓非子的目標是透過限制統治者的權力，讓統治者不要獨斷行事、追求私利，以此把統治者鑲嵌到國家的體制中。然而，以「何處何思」這句的暗示來說，乾隆認為統治者不應該依附任何的自我再現，甚至連對自己都應該要保持隱祕。同樣地，在一幅一七三四年的畫作上，乾隆也提字說道：「這個意外進入畫中的人，誰知道他的真我又是何人呢？」（〈弘曆采芝圖軸〉題詩：「誰識當年真面貌，圖入生綃屬偶然。」）當他年老時，則在題字中寫道：「白頭老人今日進入房中，已經認不出畫中人是誰了。」[23]（〈平安春信圖〉題詩：「入室皤然者，不知此是誰？」）這些題字告訴我們，皇帝對於自身的自我隱祕其實有高度的自覺，他是刻意保持神祕感，甚至對自己也是一樣。因此，要想理解這些題字背後更為深刻的意涵，韓非子的思想無法幫上太多忙；事實上，這首詩並沒有任何地方指涉到韓非子的典籍。李啟樂（Kristina Kleutghen）雖然沒有明確提出與巫鴻不一樣的解釋，不過她曾試著理清這首詩裡的典故；我們不妨重新檢視一下這些典故，並提出不一樣的詮釋方式。

就詩中指涉的教義來說，實際的狀況比李啟樂與巫鴻所談的還要更為複雜。首先，試想「儒可墨可」這句話：李啟樂主張，因為乾隆的治國方略並未引用墨家思想，因此這句話應該解讀為「學者」（儒）與「墨水」（墨）；然而，詩中明顯地在玩二元對比的文字遊戲，而「學者」與「墨」並不符合這個條件。[24]從很早先的時代開始，「儒墨」便形成一種具有代表性的二元對立（孔子與墨子），古代的思想家如莊子、韓非都持續援引了這樣的二元對立，而乾隆很可能正是引用了這個詞來主張，就算像是「儒、墨」這種長久穩固的二元對立，也一樣可以加以質疑。

如果我們想要更進一步，思考這對乾隆的統治手法有什麼重要性，那似乎該用以下這種方式來推進討論。試想「儒可」，意即「做一位儒士」，將家庭視為社會倫理的終極根源，認為隨著從家庭往社會步步移動時，關心也會隨之減少——確實，乾隆對孝道的高度重視廣為人知。[25]然後再想一想「墨可」，意即「支持墨家思想」，認為人對自身家庭和群體的偏愛會帶來毀滅，而兼愛可以讓國家的秩序和福祉至臻極盛——也確實，清朝皇帝將自己描繪成跨域帝國的統治者，以不帶偏私的態度對待不同的臣民。

乾隆聲稱並不將自己化約成任何一方，使用了出自《圓覺經》的佛教語彙「不即不離」來支撐某種合二

---

23 Wu Hung, "Emperor's masquerade-'costume portraits' of Yongzheng and Qianlong." *Orientations*, 26, no.7 (1995), 34.
24 Kristina Kleutghen, "*One or Two*, repictured." *Archives of Asian Art*, 62, no.1 (2012), 25-46.
25 Mark Elliott, *Emperor Qianlong: Son of Heaven, man of the world*. New York: Longman, 2009.

為一的概念；而「何思何慮」則語出《易經・繫辭》。李啟樂主張，因為《繫辭》相傳為孔子所作，乾隆之所以選擇這個說法，是為了彰顯中國原生思想傳統中的「不二」（non-duality）觀。[26]事實上，不論是整體而言《易經・繫辭》的相關教義，又或是具體來說對「何思何慮」一句的解讀中，都充滿了疑問和不確定性；尤其自宋代開始，《繫辭》的作者身分就常常受到質疑。因此，要說乾隆在各種語文素材中挑出了《繫辭》，是為了要彰顯不二觀的本土「儒家」根源，似乎說不太通。其實，「何慮何思」的理念呼應了《莊子・天地》所見的道教思想，因此當白瑞霞（Patricia Berger）主張，〈是一是二圖〉的核心訊息是佛教「不二論」的信條，這個說法並無法說服我。[27]

在我看來，更為合理的詮釋是這樣的：這首詩最突出的要旨便是「大一統」（unity），在四行詩中，每一行都駁斥了二元對立的區分，而要達致一統，便要拒絕信奉任何道德、宗教觀點。正是在這個脈絡中，我們才可以理解到，這首這麼短的詩為什麼要納含四種不同的思想；作者或許是想表達，詩的意旨——不管是什麼意旨——既不單單屬於任一種角度，也不僅限於這四種角度。這對領導統御的意義在於，統治者不應該為任何的道德、文化或族群觀點獻身；如果他沒有辦法遠離這些觀點，那麼便應該要信仰所有的觀點。要想達成這種目標，便需要處在「暫且」（provitional）的狀態，「暫且」並不是個停滯的地方，而是持續前進的過程。要想能隨機應變、千變萬化，保持暫且的狀態便非常關鍵；透過變化的過程，統治者便能有效地與各種不同的臣民對話。因此，我們或許可以稱其為「虛空」（emptiness），這種虛空與佛教的教義究竟有多類似，在這裡不是重點；虛空在這裡指的並不是事物的本質，而比較像是一個空的器皿，等著人裝進特定的

「內容」。以此，因為虛空可以不斷地填入不同的內涵，「中國」身分既空洞又滿溢，而這種動態讓清朝得以統治益發多元的中國；因為有虛空存在、有暫且的性質存在，使得清朝統治者能成為任何人，或是能成為任何別人所期待的事物。

那麼，要想一統「中國」這個帝國，還有什麼其他想得到的方式？還有哪些潛在的競爭思想呢？既然清朝建立在多族群聯盟的基礎之上，要是把某種文化當作正當權威、強加在大不相同的群眾身上，自然是不可行的。事實上，滿人既沒有漢化、也沒有將他們的文化強加在漢人身上，而是試著保存自身文化，將其視為自身所有；就算他們曾想過要達成上述兩項目標，這種做法會需要大有為的政府介入管理社會資源，才能創造、維繫高度的文化同質性——在清代時，這種國家力量是完全想像不到的。清帝國是明代的兩倍，而且清中葉有大量的人口增長，但縣官人數並沒有增加；或許，清朝是別無選擇，只好將每個區域的臣民都當成是有自己的文化結構、有特定的歷史、也有集體的身分認同。以此，如果把清朝的治理和統治叫作專制、獨裁政權，指的是清代有強大的國家力量的話，這是不合理的說法；反之，若是採用虛空的身分觀，在極為異質的情境中，便能反映清代統治者的關懷，他們試著想要融入臣民、或是想要被臣民接受。對於被接納的追求，似乎既不要求非得漢化才行，也不會壓迫自我認同的概念，清代的統治者在追求為人接受的目標時（至

26 Kristina Kleutghen, *"One or Two, repictured." Archives of Asian Art*, 62, no.1 (2012), 35.

27 Patricia Berger, *Empire of emptiness: Buddhist art and political authority in Qing China*. (Honolulu: University of Hawai'i Press, 2003), 52. 如同書名《虛靜帝國》（*Empire of Emptiness*）所示，白瑞霞以藏傳佛教來詮釋清帝國的統治權柄。

少在十八世紀盛清的統治者心中），反而保持了自己的滿人身分；同時，他們也開展出虛空的中國性，使得他們能夠與帝國中不同的族群和諧相處。因此，若要說滿人有多重身分，好像在政治上精神分裂一樣，同樣也是有問題的說法。[28]才剛剛宣稱自己具有滿洲特質，然後馬上在一年或數年間就建立了中國式的朝代，這或許看起來非常奇怪；然而，當各種政治需求同時出現，彼此有可能會相衝突時，面對這種情景的清代統治者似乎有高度的自覺，決定要將自己的形象變形、轉化，以此提倡臣民的各種文化。換句話說，清代的統治者打造了多重的面具或多重的人格表象，每一層面具對各自的觀者來說，都代表了中國性；然而，在面具後支撐面具的事物，沒有辦法化約成任何一種文化內涵。如果一層一層剝開來，我們能找到的不過是面具罷了；除了各種戴在臉上的面具之外，在面具底下並沒有哪個身分獨特的人存在於背後。

實學：與道學對立的百科全書式學問

實學代表的是清代主要的學術思潮，著重各種實證的研究，包括了文本批評以及百科全書式的研究探索。崇尚實學的人認為，意義可以透過經驗證據探察出來，因此他們投入知識的編纂，用百科全書的方式一物一物地研究，將心力花費在文字釋義及文本注釋等細節上；就算文本包含了道德教訓，實學的主要朝流之一，是懸置道德修養的考量，獨立對文意進行闡釋。這種取徑最廣為人知的結晶大概就是《四庫全書》；這是一項規模宏大的書目編纂計劃，由乾隆皇帝下旨所推動。

既然實學自認與道學對立，在幾個關鍵面向將兩者相比，應該能給我們一些啟示。首先，兩者的認識論並不相同，實學的認識論對知識採取了實證的立場，崇尚實學的人對於猜想推理有一定程度的鄙視，為了要確立精準的事實、創建堅實的文本詮釋，眼光從道學那種對宇宙一體的宏大敘事上移開，轉而運用大量的書目和文本證據。

其次，不同的認識論促成了對經典的不同研究取徑：道學認為，古代的聖人透過如人類天性或是宇宙天理等永恆的共相（the universal）作為中介，將規範性的教導傳承給現代的我們；相較之下，實學則更強烈地認識到時間和語言的變化，早將聖人和我們遠遠地分隔開來，因此實學在面對典籍時，為了找出更精確的釋義，採用語文學（philological）的技巧。也就是說，實學常常將注意力由內心移向外物，未必會探問，探索外在世界對自我來說有什麼重要性可言，因此道學家常常批評實學是流於瑣碎的學問，花費太少心思在重大議題之上（例如人應該如何行為表現等等），反而還把這些議題當作知識上次要的、甚至是不入流的消遣。當然，道學中的朱熹一派也很強調研究外在世界的重要性，但兩者卻有很大的差別，因為道學認定外在知識與自我知識可以相對應，因此在知識的追求過程中、在試圖把握外在的世界時，總是同時包含了自我覺察的過程；相反地，實學拋開了外在知識與自我知識之間的對應。

第三，所謂知識有普遍、共同的研究對象，實學固然沒有摒棄這個概念。在做學問的過程中，「道」或

28 Evelyn Rawski, *The last emperors: a social history of Qing imperial institutions.* (Berkeley: University of California Press, 1998), 295.

「理」仍然是令人嚮往的目標；但於此同時，實學淡化了「理」的大一統性質。追求外在知識的預設是，理並不是唯一的、而是有許多個；外在世界的萬事萬物各有自己的理。這種想法可能是預設世界呈現一種崩壞瓦解的圖像，而裂解的世界圖像則為百科全書式的學問方法提供了基礎，意即要蒐集各種彼此毫無關聯的知識、永無止境。就算再博學多聞，我們對於世界的了解也永遠沒有完備的一日，因此這樣的知識永遠也無法融會貫通，不會成為對世界的廣泛理解。廣乏的學問不會集大成、只會集成集合，能夠編列、整理事實，而不能融鑄一體。

因此，道學家抱怨只靠著事實就想要把握整體世界是不可行的，畢竟外在世界知識所包含的領域實在是太過廣闊；把外在知識無限聚合起來，本質就是零碎不全的，除了世界本身就不統一以外，更因為自我與世界缺乏可行的連結，因此相較於道學在自我中含攝宇宙全境的理想而言，實學可說是背道而馳。結果，就定義來說，自我也不再是重要的存在，整個世界也不再憑靠在自我之上。若是沒有那種對個人存在的獨特理解，不再能促使人走出自私自我的侷限，促使人與世界的其他部分合為一體，則整個道學的實踐便會因此完全崩潰，不再像道學那樣，將個人道德視為轉化社會最為重要的工具。

從這個角度來看，實學對認識論帶來了變化，無視道學存有論（ontology）的前提，因此對整體道學的實踐構成了強力的威脅。要成為道學的追隨者，意味著對宇宙大一統有深刻地追求；在道學的理論中，人對地方的志願服務與在朝為官一樣重要。然而，要是失去了對一統大原則的信念，不再能讓自我與世界貫通一致，則道學的理想也就無以為繼了。如果說崇尚道學的人在整個神學、宇宙的有機體中，騰出一塊國家與社會的領域，以此發展出政治有機體的觀點，則崇尚實學的人根本不相信良善的政府早就銘印在這個神學、宇宙的框架裡。就雙方對自然秩序的理解來說，當大一統的觀點框架了道學的理論時，實學則掀起了極端騷變，需要替個人、國家與社會之間找到新的關聯。

從這個角度來看，既然他們認為世界缺乏大一統原則，或許便說明為什麼要追求對事實資訊的積累；這種理念似乎該主張對居住在世界裡的人而言，無序或者多樣性才是主要的典範。然而，各種殊相（the particular）會散發出無序的力量，要想避免受侵蝕，只有多樣性並不足以作為思想的基礎；如果實學沒有辦法妥善地回應這項挑戰的話，有可能流於古風愛好或古文物學罷了，沒有辦法成為廣大社群的政治理論根源。這便是顧炎武（一六一三—一六八二）出場的時候了，他是實學主要的倡導者。顧炎武之所以會同時提倡實學、主張地方分權自治、擴大私利的定義，並不全然是意外，因為這些主張都代表了現狀需要做出的改變。

善治與地方自治

顧炎武對王朝體制提出了充滿洞見的批判，主張應該以地方菁英的治理取而代之；[29]他的政治理論最主要的文本，便是〈郡縣論〉。就他看來，清朝的問題在於兩個面向：中央政府極其失能，而地方衙役、書吏

29 見顧炎武著名的〈郡縣論〉及《日知錄》。

則貪汙墮落。雙方的瀆職樣態不同，前者看來要不是缺乏介入社會的力量，就是缺乏將大一統的虛象投射到全境的能力，而後者似乎受限於非常狹小的眼界和私欲。顧炎武的替代方案是，在地方菁英的上層中選派代表，到自己所屬地區擔任縣官，或許以終身職派任，表現良好的話甚至也可以世襲傳下去；他相信這套系統可以有效解決上述的兩項疑問。首先，在中央政府權力潰散之時，讓上層的地方菁英接管地方行政是無可避免的解方，這麼做能夠緩解中央行政體系在帝國全境的超額負擔。其次，當上層的地方菁英以終身職在自己家鄉服務時，相較受中央政府派任、在其他縣衙作為外人的情況，會更加負責、也會更加犧牲奉獻。有的人可能會說，這些人努力服務不過是為了私利而已；但即便如此，至少這些人不像那些衙役書吏一樣會濫用地方行政體系，他們的私利會更加「開化」、也更有遠見。如果要想國家的治理能更加良善，我們在一定程度上應該要照顧地方的利益和訴求——這種看法聽起來可能有點像亞當・斯密（Adam Smith, 1723-1790）所謂「看不見的手」，認為如果我們將個人的欲求總合起來，會使整個政治體的物質生活有所提升。[30]但是，顧炎武的主張比較在於重新詮釋孔子的看法，認為每個人很自然地會特別愛護自己的家庭。他在〈郡縣論〉中說：「天下的人，各自想念他們的家庭，各自偏愛他們的子女，這是人之常情。」[31]（〈郡縣論〉：「天下之人各懷其家，各私其子，其常情也。」）雖然顧炎武和道學都號稱繼承了孔教，但就如何介定部分（私）與整體（公）的關係而言，他卻有非常不同的看法：「將天下人的自私自利整合起來，便能達致世間的社會共善。」[32]（《日知錄・卷三》：「合天下之私以成天下之公。」）顧炎武認為，自私自利是人類正常的情況，因此將公共利益看作私利的總合，這點他與道學有所差別。此外，在中央與地方的二元對立之外，顧炎武並不相信有什麼宇宙一統的大原則存在。

當清帝國面對西方前所未有的威脅、面對國際競爭的新世界時，整個帝國仍然掌握在統治菁英和滿族皇室無能的手裡，中國益發受到西方掠奪所害。控制地方的機制逐漸瓦解，使得地方菁英得以攫取權力，逐漸掌控了民兵、司法、地方徵稅、貿易抽成、以及土木工程的資金管理。隨著地方菁英的勢力上升，知識分子也開始復興，重讀顧炎武思想中所談的地方分權和高度地方自治，[33]他們益發地相信，比起將權力集中在失能的中央政府、集中在試圖振作的政治領袖身上，自治的效率要好得多，可以解放所有人民的能量，讓中國強大到足以在弱肉強食的國際社會和別人競爭。在他們的願景中，要決斷地方事務時，並不僅僅希望將權力從中央政府以及中央指派的官員手中移到地方、或至少往地方移動，而且還希望能復興積極進取的精神。在日本，身兼思想家的行動者群體希望結束長久以來的地方分權、改成中央集權，將藩國統治改為官僚行政體系；中國相比之下則大相逕庭，對地方行政提出了半封建式的改革方案。

在這股浪潮中，關鍵的人物有馮桂芬（一八〇九—一八七四，他是顧炎武祠會的成員）和有康有為（一八五八—一九二七，他是一八九八年百日維新的領袖），兩人以不同的方式提倡地方自治，有時也結合了西

---

30 William Rowe, *China's last empire: the great Qing*. (Cambridge, MA: Belknap Press of Harvard University Press, 2009), 61.

31 （明末清初）顧炎武著、劉九洲注釋，《新譯顧亭林文集》（臺北：三民書局，二〇〇〇），頁四〇。

32 （明末清初）顧炎武著、黃汝成集釋、欒保群等校點，《日知錄集釋》（石家莊：花山文藝出版社，一九九〇），頁一二〇。

33 William Rowe, *China's last empire: the great Qing*. (Cambridge, MA: Belknap Press of Harvard University Press, 2009), 61-62.

方引進的代議民主理論。他們試著廢除官員的迴避制度；這個制度始自商鞅變法，目的在於避免地方官員變成世襲貴族的傾向，避免貴族產生強硬訴求、要求獨立。馮桂芬既接受西方式的代議民主，也接受顧炎武的理念，於是更進一步主張地方的衙役、書吏應該由祕密投票普選，並設定固定的任期，從而對選區民眾負責；康有為同意馮桂芬的呼籲，認為地方公務人員應以選舉產生，並補充說，普選的公務人員和世襲的縣官之間彼此應該分權制衡。[34]事實上，在一九〇九年，省諮議會便是作為主要的代議機構，由選舉產生：「雖然嚴苛的教育背景和最低財產的門檻要求，使得（全為男性的）選民限縮在整個帝國人口的百分之零點五，但是，大約有兩百萬的清國臣民前往投票、一嚐參政的滋味，在此之前這是連做夢都想不到的事。」[35]

就後見之明看來，我們知道地方分權替各式各樣的制度廢弛開了大門，結果整個帝國裂解成了各自為政的地方強權。有鑑於此，當時的知識分子和行動者認為，如果要想在國際競爭中脫穎而出，便需要人民積極、大力的支持，是以人們不再相信國家的力量根植於強大的地方能量，而是相信他們需要的其實是一種政治形式，能使國家對地方社會的掌控可以達到前所未有的高度；因此，當周遭全是所有人對所有人的戰爭時，二十世紀中國所扛下的任務，便是打造一個更為強大、更為中央極權、也更為大有為的國家。中國共產黨的黨國體制「對自己公民的生活干預入侵的程度，在世界上排數一數二」，[36]代表的便是當時各種可行選項的其中一種。

中國脈絡下的西化

即便在共產中國建立之前，因為社會解體的恐怖籠罩在多數中國人頭上，思想家和行動者也不加掩飾，努力追求「富強」之路。到了清末民初，不論是歷史情境、或是組織政府的相關手段，與前現代都明顯大不相同，中國政治思想也是如此。思想家在努力想理解他們稱為「西學」的事物時，也需要重新思考自己政治思想的傳統；一八九五年中日戰爭的慘敗尤其顛覆了中國過去不證自明的地位。結果，清末民初見證了各式各樣的理念萌發，構想出各種方向的改革，討論著現狀需要如何改變，而又有哪些手段能有效促成這些改革。當然，總是會有人希望傳統就應該原原本本地保留不動，畢竟相比於陌生的、尚未試行的事物而言，久經考驗的做法總是比較容易接受得多。然而，就連立場傾向保守的學者也開始有所感，認為如果要想重建既有秩序的話，有必要向西方採借某些觀點和體制，以對整個國家進行澈底的改革。

張之洞（一八三七—一九〇九）在他的宣言〈勸學篇〉中，放棄了某種屹立不搖的「本末」觀，不再認為中國的理念和在現實中的實踐能像有機體一樣合為一體；他追求的新手段是部分的改革，期待能幫助中國

34 William Rowe, *China's last empire: the great Qing*. (Cambridge, MA: Belknap Press of Harvard University Press, 2009), 207-209, 216, 238-239.
35 Ibid., 278.
36 Lowell Dittmer, Samuel Kim, "In search of a theory of national identity.", In: Lowell Dittmer, Samuel Kim, eds., *China's quest for national identity*. (Ithaca, NY: Cornell University Press, 1993), 25.

大幅改善當前的處境，而所謂「中學為體、洋學為用」這句格言，便體現了這種微妙的策略：雖然這種態度支持了自強運動、工業發展，但卻拒絕接受西方價值。如譚嗣同（一八六五—一八九八）和嚴復（一八五四—一九二一）等激進派則推行大幅度地重整、而非漸進改革；據他們所說，因為西式的工業社會建立在完全不同的文化前提及價值體系之上，因此如果想要成功地發展工業，中國必須採納西方的思想和價值，兩者不可能只取其一。譚嗣同並沒有使用體與用的二元對立，而是使用「道」與「氣」（具體呈現）這組連結較為緊密的二元觀念——一方面是道德價值，另一方面則是科學技術，他透過這種方式強調了兩者密不可分，希望以實踐改革的方式，讓價值與情境能「重新整合」（resynchronize）。在譚嗣同的觀點中，如果人們謹守傳統觀念，不可能期待他們會接受新發明，卻還只是將前衛的體制硬塞到他們頭上的話，無異是非常愚蠢的做法。為了促進價值觀念的改變，嚴復翻譯出版了許多西方政治思想的書籍，包括孟德斯鳩的《法意》（通譯為《論法的精神》，*The Spirit of the Laws*, 1748）、亞當・斯密的《國富論》（*The Wealth of Nations*, 1776）以及湯瑪斯・亨利・赫胥黎（Thomas Henry Huxley, 1825-1895）的《天演論》（*Evolution and Ethnics*, 1893）。

在一八九八年百日維新失敗後，許多人對於改革的想法益發不滿，轉而認為孫文的共和國革命理想以及馬克思主義的理念更加可行，這兩種觀點都主張君主制度必須要把位置讓出來，由全體人民組成政府。毛澤東及他的同志認為，馬克思主義將會改變中國社會許多既存的結構，不過這個主義也需有所轉化才能適用於中國的處境；換句話說，他其實也不例外，認為中國需要彌合西方的理念及國內的現實。馬克思主張，人類的社會身分決定了自身的意識，而非意識決定身分，但毛澤東卻反其道而行，宣稱心志強韌的農民可以決定他們的社會身分以及他們的未來，這種唯意志論（volunarism）在兩個方面來說，背離了古典的馬克思主義：首先，歷史唯物論認為，物質條件定義了人類社會演進的各個歷史發展階段，而唯意志論否定了這種看法；其次，社會理應先渡過資本主義的階段，而無產階級接著發動鬥爭，才使得社會能夠前進，但是在毛澤東對馬克思主義的再造中，認為沒有這種必要性，覺得心志誠正的中國農民能夠加速歷史階段的變遷，透過這種方法，中國便可以補足發展階段的弱勢，實現社會主義的烏托邦，達成目標、成為最先進的文明。

從這個角度來看，中國與西方帝國勢力的接觸也有了更為細緻地解讀方式，尤其我們可以重新思考費正清一派的說法。就他們看來，清末民初大致上是中國對西方（包括西化後的日本）的回應，在這種框架的基礎中，預設了「停滯的中國」與「動態的西方」這種二元對立的理解方式；以此，清末民初的思想張力，也成了外力衝擊之下保守派與改革派的對立，保守派無力自發產生改變，改革派則訴求中國的轉型。有了「中華」這個說法，或許我們能夠找到更為多元的回應方式。有些人可能希望傳統「華夷」之辨的框架能維繫不墜，將西方看成蠻夷；有的人則可能推得更遠，甚至把漢人當作「中華」本身，想要再造真正的中華，保存與所有人（即滿人、日本人和西方人）相對立的中華文化；留洋的人可能早就完全拋棄了「華夷」的二元對立，希望以西方的形象重新打造新中國；想要將西方概念融鑄進中國框架的人，則可能希望重新創造中國人的身分認同；有的人則覺得在「中華」的想像優勢以及不堪的現實之間，差距大到令人難以忍受，這些人可能仍想維繫「華夷」之分，但是在國外找尋其他的「中華」。總而言之，把「中華」的概念看作測試用的變項是值得參考的做法，在中國知識分子以各種方式追求新秩序的過程中，「中華」是一組自我應驗的預言、是背後的推力。比起把中國的本土社會看成停滯不前，認為是西方作用在中國帶來了全面改革，這個做法讓我們將中國社會自身看成了充滿動態的實體，自己內在便有強烈的方向感。從這個角度來看，二十世紀的中國思想史並不僅僅是對西方的回應，而是充滿了殫精竭慮的行動者，他們被迫將自身設想成一個群體，有自己獨特的歷史、獨特的性格和獨特的命運。

結語

從大脈絡思考中國

如果我們非常執著，一定要為中國政治史找到普遍適用的概念基礎的話，可能便不免要相信，這樣的基礎支撐了某個同質、大一統、意義單純的中國存在。也確實，許多（以中文寫作的）學者即便在細節上有不同之處，但是大致上仍然贊同自從秦朝開始，中國便一直是個獨裁或專制的國家，成功地統一了許多不同的民族。[1]將專制視為中國歷久不衰的特徵，與世界上其他政治體相對立，這種看法也不是中國學者獨有，在二十世紀大多數時候，西方社會學研究者對中國政治所提出的歷史大敘事中，這種看法也位列其間；此外，這也是一般人對中國的主要理解。

本書背後主導的預設是，我們應該反對所謂「同質一體的、大一統的、毫無異議的、專制的中國」這樣的說法，不應該持本質論的立場，不該堅稱中國的政治思想是這種政權所持的意識形態；為了突顯這種把地域、族裔、文化和思想連結一體所會產生的問題，我們有必要採用歷史的視角，將中國作為政治體的一面與

1 以中國社會科學院及中央民族大學出版的《中國歷代民族史》八卷本為例，在總序言中，編輯楊紹猷與莫俊卿說：「自秦漢王朝時起，一個強大統一的多民族國家開始屹立在世界東方。」引自《中國歷代民族史》（成都：四川民族出版社，一九九六），頁一～二一。

作為身分認同變動遷化的一面相互脫勾，從這種角度來看時，所謂「支撐著中國政治體和其意識形態的基礎」的大一統，其實踩在一個脆弱、複雜的平衡點上，由各種毫不相干、相互衝突的元素交集組成；於此同時，這樣的大一統卻也呈現了某些共同的參照點。這種基於歷史學理的考察顯示出，當外在的處境中，機會和限制都有著大幅變動時，中國政治思想其實便是人對情勢所做出的一系列具有創造力的回應方式；一旦有了這種理解，中國政治思想史看起來便不再是什麼中國文化本質的不斷開展，而是傳統的代代積累。對於像我在內的學者來說，這樣的傳統之所以有意思，是因為它仍然生氣蓬勃，這並不是說這種傳統能號稱對當代議題有什麼重要性，因此它的內涵對全世界來說都很有意義，而是指有許多個別的思想實踐者仍然「身在這個傳統中」，持續地創造意義、據此開展行動。這章總結最主要的目的是想利用鳥瞰的視角，梳理從近代早期一直到當代之間有哪些中國身分認同、整理相關的政治思想，我們將會看到政治行動者和思想家得要對他們的身分認同商討、辯論，也需要試著理解世界之廣闊，中國不過身處一方，因此從前現代的帝國到現代的民族國家，一直到當代中國政治體，這中間的轉型絕非易事。換句話說，要想探討現代或當代的中國政治思想，中國身分認同的問題仍然是不得不處理的一項根本大問。

在近代早期東亞競逐核心地位

在十七世紀中葉及二十世紀初期之間，在歐洲擴張之前，大清帝國宣稱對周遭國家擁有宗主權，以「朝貢貿易」的關係和其他政治、文化互動方式，將這些國家聯結起來。這種做法並不表示清朝的核心地位不受挑戰，反之，相關的競爭遠比我們一般預想的還要更加激烈、也更加複雜。就性質來說，大清帝國面對的這種競爭與先前的王朝國家並不相同，與後來的現代中國也不一樣；然而，這段競逐核心地位的歷史對後世影響深遠，無可避免地為我們今天叫作「中國」的社會和政治體設定了背景情境。

即便在清代還能維持軍事實力時，其主導文化的力量也並非毫無敵手，至少它的文化普世性曾受到質疑。要更理解「中（央風）華」的地位是怎樣受挑戰，便有必要從一般人想像的中國國族歷史當中超脫出來；在研究中國性（Chineseness）相關議題時，其他東亞國家的「中華」論述，尤其能夠幫助我們另闢蹊徑，顯示出中國性並非專屬某個國族獨有的論述主題。我們現在便開始談這段更為廣闊的歷史脈絡。

滿人挪用「中華」這個符號之後，不論在本部或是在海外，對國家的性質和身分都有深遠的影響，韓國的朝鮮王朝便是最好的例子。許多清代及朝鮮的知識分子認為，要談以明代（清朝的上一個朝代）為中心的東亞秩序時，朝鮮王朝便是典型，尤其絕大多數朝鮮的知識分子在文化和政治上都效忠明朝，因此當清朝在一六四四年取代明朝之時，他們不得不在根本上反思自己的國家身分。對他們來說，因為「蠻夷」部族征服了文明世界最核心的地方，因此這種變化並不只是另一場改朝換代而已，也不只是東亞國際政治權力的結構重整，而是代表整個世界觀的劇烈重組。在他們的回應中，對中國性這個概念提出了頗具新意的觀點。

到底是什麼變了呢？在清人統治所瓦解的各種事物中，便包含了「中原本位」（central plain-ism）裡包藏的漢族中心觀，過去在明代統治中國時，這種觀點正是中韓關係的特色。有鑑於此，我們可能會預期朝鮮要退出這個新的國際秩序；然而，當滿人想要維繫「中華」和蠻族這項標準的二元對立時，朝鮮並沒有實力，不能重置這項標準，因此他們不得不接受新的情勢，只能眼見華夷之辨被翻轉過來，滿人竟然變成了「中華」的代表——也就是所謂的中國人。對朝鮮的思想家來說，尤其有必要探問的是：文明和野蠻之間的界線，到底能怎樣重新定義呢？這個提問對中國性的相關議題有直接的影響。

因為軍隊實力遠遠不如清朝，朝鮮的知識分子自然是不可能改變自身作為「朝貢國」的地位，不過他們對中國性提出了一種完全不同的思考方式，意即所謂的「小中華」意識形態。[2]這種觀點認為，在面對蠻族支配文明世界核心時，周遭國家都沒有能力像朝鮮一樣保存了真正的中國性，而朝鮮晚期的韓國透過標準化的禮制以及一統的符號象徵，培育了這種文化認同感。為了理解「韓國比中國還要更中國」這種看起來有點奇怪的說法，我們在這裡有必要進一步探索相關的歷史背景，以及了解華夷之分有哪些概念工具。

要理解對「小中華」的信奉者來說，中國性指的是什麼，我們需要追溯「中華」一詞在朝鮮晚期的發展軌跡。在一開始的階段中，至少明朝再建似乎還有點希望時，朝鮮的知識分子大多將明代國家等同於「中華」；不過，當清朝的勢力不斷上漲時，這種希望也漸漸消蝕，[3]一旦確知明朝已經毫無疑問遭毀滅殆盡之後，朝鮮的知識分子似乎開始將「中華」設想成明代的文化，而非明代國家；但是，「小中華」意識形態的支持者雖然傾慕「中華」，卻常常批評明代文化，而且究竟什麼是「中華」的社會文化特質，在朝鮮思想家的認定中也眾說紛紜。當「中華」在存有（ontological）的層次上變得極不穩定，指涉的對象失去重點時，便無法被化約為任何單一的定義，而我認為，正是在這樣的脈絡下，「中華」指涉的既不是明代國家，也不是明代文化，而是存在於朝鮮晚期知識分子心中的虛擬世界。

為了理解這一點，我們需要仔細思考「華」夷觀在本質上如何有利益交換的特徵，又如何是相互建構而成。如同之前已經提過，當中國各朝代與鄰國正式建立關係、互相派任使臣往來時，雙方互動的關鍵在建立共識、明尊卑之別，也是因此，在「朝貢體制」中，當雙方使臣來往時，階序嚴明的禮制才會如此重要。借用黑格爾討論主僕之間辯證關係的「承認說」（Anerkennung），即便是上位者也需要下位者對他的承認，身分地位才得以維持。在東亞國際關係的脈絡下，當蠻夷國家承認「中華」的地位時，也申明、接受了中國身分的正當性；倒過來說，中國的朝代也需要這種承認，才能維繫自我認知與身分認同。話雖如此，即便朝鮮希望擺脫蠻夷的身分也做不到，畢竟清朝為了要維繫自己作為「中華」的身分，必定會加以阻止；不過於此同時，朝鮮人既存的「中華」觀仍然將清人視為蠻夷，而這正是「小中華」意識形態的基礎。

這些看似不可彌合的主張和要求，究竟要如何調解、如何得到滿足呢？清朝的軍事實力勢不可擋，要是朝鮮對清朝強加的規定有任何反抗，有可能令國家存亡危在旦夕，因此根本不可能拋開「華」夷的二元對立；而從朝鮮肇建伊始，對「中華」（在當時指涉明朝）的忠心便根植於這個國家的身分認同中，因此完全接納滿人的做法從來不在考量範圍內。也就是說，面對滿洲統治者時，朝鮮既不可能當「中華」的一部分，

2 我在其他文章對「小中華」的意識型態有更為深入的討論，見金英敏（김영민），〈조선중화주의의 재검토 -이론적 접근-〉（朝鮮的中華主義再探），《韓國史研究》（한국사연구）第一六二期（二〇一三，首爾），頁二一一～二五二。Youngmin Kim, "Centrality contested: an interpretive approach to 'Chinese' identity." In: Leigh Jenco, Murad Idris, Megan Thomas, eds., *The Oxford Handbook of Comparative Political Theory*. Oxford: Oxford University Press, 2019.

3 許太榕（허태용），《조선 후기 중화론 과 역사 인식》（朝鮮後期中華論與歷史認識），首爾：아카넷，二〇〇九。

也不願意當蠻夷，同時也不能直接毀棄這個二元架構不用。

面對這種兩難，朝鮮便以「小中華」的形式創造了一個虛構的「中華」來回應，這種做法既能讓朝鮮留在過去的世界秩序中，又可以在另一個層次上尊奉清朝作為「中華」的地位。例如，即便在清朝冊封之後，朝鮮國王在自認清朝看不到的地方，仍會繼續使用明代的年號。當朝鮮在自己的意識形態中，終於確立自身「小中華」的地位時，因為要坐實（小）「中華」的位置需要有別人的承認，因此理應找到自己相對應的「蠻夷」才行；但是，清朝身為中國的統治者，在官方的涉外關係中，是絕不能接受自己被看作野蠻人的。

當我們把「小中華」與中國其他周遭的政治體相比較時，「中華」在這種意識形態裡的虛構本質便可以看得更加清楚。首先，我們不妨以越南為例，安南（越南的前身）在十世紀以前經常受中國的直接控制，在明朝也有短暫期間如此，但是在帝制晚期大多數的時候，安南都享有自治的朝貢國地位，而於此同時，越南的君主在國內的文書中，往往也以皇帝自稱，[4]而這便是越南與韓國大不相同的地方。即便在私底下越南自視為帝國，但是在十九世紀晚期，為了抵抗法國蠶食自身領土，阮朝使用策略，對清國派出更多的朝貢使，並訴諸於自身藩屬國受保護的地位。

在各個政治體中，日本一樣也將自身的國族地位建立在中國宮廷的冊封之上：中方給予國王等相應的封號，而日方則朝貢進獻作為回禮。在第三世紀時，日本群島的領袖、巫女卑彌呼便從北魏宮廷獲得了封號，由此提振聲望、鞏固了政治權力，最終在七世紀早期令大和國與中國的往來得以興起。此後，足利義滿（一三五八—一四〇八）曾短暫接受過中國的宗主地位；但除了這個例外，德川政權並不把自己看做是中國的附庸，尤其在明代滅亡之後，幕府便宣稱佔有了「中華」的地位，而且日本還與自己的「蠻夷」建立了朝貢關係，[5]試著與朝鮮、琉球王國以及荷蘭（實際上是荷屬東印度公司）建立正式體制、交換使臣。

然而對朝鮮來說，由於過去清朝不斷入侵的歷史，這並不是可行的選項；換句話說，這個國家在清朝軍力伸手可及之處，而德川幕府卻不然，如果朝鮮對清朝提出要求，試圖建立不同的雙邊關係，例如試圖要求雙方對等承認的話，有可能會招致國家滅亡。可是，朝鮮仍然需要某些事物，與之相對來定義自己的身分，「小中華」既然稱作「小」，表示朝鮮仍然不是「中華」本身，需要一面大鏡子才看得見自己。朝鮮不可能將自己想像成「中華」本身，需要有個重要他人（significant other）才行，但這個重要他人越來越虛妄。相較之下，日本在現實中成功建立起自己的小型朝貢體制，這一點讓我們得以區分朝鮮和德川幕府的差異。

當明朝的遺民（譬如南明）還在中國南方積極活動時，朝鮮那些心繫明朝的知識分子仍然期待有一天明朝能夠回到文明的核心；只要明朝還有部分存在，中國性便仍舊有著穩定的指涉對象，而只要人們仍然還能想像反清復明的可能，「中華」便依然代表著某種政治企盼。然而，隨著南明（一六四四—一六六四）的覆滅，既存的中國概念也整個冰消瓦解，從此之後，再也沒有至高無上、權威可信的標準能定義什麼叫中國性。既然政治上再也不可能期待明朝回歸，思想家便開始對中國性這個概念本身提出疑問——在此之前，根

4 Alexander Woodside, *Vietnam and the Chinese model: a comparative study of Nguyen and Ch'ing civil government in the first half of the nineteenth century*. Cambridge, MA: Harvard University Press, 1959.

5 荒野泰典，〈日本型華夷秩序の形成〉，收於朝尾直弘等主編，《日本の社会史》第一卷（東京：岩波書店，一九八七），頁一一三～一二〇。荒野泰典，《近世日本と東アジア》（東京：東京大学出版会，一九八八），頁一五四。

本沒有人對這個概念提出理論說明，一切都那麼理所當然。這些思想家開始探問：中國性的組成是什麼？在朝鮮晚期的不同階段中，隨著人迫切地追問這個問題，「中華」的概念則更沒有固定的內涵，變成開放的、意義不定的符號，意涵會不斷地受到重新調整和闡釋。不論在思想的市場上有多少種「中華」觀在相互競爭，過去一向有明朝在肯定朝鮮是近似中華的；而隨著明代滅亡，肯定朝鮮的行動者也由此消滅，這是不爭的事實。朝鮮的思想家益發感受到，他們對中國性的理解，並不等同於地理上叫中國的地方正在發生的事情，兩者的鴻溝前所未有的巨大。

正是在這種背景之下，我們才能理解老論派的金鍾厚（一七二一—一七八〇，朝鮮宮廷黨爭的要角）面對仰慕清代文化的洪大容（一七三一—一七八三）時，為何在信中說：「在我看來，明朝之後就沒有中國了，如此而已。我責備的並不是他們對明朝無所念想，而是對中國無所念想。」（《湛軒書・內集》卷三：「所思者在乎明朝後無中國耳。故僕非責彼之不思明朝而責其不思中國耳。」）在明代時，地域、族裔和文化這三種中國性的定義方式聚合一體，變成了「中華」的普遍定義；然而，金鍾厚的說法卻將「中華」與所有中國性的根源脫勾，變成沒有領域分別的中國性，即便（或者正是因為）缺乏實體指涉，他得以創造一個「空洞」的符號，並不需與「現實」有所關聯。

或許正是因為「中華」這個概念的特殊性，使得東亞各國在整個十八世紀之間可以和平共處；清朝、朝鮮和德川政權似乎都有意識到，他們所信奉的中國性其實彼此有可能相互衝突。例如，清朝實際上有各種方法可以得知《承政院日記》的內容（《孝宗實錄》卷十五）；而對馬藩主也很清楚，當德川幕府努力要收受朝貢時，其實視朝鮮為自己的外夷，但為了維繫和平的外交關係，他並沒有將這個態度公之於朝鮮，甚至還竄改外交文書以避免國際糾紛。[6]此外，雖然朝鮮的政治菁英也很清楚，日本自封了「中華」的地位，因此對待朝鮮使臣尤如對待「蠻夷」來朝一般，但他們也並沒以此為藉口，在兩國之間挑起事端。我們不妨把這個狀況叫作「刻意無視」（ignorance by design）：即便東亞諸國都知道其他的政治體怎麼看待自己，這也沒有損害國際關係的進展，只要「中華」可以在不同的層次運作良好，彼此並不會產生嚴重衝突。在各國彼此發展，維繫自我認知的同時，也參與了新的世界秩序，以適應變動中的國際政治場域。

從這個角度來看，「小中華」的意識形態也可以看作是所謂「弱者的武器」，[7]朝鮮晚期的政治領袖了解明清鼎革之際的權力移轉，對於清朝遠遠勝出的軍事實力這種冷冰冰的現實也知之甚詳，因此為了補強軍力的孱弱，構想出令人信服的文明理念自然很符合朝鮮的利益。若使用邁克爾・曼對權力的類型分析，[8]我們可以說朝鮮在現實中唯一能碰觸得到的權柄是意識形態的力量，在文明傳播的模式裡，「中華」作為文明的根源是正面的族群稱呼，與「蠻夷」這個負面的族群稱呼相對立，一旦清朝剿滅明朝勢力、鞏固自身權力之後，朝鮮高潔的道德情操重要性也更加明確，成為了弱者的武器。從這個方式來理解，「小中華」是種戰略工具，用來與其他國家協商、對話，也用來與軍力強盛的清朝相抗衡；不過，要是誤以為朝鮮沒有真正的

6 ロナルド・トビ（Ronald P. Toby），《「鎖国」という外交》，東京：小学館，二〇〇八。
7 James Scott, *Weapons of the weak: everyday forms of peasant resistance*. New Haven: Yale University Press, 1985.
8 Michael Mann, *The sources of social power*, vol. 1, *A history of power from the beginning to AD 1760*. Cambridge: Cambridge University Press, 2012.

道德認同感，只是自我束縛、固守特定的談判地位的話，那可就錯了。「小中華」的意識形態之所以有戰略價值，原因恰恰是因為朝鮮已經將這些規範內化於自己的認同當中，甚至到了其他周邊國家都不可能相比擬的程度。

在現代東亞競逐核心地位

傳統中國所謂的涉外關係與「中華」觀一體兩面，認為有個文明的中心向外擴張，而野蠻人則仰慕文明。因此，在現代歐洲的模式中，既然世界是由各個獨立國家所組成，這種模式本身便對中國造成威脅。雖然有時候有爭議，但一般普遍認為歐洲的國際體系在十七世紀的西發利亞（Westphalia）和約之後建立，而一八一五年的維也納會議（Congress of Vienna）瓦解了拿破崙帝國（Napoleonic Empire），更進一步強化了西發利亞體系對跨國構造的觀點，認為在所謂的「文明國家」之間，以領土為界的主權國家是國際關係裡最為重要的單元，各國相互來往時，由共同、平等的主權形成法律原則，而不論各自國力高低。簡單來說，成為普世帝國再也不是各個國家的志業了。儘管（或是因為）許多國家都享有同樣水準的主權，但是（或是所以）彼此之間更捲入了永無休止的競爭，因為跨國體系在本質上有著競爭特性，驅策著各個國家全力成長，避免落入貧弱的狀態，因此即便這些國家的能力大小不一，但面對世界上經濟交換與殖民征服日益增強、拓展、深化，每個國家都試著要站穩腳跟、擴張實力，以保證自己的生存。在過去的世界中，並沒有什麼樣的緊密連結，而擴張的歐洲世界體系將一切都捲入了自己的勢力範圍中。

隨著歐洲帝國日漸擴張，面對範圍更大、競爭更盛的勢力範圍，中國得要試著重新定義自己在世界中的位置才行。只要清朝這種鬆散、去中心的組織方法，只限縮在相對封閉的亞洲體系中，因為這種方式可以說是以較小的成本收取朝貢、維繫和平，因此還算得上是有用的方式，能帶來正面的結果。然而，一但進入全球高度競爭的場域中，因為政治體要想生存得要有更強大的實力、更大有為的社會干預，以及更為靈活的手段，中國過去的外交資產便成了負債，因此清朝在思考要如何將自己重新打造成現代國家時，參考了歐洲民族國家的模式；於此同時，中國也日益融入了歐洲擴張所創造的政治、經濟網路。以外交面來說，一八四二年的南京條約和一八五八年的天津條約將清朝推入了新世界，面對國際間的各種明爭暗鬥；因為中國周邊國家再也不需要根據清帝國的理念與宗主國結為一體，清朝過去自命不凡，作為「中華」的普世地位，在這種新的國際秩序中施展不開。於此同時，如嚴復等知識分子的翻譯著作中，出現了大不相同的世界圖景，有多國主權、有民族國家相互競逐霸權，而失敗的國家則會遭受抹殺。

一旦將中國放進了西發利亞體系的政治想像中，這個國家實質上就失去了文化或政治的合法性，不再能擔任世界領袖。因此，中國的運動者和思想家關心的重點是，要怎麼樣才能讓中國重新崛起，走出屈辱的境地，將自身重建為一個強大的、現代的民族國家；在他們眼中，由於國族主義能激起愛國熱忱，因此這是個可用的工具，能有效保衛中國免受西方進犯。在一開始，中國國族主義以反滿的、樸素的大漢民族主義這個形式出現，這種做法有得有失，雖然對滿族統治的抗拒確實也促成清朝在一九一一年倒臺，但所付出的代價是，民族分離運動日漸增長。一方面，中國政府希望利用共同的語言和傳統，將政治共同體中所有的人民統一起來；而另一方面，面對同一片土地上說不同語言、信不同宗教、實踐不同文化卻比鄰而居的諸多族群時，樸素的大漢民族主義也造成關係緊張。當代中國在很大的程度上，是由清朝以及二十世紀中國的經驗塑造而成，由於清代對中央歐亞的征服，中華人民共和國得以宣稱主權，表示這些土地屬於當今的中國政府，但反過來說，中華人民共和國也常常得面對激烈的西藏、維吾爾分離運動；在「少數民族」這個政治標籤下，這些族群理應享有一定程度的自治權。

很有意思的一點是，雖然中華人民共和國作為民族國家享有國際的外交承認，但在介定自己的身分認同時，卻使用了橫跨朝朝代代的「中華」一詞——在我們稱作中國歷史的時光中，這個詞大多數時候都用來指稱帝國的核心地位。因為中華人民共和國的努力，「中華」一詞現在所屬的政治想像已經與這個民族國家密不可分，在這個詞的漫長歷史中，開啟了一個新的階段。「中華」有如此曖昧不明的內涵，呈現了中國努力建立起框架，希望在框架中創造出綿延時空的大型實體，透過這個實體將自己跟歷史上的王朝國家結合起來，最終創造時空連續性這種大型的神話。只要「中華」象徵了世界文明的中心，中國國族主義就不會只把「中國人」看成只是世界上諸多民族之一而已，而是想成為領導世界的指標族群，以此為志業，胸懷令人豔羨的文明理念。當國家要想鼓動公民投入經濟、文教、國防時，這種自我形象確實特別有效，有可能會持續形塑眾多人民的期望，顯示人們如何想像政治潛能。例如，中國在思考歷史上自己作為文明中心的地位時常常感嘆，現代中國已經失去過往的輝煌了，呼籲同胞們應該要努力回復過往「中華」的高度。

有些人可能會回應，中華人民共和國想要融入從古至今更廣闊、更久遠的存在，想從中找到歸屬感，也是很正常的事，畢竟這不過是把過去的朝代稱作自身的歷史，就像許多傳統的王朝一樣；可是，既然新中國號稱與舊中國有所不同，中國竟想把自己重塑為「中華」最新的化身，不免顯得很諷刺。在馬克思理論中，乍看之下「國族」以及／或是「民族」受到貶斥，因此安德森才提醒，我們不該預設馬克思主義者就不是民族主義者，指出在亞洲政治中，馬克思主義和國族主義常常糾纏一體；[9]也確實，二十世紀成功的革命都有國族主義的性質。然而，在馬克思理論中、至少原則上，決定身分的並不是從哪裡來，而是往哪裡去。在中華人民共和國中，當馬克思主義漸漸失去吸引力時，人們似乎開始澈底重新思考身分認同的問題，而既然共同的文化背景常常能替集體身分提供基礎，其中一個選項便是回望過去，這似乎便是為什麼中國會熱衷在歷史的長河中找尋身分歸屬和地位，以相關的概念和歷史關聯來定義自己。要處理中國對文化、政治身分認同的長久關懷，這樣的歷史似乎非常有幫助，能在全球化的世界中，不斷將大一統帝國重新化為現實。

歷史學與馬克思主義不同，關心的並不是預測未來，因此並沒有辦法告訴我們，中華人民共和國在採行了某種中國性的定義之後，究竟會往哪裡去；然而，我們能受益於中國的複雜歷史，理解是什麼樣的情境、想法和行為，造就了現今難以預料的情況。傳統的觀點認為，今天叫作中國的政權從古綿延至今、無縫接軌；要想質疑這種說法的話，我們便有必要採取更廣闊的歷史視角。在近代早期的東亞中，對於中國性曾經

9 Benedict Anderson, *Imagined communities: reflections on the origin and spread of nationalism*. (New edition. London: Verso, 2006), 161.

有多種概念相互競爭，不過實踐中國性的人至今大多仍然對這段歷史一無所知；想討論東亞各個民族國家如何形成時，這些概念則成了辯論的內容。要想有所啟發的話，我們該問個假設性的問題：如果中華人民共和國繼承的是明代，而不是清代，結果仍然會一樣嗎？要是中華人民共和國繼承明代大統，則三種中國性的理據（即族裔、文化、地域）本可以整合更加完善，也不會起那麼多爭議，但是中國的領土相對而言也會要小得多。直到明代時，人們仍然將中國性的各個面向看作鐵板一塊、完全一體，但自清代開始，東亞各國便將這些面向拆解開來，因此當中華人民共和國繼承清朝傳統時，狀況並不是很好，中國性的定義整合不良、無法使用，可是卻有條件能獲得更大的領土。以此，我們或許可以說，清代的領土遺產是以中國性的分裂為代價，當我們用現代史更廣闊的視角來看時，這一點也會更加明顯。

於此同時，「中華」的觀念仍舊有強大影響，在韓國轉型成現代國家的路上尤其如此。有趣的一點是，韓國的統治菁英在政治論述中，仍然替虛構的「中華」續命，以此建構自己的現實——如果考量到當時的跨國政治，這點也就很明顯了。例如，當各個帝國強權要侵佔朝鮮時，朝鮮高宗（一八五二—一九一九，一八六四年即位，朝鮮王朝第二十六位國王）為了應對情勢，宣告韓國成為帝國，在一八九七年登基為大韓帝國的第一位皇帝。這樣做背後的論理是希望繼承明代的地位，認為清朝擔當不起「中華」的象徵。政治方面的其中一項改變是，韓國再也不與清代中國維持朝貢關係，也就是說，對韓國作為現代主權國家而言，「中華」觀類似於根本的構成神話，拒斥了清代的宗主國地位，讓韓國在意識形態上開了大門，找到能加入西發利亞體系的理由。

那日本的狀況又如何呢？在二十世紀的前半葉中，日本的知識分子試著將中華文明的遺緒與中國國族切割開來。在一方面，他們想出了「東洋文化」和「東洋史」的概念，表示這些東西超越了特定國族的疆界，因此是由中國和日本所共享；[10]就這種說法來看，東洋文化雖然源自中國，但中國正在衰頹中，而日本相較其他亞洲國家而言，則是更為先進的民族國家，因此在東洋文化中應該擔起領袖角色。一方面日本在晚近興起，成為現代亞洲國家的領袖，同時另一方面又承認中華文明早熟的發展，而東洋文化的說法便是這兩種立場彌合的結果，也就是說，日本蒸蒸日上、要取代衰頹中的中國，成為「中華」的新代表。許多日本思想家走得更遠，認為東洋文化比西洋文化來得更加優越，蘊涵的意義是，日本註定要成為世界的中心，而日本帝國主義「大東亞共榮圈」的政治宣傳，便是上述意識形態的政治表述，宣稱要讓「日本領導下的亞洲國家集團免於西方列強的勢力」。[11]

在當代世界競逐核心地位

有哪些情勢和挑戰，是當代中國的政治思想家可能會想要有所回應的？在我們生存的二十一世紀中，這

10 Stefan Tanaka, *Japan's Orient: rendering pasts into history*. Berkeley: University of California Press, 1993.

11 宣傳內容由有田八郎在一九四〇年六月二十九日的廣播演講「国際情勢と帝国の立場」中發表，見：Joyce Lebra, ed., *Japan's Greater East Asia Co-Prosperity Sphere in World War II: selected readings and documents*. Oxford: Oxford University Press, 1975.

個時代的經濟、社會互動不斷全球化、毫無休止，隨著資本的流動及新科技的到來，既有國家之間相互依存的程度也大幅上升，許多能深刻影響人民生活的動力和決策，現在也益發有跨越邊界的趨勢；過去以領土國家為邊界所產生的政治形態，現在漸漸地跟不上世界發展。在全球化的時代、在歷史的新階段中，政治行動者面臨許多前所未有的威脅和機會，至於根深柢固的既存結構如何與這種交互連結相彌合，尤其有待觀察。

中國也不例外。在二十一世紀中最重大的政治發展之一，便是中國興起成為了全球勢力：一方面來說，中國擁抱市場經濟導向的發展，與其他的國家交換商品和想法，被納含進廣大的世界中，與日漸交融的世界連在一起，在世界政治中也益發成為核心要角；在另一方面，馬克思主義在中國內部的重要性也慢慢消退，令中國人不得不開始重新思考自身的傳統。最近數十年來，中國政府慷慨激昂、一心一意地認為中國是存在數千年的大一統的國家，稱中國基本上是融合一體、每一塊都不可分割，而許多中國思想家都希望能進一步發展理論，好把後馬克思的中國社會建立在更為耐久的基礎之上。中國的傳統過去被看作是社會的阻礙，而在現在的這種狀況中，則搖身一變成為重塑中國的資源。

簡單來說，中國似乎被困在了自己矛盾的兩種承諾中，一方面是全球化發展，另一方面則是形塑自己身分的、範圍有限的歷史進程；當長久以來，「中華」的身分賦予中國至高無上的地位時，當代中國最主要的動力之一，便是在全球化的世界中找到自己的定位。對中國的政治思想家而言，挑戰的困難點在於要如何發明政治理論，以同時面對這雙重的挑戰，讓「中國式和平」（Pax Sinica）的雄心壯志能令人嚮往、能有機會可以實現。當然，要是以明擺著的軍事手段將帝國之手伸得太遠，對任何國家來說，最終都要付出慘重的代價，甚至有可能會摧毀整個地球；更為可行的做法則是建構某種世界秩序，以讓中國即便不是世界文明的中心，至少也是文明的源頭。

因此，面對變動中的社會、經濟和政治情勢，普世帝國的觀念也與現況發展出新的關係。例如，有許多思想家都注意到，中國的自我認知常常將政治想像置於「天下」的層次，而並不只是東亞而已，就他們來看，在二十一世紀中國所繼承的各種遺緒中，中文所談的「天下」可以看作是思想資源，對希望想像新世界秩序的人來說，可以作為指導和參考。[12]本書希望呈現的是，在理解中國政治思想傳統時，比起過度簡化的論證來說，對特定的歷史脈絡進行考察是更為合理的做法；在這種觀點中，當中國人投入昭昭天命、建設新世界秩序的同時，也召喚了中國政治思想，與帝國遙相呼應，這種做法有雙重的重要性：首先，這種帝國理念代表的，僅僅是中國傳統可用的思想資源的其中一種；其次，試著想達成這種目標的做法，表示中國政治思想仍然充滿活力，是塊高度競爭的思想沃土。

為了充分理解這種活力，把中國的這種目標看成「自我驗證的預言」，而不是「忠於歷史的發展」，可能會更有幫助。在大多數時候，「中華」指的並不見得是對事實的描述，而是集體意識的一種形式：許多人有強大信念，覺得中國註定要成為世界的文明核心，這種意向再製了共同期望，而人們希望可以實現自己創造的這種預想。換句話說，「中華」意識形態的支持者打造了共同期望，而行動者則在這個基礎上實踐自身

12 例如，見趙汀陽《天下體系：世界制度哲學導論》、柄谷行人《帝国の構造：中心・周辺・亜周辺》，比較早的例子見杜維明（Tu Wei-ming）*Centrality and commonality: an essay on Confucian religiousness.*

的行為，是以「自我驗證的預言」在很多方面都能解釋中國在追尋新世界秩序、與帝國遙相呼應時，背後的驅力是什麼，只有當一定數量的集體行動者相信「中華」存在於中國裡，「中華」才得以存在。因此，從「自我驗證的預言」來看，又會再度問出了「行動者」是誰這個問題：該是誰以現實或是以歷史之名來創造這些期待呢？又該是誰去實踐這些期待呢？中國的經典《中庸》這麼說：

> 只有世界上修養全美全善的人，才有聰明睿智，足以從上位者的視角照看萬物……如此，他的名聲傳遍了中國諸政權的土地，影響力甚至遍及了南北邊疆的各個族群，只要靠船、靠車、靠人力能到的地方，有上天遮蓋的地方，有大地承載的地方，有日月照耀的地方，有霜露集結的地方，只要是有血氣的人，每個人都會尊重他、敬愛他。[13]
>
> （《中庸．第三十章》：「唯天下至聖，為能聰明睿知，足以有臨也……是以聲名洋溢乎中國，施及蠻貊；舟車所至，人力所通，天之所覆，地之所載，日月所照，霜露所隊；凡有血氣者，莫不尊親。」）

---

13 Andrew Plaks, trans., *Ta Hsueh and Chung Yung: The highest order of cultivation and On the practice of the mean*. (London: Penguin, 2004), 52-53.

徵引文獻

一、英語文獻

Adams, J., *The familial state: ruling families and merchant capitalism in early modern Europe*. Ithaca, NY: Cornell University Press, 2005.

Ames, R. and Rosemont, H., Jr., trans., *The Analects of Confucius: a philosophical translation*. New York: Ballantine Books, 1999.

Anderson, B., *Imagined communities: reflections on the origin and spread of nationalism*. New edition. London: Verso, 2006.

Ang, I., Can one say no to Chineseness? Pushing the limits of the diasporic paradigm. In: S. Shih, C. Tsai, and B. Bernards, eds., *Sinophone studies: a critical reader*. New York: Columbia University Press, 2013.

Aoki, M., "Historical sources of institutional trajectories in economic development: China, Japan and Korea compared." *Socio-economic Review*, 11 (2013), pp. 233-263.

Balazs, E., "China as a permanently bureaucratic society." In: *Chinese civilization and bureaucracy: variations on a theme*. New Haven: Yale University Press , 1964.

Barker, E., *Aristotle, the Politics*. London: Oxford University Press, 1946.

Berger, P., *Empire of emptiness: Buddhist art and political authority in Qing China*. Honolulu: University of Hawai'i Press, 2003.

Besio, K., "Gender, loyalty, and reproduction of the Wang Zhaojun legend: some social ramifications of drama in the late Ming." *Journal of the*

Economic and Social History of the Orient, 40, no.2 (1997), pp. 251-282.

Bevir, M., *The logic of the history of ideas*. Cambridge: Cambridge University Press, 2002.

Bol, P., *This culture of ours: intellectual transitions in T'ang and Sung China*. Stanford, CA: Stanford University Press, 1992.

Bol, P., "Perspectives on readings of *Yingying zhuan*." In: P. Yu, P. Bol, S. Owen, and W. Peterson, eds., *Ways with words: writing about reading texts from early China*. Berkeley: University of California Press, 2000.

Bol, P., "Whither the emperor? Emperor Huizong, the New Policies, and the Tang–Song transition." *Journal of Sung–Yuan Studies*, 31 (2001), pp. 103-134.

Bol, P., *Neo-Confucianism in history*. Cambridge, MA: Harvard University Asia Center, 2008.

Borges, J., *Collected fictions*. New York: Penguin Books, 1998.

Brook, T., *The troubled empire: China in the Yuan and Ming dynasties*. Cambridge, MA: Belknap Press of Harvard University Press, 2010.

Burke, E., *The works of the Right Honourable Edmund Burke*, vol. 6. London: George Bell and Sons, 1877.

Chan, W., trans., *Instructions for practical living and other neo-Confucian writings by Wang Yang-ming*. New York: Columbia University Press, 1963.

Chan, W., trans., *Reflections on things at hand*. New York: Columbia University Press, 1967.

Chang, C., *The Chinese gentry: studies on their role in nineteenth-century society*. Seattle: University of Washington Press, 1955.

Craig, E., ed., *Routledge encyclopedia of philosophy*. London: Taylor & Francis, 1998.

Crossley, P., "Thinking about ethnicity." *Late Imperial China*, 11, no.1 (1990), pp. 1-35.

Crossley, P., "The rulerships of China." *American Historical Review*, 97, no.5 (1992), pp.1468-83.

Crossley, P., *A translucent mirror: history and identity in Qing imperial ideology*. Berkeley: University of California Press, 1999.

Crossley, P., *The Manchus*. 2nd edition. Cambridge, MA: Blackwell Publishers, 2002.

Dardess, J., *Confucianism and autocracy: professional elites in the founding of the Ming dynasty*. Berkeley: University of California Press, 1983.

Dardess, J., *Blood and history in China: the Donglin faction and its repression, 1620–1627*. Honolulu: University of Hawai'i Press, 2002.

Dawson, R., *Sima Qian, the first emperor: selections from the historical records*. Oxford: Oxford University Press, 2009.

de Bary, W., *Neo-Confucian orthodoxy and the Learning of the Mind-and-Heart*. New York: Columbia University Press, 1981.

de Bary, W., *The liberal tradition in China*. Hong Kong: Chinese University Press, 1983.

de Bary, W., *The trouble with Confucianism*. Cambridge, MA: Harvard University Press, 1991.

de Bary, W., trans., *Waiting for the dawn: a plan for the prince; Huang Tsung-hsi's Ming-i-tai-fang lu*. New York: Columbia University Press, 1993.

de Bary, W., *Nobility and civility: Asian ideals of leadership and the common good*. Cambridge, MA: Harvard University Press, 2004.

de Bary, T., Bloom, I., and Adler, J., *Sources of Chinese tradition*, vol. 1. 2nd edition. New York: Columbia University Press, 1999.

de Certeau, M., *The practice of everyday life*. Berkeley: University of California Press, 1984.

Di Cosmo, N., State formation and periodization in inner Asian history. *Journal of World History*, 10, no.1 (1999), pp. 1-40.

Di Cosmo, N., *Ancient China and its enemies: the rise of nomadic power in East Asian history*. Cambridge: Cambridge University Press, 2002.

Dittmer, L. and Kim, S., "In search of a theory of national identity." In: L. Dittmer and S. Kim, eds., *China's quest for national identity*. Ithaca, NY: Cornell University Press, 1993.

Dubs, H., trans., *The history of the former Han dynasty*, vol. 2. Baltimore: Waverly Press, 1944.

Duncan, J., "The problematic modernity of Confucianism." In: C. Armstrong, ed., *Korean society: civil society, democracy and the state*. London: Routledge, 2002.

Eastman, L., *Family, fields, and ancestors: constancy and change in China's social and economic history, 1550–1949*. New York: Oxford University Press, 1988.

Eberhard, W., *A history of China*. London: Routledge & Kegan Paul, 1948.

Eisenstadt, S., *The political systems of empire*. New Brunswick, NJ: Transaction Publishers, 1993.

Eisenstadt, S., *Japanese civilization: a comparative view*. Chicago; London: University of Chicago Press, 1996.

Elliott, M., *The Manchu way: the Eight Banners and ethnic identity in late imperial China*. Stanford, CA: Stanford University Press, 2001.

Elliott, M. *Emperor Qianlong: Son of Heaven, man of the world.* New York: Longman, 2009.

Elliott, M., “Hushuo: the northern other and the naming of the Han Chinese.” In: T. Mullaney, J. Leibold, S. Gros, and E. Bussche, eds., *Critical Han Studies*. Berkeley: University of California Press, 2011.

Elman, B., “Imperial politics and Confucian societies in late imperial China.” *Modern China*, 15, no.4 (1989), pp.379-418.

Elman, B., “The failure of contemporary Chinese intellectual history.” *Eighteenth- Century Studies*, 43, no.3 (2010), pp.371-391.

Elman, B., Duncan, J., and Ooms, H., eds., *Rethinking Confucianism: past and present in China, Japan, Korea, and Vietnam*. Los Angeles: University of California Press, 2002.

Eoyang, E., “The Wang Chao-chün legend: configurations of the classic.” *Chinese Literature: Essays, Articles, Reviews (CLEAR)*, 4, no.1 (1982), pp.3-22.

Erasmus, *The education of a Christian prince with the panegyric for Archduke Philip of Austria*. Cambridge: Cambridge University Press, 1997.

Fairbank, J., ed., *The Chinese world order*. Cambridge, MA: Harvard University Press, 1968.

Falkenhausen, L. von., *Chinese society in the age of Confucius (1000–250 BC)*. Los Angeles: Cotsen Institute of Archaeology, University of California, 2006.

Farmer, E., *Zhu Yuanzhang and early Ming legislation: the reordering of Chinese society following the era of Mongol rule*. Leiden; New York: E.J. Brill, 1995.

Fei X., *China’s gentry: essays in rural–urban relations*. Chicago: University of Chicago Press, 1953.

Fingarette, H., *Confucius: the secular as sacred*. New York: Harper Torchbooks, 1972.

Fu, Z., *Autocratic tradition and Chinese politics*. Cambridge: Cambridge University Press, 1993.

Gaddis, J., *The landscape of history: how historians map the past*. Oxford: Oxford University Press, 2004.

Ge Z., *An intellectual history of China*. Leiden; Boston: Brill, 2014.

Hamashita, T., “The tribute trade system and modern Asia.” *The Memoirs of the Toyo Bunko*, 46 (1988).: 7–24.

Hansen, V., *The open empire: a history of China to 1800*. New York: W.W. Norton & Company, 2015.

Harris, E., Is the law in the way? On the source of Han Fei's laws. *Journal of Chinese Philosophy*, 38, no.1 (2011), pp.73-87.

Harrison, H., *China*. London: Bloomsbury Academic, 2001.

Hartwell, R., "Demographic, political, and social transformations of China, 750–1550." *Harvard Journal of Asiatic Studies*, 42, no.2 (1982), pp.365-442.

Hirschman, A., *Exit, voice, and loyalty: responses to decline in firms, organizations, and states*. Cambridge, MA: Harvard University Press, 1970.

Ho, P., *The ladder of success in imperial China: aspects of social mobility, 1368– 1911*. New York: Columbia University Press, 1962.

Ho, P., "In defense of sinicization: a rebuttal of Evelyn Rawski's 'Reenvisioning the Qing'." *Journal of Asian Studies*, 57, no.1 (1998), pp.123-155.

Hobbes, T., *Human nature and De corpore politico*. Oxford: Oxford University Press, 1994.

Hobbes, T., *Leviathan*. Cambridge: Cambridge University Press, 1996.

Hsiao, K., *A history of Chinese political thought*. Princeton: Princeton University Press, 1979.

Hsu, C., *Ancient China in transition*. Stanford, CA: Stanford University Press, 1965.

Huang, P., "The paradigmatic crisis in modern Chinese studies: paradoxes in social and economic history." *Modern China*, 17, no.3 (1991), pp.320-321.

Hui, V., *War and state formation in ancient China and early modern Europe*. (New York: Cambridge University Press, 2005.

Hulsewé, A., *Remnants of Ch'in law: an annotated translation of the Ch'in legal and administrative rules of the 3rd century BC discovered in Yün-meng prefecture, Hu-pei province, in 1975*. Leiden: Brill, 1985.

Hutton, E., *Xunzi: the complete text*. Princeton: Princeton University Press, 2014.

Israel, G., *Doing good and ridding evil in Ming China: the political career of Wang Yangming*. Leiden: Brill, 2014.

Ivanhoe, P., *Ethics in the Confucian tradition*. Atlanta, GA: The American Academy of Religion, 1990.

Ivanhoe, P., *Ethics in the Confucian tradition: the thought of Mengzi and Wang Yangming*. 2nd edition. Indianapolis: Hackett, 2002.

Jensen, L., *Manufacturing Confucianism: Chinese traditions and universal civilization*. Durham, NC: Duke University Press, 1998.

Johnson, W., trans., *The T'ang code*, vol. 1. Princeton: Princeton University Press, 1979.

Johnston, I., trans., *The Mozi: a complete translation*. New York: Columbia University Press, Introduction, 2010.

Kahn, H., *Monarchy in the emperor's eyes: image and reality in the Ch'ien-lung reign*. Cambridge, MA: Harvard University Press, 1971.

Karlgren, B., trans., *The Book of Odes: Chinese text, transcription, and translation*. Stockholm: Museum of Far Eastern Antiquities, #194, 1950.

Kim, Y., "Luo Qinshun (1465–1547) and his intellectual context." *T'oung Pao*, 89, no.4 (2003), 367-441.

Kim, Y., "Cosmogony as political philosophy." *Philosophy East & West*, 58, no.1 (2008), pp.108-125.

Kim, Y., "Toward a theoretical foundation for the history of Chinese political philosophy." *Philosophy Today*, 57, no.2 (2013), pp.204-212.

Kim, Y. "Centrality contested: an interpretive approach to 'Chinese' identity." In: L. Jenco, M. Idris, and M. Thomas, eds., *The Oxford Handbook of Comparative Political Theory*. Oxford: Oxford University Press, 2019.

Kleutghen, K., "*One or Two*, repictured." *Archives of Asian Art*, 62, no.1 (2012), pp.25-46.

Knapp, K., "The *Ru* reinterpretation of *Xiao*." *Early China*, 20 (1995), 195-222.

Kuhn, D., *The age of Confucian rule: the Song transformation of China*. Cambridge, MA: Belknap Press of Harvard University Press, 2009.

Kuhn, P., *Rebellion and its enemies in late imperial China: militarization and social structure, 1796–1864*. Cambridge, MA: Harvard University Press, 1970.

Lau, D., *Mencius*. London: Penguin, 2004.

Lebra, J., ed., *Japan's Greater East Asia Co-Prosperity Sphere in World War II: selected readings and documents*. Oxford: Oxford University Press, 1975.

Lee, W., "Mixture of genres and motives for fiction in Yingying's story." In: P. Yu, P. Bol, S. Owen, and W. Peterson, eds., *Ways with words: writing about reading texts from early China*. Berkeley: University of California Press, 2000.

Leibold, J., "Competing narratives of racial unity in republican China: from the Yellow Emperor to Peking Man." *Modern China*, 32, no.2 (2006), pp.181-220.

Lewis, M., *Sanctioned violence in early China*. Albany: State University of New York Press, 1990.

Lewis, M., "Warring States: political history." In: M. Loewe and E. Shaughnessy, eds., *The Cambridge history of ancient China*. Cambridge: Cambridge University Press, 1999.

Lewis, M., *The construction of space in early China*. Albany: State University of New York Press, 2006.

Lewis, M., *The early Chinese empires: Qin and Han*. Cambridge, MA: Belknap Press of Harvard University Press, 2007.

Lewis, M., *China's cosmopolitan empire: the Tang dynasty*. Cambridge, MA: Belknap Press of Harvard University Press, 2009.

Lewis, M., *China between empires: the Northern and Southern dynasties*. Cambridge, MA: Belknap Press of Harvard University Press, 2009.

Liu, L., *The clash of empires: the invention of China in modern world making*. Cambridge, MA: Harvard University Press, 2004.

Mancall, M., *China at the center: 300 years of foreign policy*. New York: Free Press, 1984.

Mann, M., "The autonomous power of the state: its origins, mechanisms, and results." *European Sociology Archives*, 25, no.2 (1984), pp.185-213.

Mann, M., *The sources of social power*, vol. 1, *A history of power from the beginning to AD 1760*. Cambridge: Cambridge University Press, 2012.

Metzger, T., "The Western concept of the civil society in the context of Chinese history." In: S. Kaviraj and S. Khilnani, eds., *Civil society: history and possibilities*. Cambridge: Cambridge University Press, 2001.

Mitchell, T., "Society, economy, and the state effect." In: G. Steinmetz, ed., *State/culture: state-formation after the cultural turn*. Ithaca, NY: Cornell University Press, 1999.

Monod, P., *The power of kings: monarchy and religion in Europe, 1589–1715*. New Haven: Yale University Press, 1999.

Mote, F., "The growth of Chinese despotism: a critique of Wittfogel's theory of Oriental despotism as applied to China." *Oriens Extremus*, 8, no.1 (1961), pp.1-41.

Nye, J., Jr., *Soft power: the means to success in world politics*. New York: Public Affairs, 2004.

Olson, M., *Power and prosperity: outgrowing communist and capitalist dictatorships*. New York: Basic Books, 2000.

Owen, S., "Poetry in the Chinese tradition." In: P. Ropp and T. Barrett, eds., *Heritage of China: contemporary perspectives on Chinese civilization*. Berkeley: University of California Press, 1990.

Owen, S., ed. and trans. (1997). *An anthology of Chinese literature: beginnings to 1911*. New York: W.W. Norton & Company.

Owen, S., trans., "Yingying zhuan." In: P. Yu, P. Bol, S. Owen, and W. Peterson, eds., *Ways with words: writing about reading texts from early China*. Berkeley: University of California Press, 2000.

Patten, A., "Rethinking culture: the social lineage account." *American Political Science Review*, 105, no.4 (2011), pp735-749.

Perdue, P., *China marches west: the Qing conquest of Central Eurasia*. Cambridge, MA: London: Belknap Press of Harvard University Press, 2005.

Pines, Y., *Foundations of Confucian thought: intellectual life in the Chunqiu period, 722–453 BCE*. Honolulu: University of Hawai'i Press, 2002.

Pines, Y., *Envisioning eternal empire: Chinese political thought of the Warring States era*. Honolulu: University of Hawai'i Press, 2009.

Pines, Y., *The everlasting empire: the political culture of ancient China and its imperial legacy*. Princeton: Princeton University Press, 2012.

Plaks, A., trans., *Ta Hsueh and Chung Yung: The highest order of cultivation and On the practice of the mean*. London: Penguin, 2004.

Pocock, J., "Political ideas as historical events: political philosophers as historical actors." In: M. Richter, ed., *Political theory and political education*. Princeton: Princeton University Press, 1980.

Pocock, J., *Virtue, commerce, and history*. Cambridge: Cambridge University Press, 1985.

Pocock, J., *Politics, language, and time: essays on political thought and history*. 2nd edition. Chicago: University of Chicago Press, 1989.

Pocock, J., *The Machiavellian moment: Florentine political thought and the Atlantic republican tradition*. Princeton: Princeton University Press, 2003.

Pocock, J., *Political thought and history: essays on theory and method*. Cambridge: Cambridge University Press, 2009.

Pye, L., "Identity and the political culture." In: L. Binder and J. La Palombara, eds., *Crises and sequences in political development*. Princeton; London: Princeton University Press, 1974.

Rawski, E., *The last emperors: a social history of Qing imperial institutions*. Berkeley: University of California Press, 1998.

Rickett, A., *Guanzi: political, economic, and philosophical essays from early China*, vol. 1. Princeton: Princeton University Press, 1985.

Rosanvallon, P., *The demands of liberty: civil society in France since the Revolution*. Cambridge, MA: Harvard University Press, 2007.

Rossabi, M., *China among equals: the Middle Kingdom and its neighbors, 10th–14th centuries*. Berkeley: University of California Press, 1983.

Rowe, W., *Hankow: conflict and community in a Chinese city, 1796–1895*. Stanford, CA: Stanford University Press, 1989.

Rowe, W., "The public sphere in modern China." *Modern China*, 16, no.3 (1990), pp.309-329.

Rowe, W., *China's last empire: the great Qing*. Cambridge, MA: Belknap Press of Harvard University Press, 2009.

Ruskola, T., *Legal orientalism: China, the United States, and modern law*. Cambridge, Mass.: Harvard University Press, 2013.

Ryan, A., *On politics: a history of political thought from Herodotus to the present*. New York: W.W. Norton & Company, 2012.

Schirokauer, C. and Hymes, R., "Introduction." In: R. Hymes and C. Shirokauer, eds., *Ordering the world*. Berkeley; Los Angeles: University of California Press, 1993.

Schneewind, S., *Community schools and the state in Ming China*. Stanford, CA: Stanford University Press, 2006.

Schwartz, B., *The world of thought in ancient China*. Cambridge, MA: Belknap Press of Harvard University Press, 1985.

Scott, J., *Weapons of the weak: everyday forms of peasant resistance*. New Haven: Yale University Press, 1985.

Scott, J., *Seeing like a state: how certain schemes to improve the human condition have failed*. New Haven: Yale University Press, 1999.

Searle, J., *Mind: a brief introduction*. Oxford; New York: Oxford University Press, 2004.

Seligman, A., Weller, R., Puett, M., and Simon, B., *Ritual and its consequences: an essay on the limits of sincerity*. New York: Oxford University Press, 2008.

Shigeta, A., "The origin and structure of gentry rule." In: L. Grove and C. Daniels, eds., *State and society in China: Japanese perspectives on Ming–Qing socioeconomic history*. Tokyo: Tokyo University Press, 1984.

Shklar, J., *Men and citizens*. London: Cambridge University Press, 1969.

Sivin, N., "Introduction." In: B. Elman, *From philosophy to philology: intellectual and social aspects of change in late imperial China*. Cambridge,

MA: Harvard East Asia Monograph Series, 1984, pp.xiii.

Slingerland, E., trans., *Analects: with selections from traditional commentaries*. Indianapolis: Hackett, 2003.

Stone, L., *The family, sex, and marriage in England, 1500–1800*. New York: Harper & Row, 1979.

Tackett, N., *The destruction of the medieval Chinese aristocracy*. Cambridge, MA: Harvard University Asia Center, 2014.

Tanaka, S., *Japan's Orient: rendering pasts into history*. Berkeley: University of California Press, 1993.

Tilly, C., *Coercion, capital, and European states, AD 990–1990*. Oxford: Basil Blackwell, 1990.

Tiwald, J., "A right of rebellion in the Mengzi?" *Dao: A Journal of Comparative Philosophy*, 7, no.3 (2008), 269-282.

Tu, W., *Centrality and commonality: an essay on Confucian religiousness*. Albany: State University of New York Press, 1989.

Virág, C., *The emotions in early Chinese philosophy*. New York: Oxford University Press, 2017.

von Glahn, R., "Imagining pre-modern China." In: P. Smith and R. von Glahn, eds., *The Song–Yuan–Ming transition in Chinese history*. Cambridge, MA: Harvard University Asia Center, 2003.

von Glahn, R., *The economic history of China: from antiquity to the nineteenth century*. Cambridge: Cambridge University Press, 2016.

Wakeman, F., "The civil society and public sphere debate: Western reflections on Chinese political culture." *Modern China*, 19, no.2 (1993), pp.108-138.

Waldron, A., *The Great Wall of China: from history to myth*. Cambridge: Cambridge University Press, 1992.

Watson, B., trans., *Records of the grand historian of China: Han dynasty I by Sima Qian*. New York: Columbia University Press, 1961.

Watson, B., trans., *Basic writings of Mo Tzu, Hsün Tzu, and Han Fei Tzu*. New York: Columbia University Press, 1964.

Watson, B., trans., *Chuang Tzu: basic writings*. New York: Columbia University Press, 1964.

Watson, B., trans., *The complete works of Chuang Tzu*. New York: Columbia University Press, 1968.

Weber, E., *Peasants into Frenchmen: the modernization of rural France, 1870–1914*. Stanford, CA: Stanford University Press, 1976.

Weber, M., *The religion of China: Confucianism and Taoism*. Glencoe, IL: Free Press, 1951.

Wittfogel, K., *Oriental despotism: a comparative study of total power*. New Haven: Yale University Press, 1957.
Wong, R., *China transformed: historical change and the limits of European experience*. Ithaca, NY: Cornell University Press, 1997.
Woodside, A., *Vietnam and the Chinese model: a comparative study of Nguyen and Ch'ing civil government in the first half of the nineteenth century*. Cambridge, MA: Harvard University Press, 1959.
Wright, M., *The last stand of Chinese conservatism*. Stanford, CA: Stanford University Press, 1957.
Wu H., "Emperor's masquerade-'costume portraits' of Yongzheng and Qianlong." *Orientations*, 26, no.7 (1995), pp-25-41.

二、中日韓語文獻（依姓名筆劃排序）

ロナルド・トビ（Ronald P. Toby），《「鎖国」という外交》。東京：小学館，二〇〇八。
夫馬進，〈一六〇九年、日本の琉球併合以降における中国・朝鮮の対琉球外交—東アジア四国における冊封、通信そして杜絶〉，《朝鮮史研究論文》第四六期（二〇〇八，彥根），頁五～三八。
片岡一忠，《中国官印制度研究》。東京：東方書店，二〇〇八。
王廷相著、王孝魚點校，《王廷相集》。北京：中華書局，一九八九。
王通著、張沛撰，《中說譯注》。上海：上海古籍出版社，二〇一一。
丘凡眞（구범진），〈大清帝國の朝鮮認識と朝鮮の位相〉，《中國史學》第二二期（二〇一二，東京），頁九一～一一三。
守本順一郎，《東洋政治思想史研究》。東京：未来社，一九六七。
朱日曜，《中國政治思想史》。北京：高等教育出版社，一九九二。
朱日曜主編，《中國古代政治思想史》。長春：吉林大學出版社，一九八八。
朴漢濟（박한제），《대당제국과 그 유산：호한통합과 다민족국가의 형성》（大唐帝國的遺產：胡漢統合及多民族國家的形成）。首爾：세창출판사，二〇一五。

西嶋定生，《西嶋定生東アジア史論集》第三卷。東京：岩波書店，二〇〇二。

余英時，《朱熹的歷史世界：宋代士大夫政治文化的研究》。臺北：允晨文化實業，二〇〇三。

呂思勉著；李永圻、張耕華整理，《中國文化史、中國政治思想史講義》。天津：天津古籍出版社，二〇〇七。

呂振羽，《中國政治思想史》。北京：人民出版社，二〇〇八。

杉山正明，〈中央ユーラシアの歴史構図——世界史をつないだもの——〉，收於樺山紘一等編，《岩波講座：世界歴史 11：中央ユーラシアの統合》。東京：岩波書店，一九九七。

杉山清彦，〈大清帝国の支配構造と八旗制——マンジュ王朝としての国制試論——〉，《中國史學》第一期（二〇〇八，東京），頁一五九～一八〇。

谷川道雄，《隋唐帝国形成史論》。東京：筑摩書房，一九七一。

岩井茂樹，〈清代の互市と「沈黙外交」〉，收於夫馬進編，《中国東アジア外交交流史の研究》。京都：京都大学学術出版会，二〇〇七。

岩間一雄，《中国政治思想史研究》。東京：未来社，一九六八。

服部宇之吉等校訂，《漢文大系》第一卷。東京：冨山房，一九一一。

金秉駿（김병준），〈秦漢帝國의 이민족 지배 -部都尉 및 屬國都尉에 대한 재검토-〉，《歷史學報》（역사학보）第二一七期（二〇一三，首爾），頁一〇七～一五四。

金英敏（김영민），〈조선중화주의의 재검토 -이론적 접근-〉（朝鮮的中華主義再探），《韓國史研究》（한국사연구）第一六二期（二〇一三，首爾），頁二一一～二五二。

金浩東（김호동），〈몽골제국과 '大元'〉（蒙古帝國和「大元」），《歷史學報》（역사학보）第一九二期（二〇〇六，首爾），頁二二一～二五三。

金浩東（김호동），《몽골 제국 과 세계사 의 탄생》（蒙古帝國和世界史的誕生）。坡州：石枕，二〇一〇。

侯外廬主編，《中國思想通史》第四卷下冊，《南宋元明思想》。北京：人民出版社，一九六〇。

柄谷行人，《帝国の構造：中心・周辺・亜周辺》。東京：青土社，二〇一四。

茂木敏夫（모테기 도시오），〈국민국가 건설과 내국 식민지 - 중국 변강의 '해방'〉（民族國家建設與國內殖民地：中國邊疆的「解放」）。收於宮嶋博史（미야지마 히로시）、임지현、이성시等，《국사의 신화를 넘어서》（超越國史的神話）。首爾：휴머니스트（Humanist），二〇〇四。

宮崎市定，《宮崎市定全集》。東京：岩波書店，一九九一。

秦尚志，《中國政治思想史講話》。上海：世界書局，一九四五。

荒野泰典，〈日本型華夷秩序の形成〉，收於朝尾直弘等主編，《日本の社会史》第一卷。東京：岩波書店，一九八七。

荒野泰典，《近世日本と東アジア》。東京：東京大　出版　，一九八八。

張金鑑，《中國政治思想史》。臺北：三民書局，一九八九。

曹德本，《中國政治思想史》。北京：高等教育出版社，二〇〇四。

梁啟超，《先秦政治思想史》。長沙：岳麓書社，二〇一〇。

許太榕（허태용）《조선 후기 중화론과 역사 인식》（朝鮮後期中華論與歷史認識）。首爾：아카넷，二〇〇九。

許進雄，《中國古代社會——文字與人類學的透視》。臺北：臺灣商務印書館，一九八八。

陳安仁，《中國政治思想史大綱》。上海：商務印書館，一九三三。

陶希聖，《中國政治思想史》。北京：中國大百科全書出版社，二〇〇九。

湛若水，《湛甘泉先生文集》。濟南：濟魯書社，一九九七。

程民生，〈論宋代士大夫政治對皇權的限制〉，《河南大學學報（社會科學版）》第三期（一九九九，開封），頁五六～六四。

費孝通，《中華民族多元一體格局》。北京：中央民族大學出版社，一九九九。

楊幼炯，《中國政治思想史》。臺北：臺灣商務印書館，一九七〇。

楊紹猷、莫俊卿，《明代民族史》。成都：四川民族出版社，一九九六。

葉祖灝，《中國政治思想精義》。臺北：中央文物供應社，一九八四。

葛兆光，〈宋代「中國」意識的凸顯——關於近世民族主義思想的一個遠源〉，《文史哲》第一期（二〇〇四，臺北），頁五～一二。

葛兆光，《宅茲中國：重建有關「中國」的歷史論述》。北京：中華書局，二〇一一。

葛荃，〈近百年來中國政治思想史研究綜論〉，《文史哲》第五期（二〇〇六，臺北），頁一四三～一五二。

趙汀陽，《天下體系：世界制度哲學導論》。南京：江蘇教育出版社，二〇〇五。

劉惠恕，《中國政治哲學發展史：從儒學到馬克思主義》。上海：上海社會科學出版社，二〇〇一。

劉澤華，《中國傳統政治思想反思》。北京：三聯書店，一九八七。

劉澤華，《中國的王權主義》。上海：人民出版社，二〇〇〇。

劉澤華，《中國政治思想史集：先秦政治思想史》第一卷。北京：人民出版社，二〇〇八。

劉澤華、葛荃主編，《中國古代政治思想史（修訂本）》。天津：南開大學出版社，二〇〇一。

蕭公權，《中國政治思想史》。上海：商務印書館，一九四七。

謝扶雅，《中國政治思想史綱》。臺北：正中書局，一九五四。

韓梅，《中國政治哲學思想之主潮與流變》。重慶：青年出版社，一九四三。

薩孟武，《中國政治思想史》。臺北：三民書局，一九六九。

薩孟武，《中國政治思想史》。北京：東方出版社，二〇〇八。

蘇軾，《蘇軾文集》。長沙：岳麓書社，二〇〇〇。

顧炎武著；黃汝成集釋、欒保群等校點，《日知錄集釋》。石家莊：花山文藝出版社，一九九〇。

顧炎武著、劉九洲注釋，《新譯顧亭林文集》。臺北：三民書局，二〇〇〇。

國家圖書館出版品預行編目 (CIP) 資料

政治學家寫給所有人的中國史：從朝代更迭、塑造政體、身分認同談中國政治思想 / 金英敏著；陳牧謙譯. -- 初版. -- 新北市：臺灣商務印書館股份有限公司, 2024.01
368 面；17×23 公分. -- (歷史. 中國史)
譯自：A history of Chinese political thought
ISBN 978-957-05-3551-8(平裝)

1.CST: 政治思想史　2.CST: 中國

570.92　112021023

歷史・中國史

政治學家寫給所有人的中國史：
從朝代更迭、塑造政體、身分認同談中國政治思想
A History of Chinese Political Thought

作　　者—金英敏（김영민）
譯　　者—陳牧謙
發 行 人—王春申
選書顧問—陳建守
總 編 輯—張曉蕊
責任編輯—何宣儀
封面設計—兒日設計
內頁設計—菩薩蠻電腦科技有限公司
版　　權—翁靜如
業　　務—王建棠
資訊行銷—劉艾琳　謝宜華
出版發行—臺灣商務印書館股份有限公司
23141 新北市新店區民權路 108-3 號 5 樓（同門市地址）
電話：（02）8667-3712　傳真：（02）8667-3709
讀者服務專線：0800056196　郵撥：0000165-1
E-mail：ecptw@cptw.com.tw　網路書店網址：www.cptw.com.tw
Facebook：facebook.com.tw/ecptw

局版北市業字第 993 號
初　　版：2024 年 1 月
印刷廠：沈氏藝術印刷股份有限公司
定　　價：新台幣 690 元

法律顧問—何一芃律師事務所